미래국어교육총서 ⑤

# 쓰기 교육 방법론

## —자기 평가 전략을 활용한 수정하기—

미래국어교육총서 5

# 쓰기 교육 방법론

—자기 평가 전략을 활용한 수정하기—

정 미 경

역락

# 머리말

글쓰기와 관련하여 다양한 전략과 방법들이 소개되고 있지만 글을 수정하기 위한 전략과 방법에 대해 구체적으로 소개된 내용이 많지 않다. 또한 수정하기 전략의 효과에 대한 실증적인 자료도 찾아보기 힘들며 나아가 글을 수정하기 위한 전략을 어떻게 지도해야 하는지 수정하기 지도 방법에 대한 연구 자료도 많은 편이 아니다. 필자는 글쓰기 능력과 관련하여 글을 수정하는 능력의 중요성을 인식하고 그동안 글을 수정하는 전략과 관련된 국·내외 문헌들을 살펴보았다. 그리고 실제로 학교 현장에 수정하기 전략을 지도하고 학생들이 어떻게 자신의 글을 수정하는지 분석하고 효과를 검증하였다.

글쓰기에 대한 자신감이 낮은 학생이나 글쓰기를 싫어하는 학생이 자신의 글을 살펴보고 고치는 과정에서 글의 내용이 좀 더 명확해지고 있음을 깨닫게 되고 그리고 점차 글쓰기에 관심을 갖게 된다는 것을 이 책의 연구를 통해 확인하였다. 필자는 쓰기 능력의 향상뿐만 아니라 쓰기 흥미를 높이는 데 수정하는 과정이 얼마나 중요한지에 대해 확신을 갖게 되었다.

이 책은 두 가지의 특징이 있다. 첫째, 독자들이 글을 쓸 때 수정하는 활동을 종합적으로 이해하는 데 초점을 두고 쓰였다. 이를 위해 글을 수정하는 것에 대해 단순히 전략적 방법만을 기술하기보다는 수정하기 전략이 왜 필요하며 글을 완성하는 데 어떤 영향을 미치는지 이해하고, 분석하는 능력을 기르는 데 중점을 두었다. 둘째, 이론 중심이 아니라 이론에 기초하여 실제로 수정하기 전략을 활용하여 글을 수정해 보거나 수정하기 전략을 지도할 수 있도록 실제적인 측면에 초점을 두고 쓰였다. 즉, 각 단계에 대한 상세한 안내와 학생 자료를 제시하여 독자들이 쉽게 이해하고 직접 활용해 볼 수 있도록 구성하였다.

이 책은 5장으로 구성되어 있다. 제1장에서는 쓰기 능력 향상을 위한 쓰기 전략을 탐색하는 데 초점을 두었다. 쓰기 능력 향상을 위한 적절한 쓰기 전략으로 자기 평가 전략을 활용한 수정하기에 대해 논의하고 이와 관련한 연구 동향에 대해 제시하였다. 제2장에서는 자기 평가 전략을 활용한 수정하기에 대해 지도 방법과 함께 자기 평가 전략과 수정하기를 총체적이고 종합적으로 제시하였다. 제3장에서는 앞에서 제시한 이론적인 논의들을 종합화하여 실제적인 활동이 가능하도록 자기 평가 전략을 활용한 수정하기 방법과 절차를 설명하였다. 제4장에서는 자기 평가 전략을 활용한 수정하기가 쓰기와 관련하여 어떠한 영향을 미쳤는지 양적·질적 방법으로 그 효과를 분석하였다. 제5장에서는 자기 평가 전략을 활용한 수정하기를 활성화하기 위한 방안에 대해 제안하였다.

글을 잘 쓰기 위해 다양한 쓰기 전략들을 알아두는 것도 중요하지만 그보다 더 중요한 것은 직접 실제로 글을 써 보는 것이다. 실제로 글을 쓰면서 글쓰기 상황에 맞는 적절한 전략들을 활용하고 내면화함으로써 글쓰기의 목표를 달성할 수 있을 것이다.

이 책이 나오기까지 여러 사람의 도움을 받았다. 필자에게 학문에 대한 올바른 길을 가르쳐 주셨던 박영민 교수님, 실험에 도움을 주신 곽두호 선생님, 이은정 선생님, 서민정 선생님께 감사의 마음을 전한다. 또한 이 책이 나오기까지 용기를 주며 조언을 해 주신 선·후배님들께도 고마움을 표한다. 끝으로 빠른 시일 내에 책이 나올 수 있도록 아낌없는 지원을 해 주신 역락출판사 이대현 사장님, 권분옥 편집장님을 비롯한 편집부 직원 여러분께 감사드린다.

김해 신어산 자락에서

필자 정미경

# 차례

제1장

# 쓰기 능력 향상을 위한 쓰기 전략 탐색

## 1. 자기 평가 전략을 활용한 수정하기의 필요성

글을 쓸 때 처음부터 결점이 없는 완벽한 글을 쓰는 것은 어렵다. Murray(1978)는 뛰어난 작가일수록 자신의 글에 대해 수정을 많이 하며 이를 통해 좋은 글을 만들어 낸다고 한다. 수정 활동에 대해 학생들은 어렵고 귀찮은 것으로 여기거나 수정을 하더라도 표면적이거나 형식적인 측면에 치우쳐 자신의 글에 작은 변화만을 보이는 경향이 있다. 글의 질은 수정을 어떻게 하느냐에 따라 달라질 수 있다. 쓰기 과정을 되돌아보고 잘못된 부분을 발견하고 이를 고치는 과정을 통해 글의 질은 향상되며 필자는 쓰기 능력을 향상시킬 수 있다.

일반적으로 수정하기는 오류를 고치는 단계라기보다는 필자 자신이 말하고자 하는 바가 무엇인지 찾고 전달하고자 하는 내용에 대해서는 좀 더 명확하게 하기 위해 텍스트를 다듬는 단계라 할 수 있다(Calkin, 1986; Elbow, 1973; Graves, 1983; Sommers, 1982). 능숙한 필자와 미숙한 필자는 수정하는 수준과 정도에 차이가 난다. 능숙한 필자는 수정을 할 때 초고를 쓰고 난 뒤에만 하는 것이 아니라 글을 쓰는 매 순간마다 자신의 글을 수정한다. 수정 활동을 쓰기 과정의 모든 측면에 통합시키면서 표면적인 수준에서의 수정뿐만 아니라 글 전체의 의미 수준까지 수정을 한다. 반면에 미숙한 필자는 초고를 쓰는 것만으로도 힘들어 하며 수정하기를 더욱 더 어려운 과제로 여긴다. 실제로 이들에게 수정하기를 요구했을 때 내용, 조직, 전개 등 쓰기에 관련된 영역에 실질적인 변화를 만들어 내기보다는 표면적인 오류에 초점을 맞추어 수정을 한다. 능숙한 필자는 수정하기에 대해 자신의 글에서 고쳐야 할 부분을 찾을 수 있는 좋은 기회로 여기면서 긍정적으로 생각하지만 미숙한 필자는 다시 쓰기를 해야 하는 번거롭고 힘든 작업으로 여기면서 부정적인 태도를 보인다. 이와 관련해 Sommers(1980)는 초보 필자는 성공적이면서 실질적인 수정을 이끌 수 있는 텍스트와 맥락에 대한 지식이 부족하다는 점에서 경험이 많은 능숙한 필자와 차이가 난다고 밝혔다. 또한 전문 필자들은 특정 예상독자에 적합하게 텍스트를 수정하는 것에 대한 풍부한 관점을 지니고 있어 전문 필자들의 수정은 단어 선택과 문장 구조에서 미숙한 필자들이 한 것 보다 더 나은 변화를 보였다. 이러한 결과를 통해 볼 때 능숙한 필자가 되기 위해서는 텍스트와 맥락에 대한 풍부한 지식이 필요하며 이는 수정하기에 도움이 된다는 것을 알 수 있다.

더 좋은 글을 쓰기 위해 학생들은 수정하기가 글을 쓸 때 필수적인 과정임을 인식해야 한다. 그러나 쓰기를 어려워하거나 쓰기 경험이 부족한 학생들은 자신의 쓰기 목표와 의도를 명확히 정의하지 못하거나 자신이 쓴 글을 평가하는 데 어려워한다. 뿐만 아니라 무엇을 수정해야 하고 어떻게 수정하는지 잘 모르거나 수정에 필요한 적절한 지식과 전략이 부족하여 수정에 주의를 기울지 않는다.

더구나 수정하기는 인지적으로 복잡하고 어려운 과정이다. 학생들이 복잡하고 어려운 수정하기 과정을 익히고 효과적으로 수행하기 위한 전략으로 자기 평가 전략이 있다. 수정하기는 글을 평가하는 데서부터 시작된다. 그러나 학생들은 자신의 글을 평가하는 데 익숙하지 않다. 그동안 학생들은 평가를 받는 대상이었을 뿐 스스로 평가의 주체가 되어 보지 못했다. 자기 평가는 학생 스스로 평가의 주체가 되어 자신의 글을 평가하고 이를 통해 적극적인 수정 활동을 유도할 수 있다. 따라서 자기 평가 전략을 통해 학생들은 복잡하고 어려운 수정하기 과정을 보다 원활하게 수행할 수 있을 것이다.

수정하기에서 자기 평가는 자신의 쓰기 목표를 확인하고 목표에 도달하는 정도를 지각할 수 있도록 하여 효과적인 수정하기를 이끌어 낼 수 있다. 그러나 수정하기에서 자기 평가의 주관성 문제를 해소할 필요가 있다. 학생들은 자신의 수정하기 활동 즉, 자신이 쓴 글이 타당한지, 글의 정확성을 저해하는 요소는 없는지, 문법적으로 잘못된 부분은 없는지, 부적절한 단어는 없는지 등을 객관적인 입장에서 판단해야 한다. 따라서 학생들이 자신의 글을 읽으면서 문제를 진단하고 오류를 찾으며 이미 써 놓은 글과 학생 자신의 목표를 비교해 가며 적합성을 평가할 수 있도록 수정하기에서 적절한 자기 평가 기준표가 필요하다. 이 연구에서는 6가지 쓰기 특성(6-trait writing)[1] 평가를 활용하고자 한다. 6가지 쓰기 특성은 주로 학생들의 쓰기 결과물을 평가할 때 사용되는 기준으로, 수정하기 과정에서 학생들은 자신의 초고에 6가지 쓰기 특성을 활용

1) 6가지 쓰기 특성은 1984년 Oregon state Beaverton 지역의 분석적 쓰기 평가 위원회(Analytical Writing Assessment Committee)에 의해 체계화 되었다. 이는 좋은 글이 갖추어야 할 특성(trait)을 고른 뒤 각 특성에 맞추어 쓰기를 지도하고 평가하자는 의도에서 이루어졌다. 6가지 쓰기 특성에는 아이디어(Ideas), 조직(Organization), 목소리(Voice), 낱말 선택(Word choice), 문장 유창성(Sentence fluence), 관습(Convention)이 있다.

함으로써 수정활동에 대한 구체적인 지침을 마련하고 학생 자신의 글을 체계적으로 살피고 객관적인 판단을 내릴 수 있다.

학생들이 자신의 글을 수정할 때 자기 평가 전략을 실제로 적용하여 텍스트를 보다 체계적으로 분석하고 수정하기 위한 적절한 지도 방법이 필요하다. 이에 대해 체계적이고 구조화된 지도 방법으로 현시적 교수 모형이 있다. 이 모형은 수정하기에 필요한 인지 과정들의 숙달, 쓰기 전략의 사용 등을 촉진시킬 수 있다. 선행 연구에서는 쓰기에서 학생들에게 현시적인 안내가 필요하며, 특히 부진한 학습자들뿐만 아니라 다양한 학습자들에게 현시적인 교수법을 활용한 쓰기 지도가 필요하다고 제안하고 있다(Fitzgerald & Graves, 2004; Graham & Harris, 2005; Graves, 1986; Graves & Levin, 1989).

수정하기에서 자기 평가는 구체적인 평가기준에 의해 자신의 쓰기 활동을 되돌아보게 하고 이를 조절함으로써 상위 인지 능력을 길러주게 된다. 또한 학생 자신이 수정활동에 적극적으로 참여하여 자기 주도적 활동을 함으로써 정의적인 측면에도 긍정적인 영향을 줄 수 있다.

이 연구에서는 학생들의 쓰기 능력을 향상시키기 위한 수정하기 활동의 필요성과 이를 효과적으로 수행하기 위한 자기 평가 전략의 활용과 그 효과에 대해 논의하고자 한다. 이를 위해 학교급별로 하나의 학년을 정해 자기 평가 전략을 활용한 수정하기 활동을 수행하고 학생들의 결과물을 통해 수정하기 양상과 그 효과를 살펴보기로 한다. 이 연구의 결과는 글을 쓸 때 수정하기의 필요성을 인식하고 수정하기의 주요 지도 내용을 마련하는 것뿐만 아니라, 수정하기 지도 방법에 대한 방향을 설정하는 데 기여할 수 있을 것이다.

## 2. 쓰기 능력 향상과 관련된 문헌 연구

### (1) 수정하기에 관한 연구

지금까지 수정하기와 관련한 연구는 주로 전략을 활용한 수정하기의 방법과 교육적 효과에 대한 논의를 진행해 왔다. 또한 능숙한 필자와 미숙한 필자의 수정하기에 대한 차이를 분석한 연구, 수정하기를 효과적으로 지도하기 위한 방법들에 관한 연구들을 살펴볼 수 있다.

우선 수정하기를 할 때 활용할 수 있는 전략과 그 효과에 관한 연구로, Graham & MacArthur(1988)는 학습 장애를 겪고 있는 5, 6학년 학생들에게 설득적인 글을 수정하는 전략[2)]을 지도하였다. 이 전략은 설득적인 글과 관련된 평가 기준을 포함하고 있다. 이 전략을 가르치기 위해 교사는 설득적인 글의 한 부분을 설명한 후 전략을 시범 보였으며 학생들은 각 단계를 메모하고 전략을 독자적으로 활용할 수 있을 때까지 전략을 적용하는 연습을 하였다. 그 결과 학생들은 실질적인 수정을 많이 하였으며, 글의 질 또한 향상되었다. 구체적인 기준을 이용하여 학생들에게 자신의 글을 평가하도록 할 때 평가 기준은 종종 장르나 텍스트 구조와 관련이 있다. 이때 수정하기 전략의 대부분은 장르나 텍스트 구조를 기반으로 하는 구체적인 평가 기준을 포함한다. Beal et al.(1990)은 3학년과 6학년을 대상으로 자기 질문형식으로 구성된 텍스트 평가 전략이 학생들의 쓰기 능력을 향상시키는 데 유의미한 효과가 있음을 증명하였다.

---

2) 이 단계에서 적용한 전략의 단계는 다음과 같다. 1단계에서는 자신의 글을 읽고 2단계에서는 자신의 생각이 드러난 부분을 찾고 명확한지 스스로에게 묻는다. 3단계에서는 자신이 그렇게 생각하는 이유 두 가지를 쓰고 4단계에서는 각 문장을 살펴본 뒤 덧붙일 부분과 잘못된 부분을 적는다. 5단계에서는 수정을 하고 6단계에서는 자신의 글을 다시 읽고 수정을 한다.

이호관(1999)은 교정하기 전략의 지도가 초등학생들의 쓰기 능력에 미치는 효과와 필자의 수준에 따라 자기 평가와 동료협의 전략 중 어떤 교정 전략이 더 효과적인지 밝혔다. 능숙한 필자에게는 자기 평가 전략과 동료 협의 전략 모두 효과적인 전략이었으나 미숙한 필자에게는 동료협의 전략이 효과적이었다. 송수미(2000)는 아동 스스로가 자신의 글쓰기 과정을 점검하고 능동적으로 인지 전략을 사용하여 의미를 구성해 나갈 수 있도록 자기 조절 전략 중심의 고쳐쓰기 프로그램을 개발하고 이를 학생들에게 실제로 적용하여 학생들의 글쓰기에 어떠한 영향을 미치는지 알아보았다. 자기 조절 전략 중심의 고쳐쓰기 프로그램은 '자기 조정의 원리', '상호 작용의 원리', '통합의 원리', '자기주도성의 원리', '단계적 지도 원리'의 5가지 기본 원리를 중심으로 고안되었다. 자기 조절 전략 중심의 고쳐쓰기 프로그램의 교육적 실효성을 분석한 결과 실험 집단의 학생들이 쓰기의 목표를 더욱 뚜렷이 인식하게 되었으며 자신의 생각을 논리적으로 조직하고 전개해 나가는 능력이 크게 향상되었다. 쓰기 태도면에서도 긍정적인 변화가 있었다. 실험집단의 학생들이 고쳐쓰기의 중요성을 제대로 인식하게 되었고 자기 조절 전략의 하나인 협의하기 전략이 효과적임을 입증하였다.

이재승(2002)은 고쳐쓰기 단계에서 자신이 쓴 초고를 읽고 자신의 글이 어느 구조에 해당되는지 점검해보았다. 이로써 도식 조직자로 시각화하여 보면 글의 구조를 쉽게 파악할 수 있고, 자신의 글의 구조상 문제점을 쉽게 발견하고 개선점을 쉽게 고칠 수 있다고 밝혔다. 또한 김대조(2006)와 김아연(2009)은 내용 조직을 점검하는 데 용이할 수 있도록 내용과 조직의 시각화를 목적으로 한 도식 조직자와 개요 짜기를 함께 고쳐쓰기 전략으로 제시했다. 최유진(2009)은 개념도를 이용하여 문단 점검이 고쳐쓰기에 미치는 효과를 연구하였다. 연구 결과, 개념도를 이용한 문단 점검하기 방법은 논리적인 문단의 구성과 완결문의 질 향상에 효과가 있음을 밝혔다. 민혜정(2011)은 예비실험으로 학습자에게 초고를 쓰게 한 후, 아무런 틀을 제공하지 않은 채 내용 구조도를 활용해 고쳐쓰기를 수행하게 하여 학습자 수준별 내용 구조도와 결과물을 분석해 그 양상을 살펴보았다. 그 양상을 분석해 본 결과 세 가지 유형으로 나타났으며 세 가지 유형을 바탕으로 내용 구조도 틀을 만들고 이를 활용하여 논술문 고쳐쓰기를 실시하였다. 그 결과 학습자가 자신의 초고를 읽고 내용 구조도를 작성하는 과정에서 자연스럽게 자기 점검과 자기 질문, 그리고 자기 수정으로 이어져 쓰기 능력과 고쳐쓰기 능력을 향상시켰고 상, 중, 하 학습자들 모두 고쳐쓰기에 능동적으로 참여하였다.

필자의 수준에 따른 수정 능력의 차이에 관한 연구에서는, 필자가 기존 텍스트에 대한 분석을 얼마나 잘 하는가, 그리고 텍스트에 나타난 결함을 인식하고 해결하는 수준이 어느 정도인가와 연관하여 필자를 능숙한 필자와 미숙한 필자로 나누었다. Sommers(1980)는 학생 필자와 경험이 풍부한 성인 필자의 수정 전략을 비교하였다. 학생 필자는 수정하기를 의미 변화가 아닌 어휘 수준에서의 변화로 이해하고 있었으며 전체 글에 대한 수정하기의 전략을 가지고 있지 않았다. 반면에 경험이 풍부한 성인 필자는 수정하기 과정을 서로 다른 문제와 서로 다른 수준의 주의를 요구하는 회귀적 과정으로 이해하고 있었다. 경험이 풍부한 필자들은 수정하기를 할 때 먼저 주제를 좁히거나 아이디어의 범위를 분명하게 결정짓는 활동부터 하였다. 어휘나 문체와 관련된 사항은 이후의 수정사항으로 여겼다. 왜냐하면 수정 초기부터 어휘에 너무나 많은 관심을 가지게 되면 그들이 표현하고자 하는 의미를 제한해 버리기 때문이다. Monahan(1984)은 고등학생을 유능한 필자와 초보 필자로 나누고 교사와 동료를 각각 예상독자로 설정했을 때 수정하기 전략에 어떤 차이가 나는지 조사하였다. 그 결과 초보 필자는 교사를 예상독자로 설정했을 때 더 많은 수정을 하였고 반면에 유능한 필자들은 동료를 예상독자로 했을 때 더 많은 수정을 하였다. 그리고 유능한 필자의 수정범위는 초보 필자보다 더 광범위 했다. McCutchen et al.(1997)은 중학생과 대학생을 대상으로 의미 측면에서 일어나는 수정과 관련하여 학생들의 발달적, 개인적 차이를 조사하였다. 이를 위해 주제 지식과 오류 수정 위치에 대한 지식을 조사하였다. 주제 지식은 의미 측면에서의 수정에 도움이 되었지만 표면적인 편집에서는 반드시 도움이 되었던 것은 아니다. 오류 수정 위치에 대한 지식은 편집과 수정 모두 대학생 필자에게 도움이 되었으나 중학생 필자에게는 편집에만 도움이 되었다. 이는 수정과 관련하여 주제 지식과 오류 수정 위치에 대한 지식이 수정에 영향을 미치고 있음을 알 수 있다.

학생들의 수정하기 능력을 향상시키기 위해 수정하기를 어떻게 지도해야 하는지에 대한 연구들을 살펴보면 다음과 같다. Fitzgerald et al.(1987)은 학생들에게 수정하기를 지도하기 위해 직접 교수법을 사용하였으며 그 효과를 조사하였다. 6학년 학생 30명을 대상으로 수정하기를 직접 교수법을 사용한 결과 학생들의 수정하기 과정에 대한 지식에 영향을 미쳤으며 학생들의 수정하기를 위한 노력에도 긍정적인 영향을 미쳤다. 또한 통제 집단의 글에서는 질적인 판단에 의한 수정이 거의 없었지만 실험 집단의 글에서는 질적인 판단에 의한 수정이 늘어났다. Wallace et al.(1991)은 대학 신입생을 대상으로 수정하기 전략에 관한 영향을 조사하기 위해 글을 전체적으로 수정하는 방법에 대해 지도를 받은 집단과 그렇지 않은 집단을 비교하였다. 그 결과, 수정하기 지도를 받은 실험 집단에서는 통제 집단에 비해 유의미하게 글의 질이 더 높게 나타났고 글의 전체적인 수준에서 더 많은 수정이 일어났다. Yagelski

(1995)는 교실 맥락과 학생 필자의 수정과의 관계에 대해 연구하기 위해 우선 고등학교 교실에서 이루어진 쓰기의 지도 맥락(교사의 쓰기 지도 방법, 쓰기 지도 빈도, 학생들의 수정 유형)을 조사하였다. 대부분의 학생들은 자신이 쓴 글의 문체나 표면적인 측면에서의 수정을 하였다. 따라서 좀더 실질적인 의미의 수정을 위해서는 워크숍의 형태와 같이 학생과 교사의 상호작용이 활발히 일어날 수 있는 지도법이 필요함을 주장하고 있다.

주민재(2008)는 개인별 수정과 협력 수정의 2단계로 구성된 수업 모형을 토대로 대학생 60명을 대상으로 실험을 실시하였다. 개인별 수정에 관한 실험 결과 '상'수준에 있는 학생들이 '중'이나 '하'수준의 학생들에 비해 텍스트 전체의 의미를 변화시키는 방법을 많이 사용한 반면 '중'이나 '하'의 학생들은 의미를 변화시키지 않고 기존 문장을 고르게 활용하는 방법을 상대적으로 많이 사용했다. 협력 수정에 관한 실험은 실험 집단과 통제 집단 모두에서 고른 결과가 나왔으며 특히 집단 내에서 상대적으로 낮은 학습자들에게 매우 긍정적인 교육 효과를 거두었다.

정희모(2008)는 수정의 대상을 초고텍스트로 한정하고 수정의 절차와 방법에 대해 분석하였다. 수정의 절차는 통제 구조와 목표 텍스트, 진단 과정, 수정 전략, 수정 방법을 통해 절차적이면서도 회귀적이고 종합적으로 이루어진다고 보았으며, 수정은 상위 인지의 도움을 받아 초고를 고치면서 진행된다고 하였다. 이러한 수정은 오류를 고치는 기능뿐만 아니라 의미를 발견하는 창조적 기능도 가지고 있음을 주장하였다.

구자황(2008)은 수정과 피드백을 학습자의 글과 만나고, 또 그 학습자의 내면세계와 소통하는 장(場)으로 보았다. 또한 수정과 피드백을 활성화하고 글쓰기의 핵심적 동인으로서의 역할을 위해 수정과 피드백의 원리를 탐구하고 전략을 모색하는 일이 이론적 · 현실적인 지평에서 논의되어야 한다고 주장하였다. 나아가 수정과 피드백의 원리와 특성을 규명하면서 그 효과적 운용을 위해 실제적인 수업 모형을 설계하는 것까지도 모색되어야 함을 주장하고 있다.

박현동(2008)은 평가 조언표를 활용하여 고쳐쓰기 지도 방법을 통해 쓰기 능력에 어떤 영향을 미치는지 조사하였다. 기존의 논술 평가 요소표를 중심으로 새롭게 제시한 논술 평가 조언표는 교사가 분석적인 평가를 할 수 있도록 각각의 항목들을 제시하였다. 이 연구에서 활용하고 있는 평가 조언표는 교사가 직접 학생을 진단하고 조언해 줌으로써 학생의 쓰기 능력 향상에 긍정적인 영향을 미쳤다.

다양한 수정 방법의 활용이 반드시 텍스트의 질적 향상으로 귀결되는 것은 아니다. 따라서 수정을 지도할 때 수정 방법의 적절한 활용을 교육하되, 이를 텍스트의 질적 향상으로 연결될 수 있도록 하는 것이 중요하다.

학생들이 고쳐쓰기를 어떻게 수행하는지 질적으로 분석한 연구를 살펴보면, 황수정 외(2008)는 고등학생의 설득하는 글에 나타나는 자기 조절 전략 활용 양상을 연구하여 실제 학생들이 고쳐쓰기를 어떻게 수행하는지 구체적으로 밝혔다. 초고쓰기를 한 뒤 수행한 자기 첨삭 내용 요인(논제, 제시문, 문제해결전략, 논리력 및 설득력, 표현)을 종합적으로 고려한 고쳐쓰기, 제시문과 표현 중심의 고쳐쓰기, 표현 중심만으로 이루어진 고쳐쓰기의 세 가지 양상으로 유형화했다. 재고쓰기 단계에서는 필요에 의한 고쳐쓰기 혹은 자기 첨삭이 적극적으로 반영된 경우, 자기 첨삭이 미반영 혹은 자기 첨삭이 미비한 경우, 자기 첨삭이 없는 새 글을 쓰는 경우로 고쳐쓰기 양상을 유형화했다. 고등학생들의 고쳐쓰기 양상은 쓰기 능력과 자신감을 비롯한 쓰기 태도에 따라 다양하게 나타났다.

Faigley & Witte(1981)는 서로 다른 유형의 필자들이 쓴 두 가지 초고에 대한 연구를 기반으로 한 결과 중심의 수정하기에 대한 분류를 개발하였다. 이들의 분류에서 수정하기를 통해 새로운 정보가 텍스트에 있는지 없는지를 바탕으로 수정하기를 '표면적인 변화'와 '텍스트에 기반을 둔 변화' 이 두 가지 상위 범주로 나누었다. '표면적인 변화'는 다시 '형식적인 변화'와 '의미 유지 변화' 이 두 개의 하위 범주로 나누었다. 형식적 변화에는 철자, 문법, 구두점을, 의미 유지 변화에는 첨가, 삭제, 대체, 치환, 배열, 통합을 포함한다. '텍스트에 기반을 둔 변화'는 '미시 수준의 변화'와 '거시 수준의 변화'로 나누어 볼 수 있다. 전자는 텍스트 요약이나 텍스트의 다른 부분에 대한 읽기에 영향을 미치지 않는 수정하기를 말한다. 거시 수준의 변화는 텍스트 요약뿐만 아니라 텍스트의 다른 부분에 대한 읽기에 영향을 미치는 수정하기를 말한다. '의미 유지 변화'와 '거시 구조 변화'의 6가지 하위 범주가 두 범주에서 동일하게 사용되었다. 그러나 거시 구조 변화에 있는 하위 범주의 수정하기는 텍스트의 의미에 영향을 미친다.

이상에서 검토한 수정하기와 관련된 선행 연구들은 쓰기 능력 향상을 위해 수정하기가 중요한 역할을 한다는 것과 필자를 고려한 효과적인 수정 전략과 지도가 필요함을 알 수 있다. 이와 더불어 다양한 수준의 학습자를 대상으로 하여 수정하기 전략을 적용해 보고 그 효과를 밝히는 연구의 필요성을 제공해 준다.

### (2) 자기 평가에 관한 연구

자기 평가는 학습자 자신의 성장을 자각하고 진단하게 하며, 이를 통해 문제 해결을 위한 적절한 방안을 모색하게 한다. 학습자 스스로가 자신의 쓰기 활동을 주도적으로 해 나갈 수 있게 하는 강력한 교육적 도구로 자기 평가와 이에 적용할 6가지 쓰기 특성에 대한 연구를 살펴보면 다음과 같다.

Daiute(1985)는 자기 질문 전략을 통한 자기 평가가 필자에게 자신의 글을 점검하게 돕고, 형식적인 측면의 교정보다는 내용적인 측면의 교정에서 더 효과가 있었고, 글에 나타난 문제를 발견하게 도움으로써 쓰기의 질을 향상시키는 것으로 밝혀졌다. Stipek et al.(1992)은 자기 평가는 아이들의 발달에서 중요한 역할을 하며, 능력과 행위에 대한 아이들의 자기 평가는 특정한 상황에서 그들의 정서적 경험에 영향을 미치고 있음을 조사하였다. Schunk(1996)는 자기 평가가 동기와 성취 결과에 미치는 영향에 대해 살펴 본 결과 자기 평가 실행 여부에 따라 자기 효능감, 동기, 다양한 기능 향상에 긍정적인 영향을 미치고 있음을 확인하였다.

임천택(1998)은 포트폴리오 평가를 통한 초등학생들의 쓰기에 대한 자기 평가 반응을 탐구하였다. 그 결과 초등학교 3학년 학생들은 자기 평가에 참여함으로써 자신의 쓰기에서 장단점을 확인하는 능력을 개선시키고 자기 주도성과 학습에 대한 비판적 사고를 증진시킬 수 있는 것으로 나타났다. 또한 임천택(2005)은 자기 평가가 쓰기 지식 생성에 미치는 긍정적 효과를 이론적으로 탐구하였다. 문헌 검토를 통하여 교육적으로 유의미한 자기 평가 구성요소를 자아 개념, 상위 인지, 비판적·창의적 사고, 자기 주도성, 송환 다섯 가지로 추출하였다. 자기 평가는 이러한 구성요소들을 조장하고 강화함으로써 쓰기 지식의 확장, 정교화, 안정화를 촉진한다고 하였다.

김종백 외(2005)는 자기 평가의 활용이 초등학생의 쓰기 능력 향상과 쓰기 효능감에 미치는 영향에 대해 알아보았다. 실험에 투입한 자기 평가 도구는 자신의 쓰기 능력에 대한 이해력을 높이고 자기주도성과 자기 글에 대한 비판적 사고 능력을 증진시키기 위해 자기 점검식 평정방법과 학습 일기 방법을 혼합하여 제작하였다. 실험 결과 자기 평가 중심 학습이 쓰기 능력과 쓰기 효능감을 부분적으로 향상시켰으며 유지 효과도 있음을 확인하였다. 김미정 외(2007)는 초등학교 5학년 학생들을 대상으로 학습자의 글쓰기 능력과 태도가 학습자의 자기 평가 후 피드백 유형에 따라 어떠한 차이가 있는지를 밝혔다. 그 결과 학습자들은 동료보다는 교사의 정확한 피드백을 더 신뢰한다는 것과 쓰기 태도에서 학습자들은 교사보다는 동료의 인정을 더 받고자 한다는 사실을 발견하였다. 따라서 이 연구는 자기 평가 활동 후 피드백 유형을 달리하여 제공할 때 쓰기 학습에서 학습자의 쓰기 능력과 태도가 달라짐을 알 수 있다.

배영주(2009)는 고등학생과 초·중졸의 학력을 가진 30~40대 성인 6명을 대상으로 학습자 자기 평가 활동에 관한 사례연구를 통해 일부 학습자들이 상당한 수준의 자기 평가를 수행할 수 있음을 확인하였고 자기 평가의 수행 양태와 국면, 그것에 영향을 미치는 요소들을 추출하였다. 이처럼 자기 평가가 갖는 교육적 효과와 기여점은 인지심리학연구분야와 수행평가의 연구분야에서 계속적으로 논의되고 있다. 이외에도 자기 평가가 지닌 교육적 효과를 언급하는 많은 연구들을 찾아볼 수 있다(이호관, 1999; 한화정, 2001; 김영천, 2002).

박태호(2005)는 6가지 논술 주요 특성 평가법, 즉 내용, 조직, 목소리(개성), 낱말의 선택, 문장의 유창성, 관습(띄어쓰기와 맞춤법)의 6가지 항목과 5단계 평가 척도를 제시한 후, 이를 활용한 고쳐쓰기 지도를 제시하였다. Isernhagen & Kozisek(2000)은 6가지 쓰기특성을 활용하여 고쳐쓰기 지도를 한 결과 학생들의 쓰기 능력이 신장되었음을 밝히고 있다. 최근에는 6가지 쓰기 특성에 프레젠테이션 요소를 추가한 6+1 쓰기 특성 평가법도 등장하였다(Spendal, 2002). 미국의 주 단위 평가(statewide assessment)에서는 학생들의 글을 6가지 글의 특성(내용, 조직, 목소리, 낱말 선택, 문장 유창성, 관습)에 따라 예시문으로 제공하여 글에 대한 채점과 학생들의 평가 과제 해결에 도움을 주고 있다(Oregon statewide writing assessment, 1998).

이상에서 검토한 선행 연구들은 쓰기 과정에 체계적인 자기 평가 과정을 도입하여 학생들의 쓰기 능력을 향상시킬 수 있다는 사실을 확인하였다. 이러한 자기 평가 활동을 수정하기에서 좀더 효과적으로 활용하고 그 효과를 극대화할 수 있는 방안 마련이 필요하다는 것을 확인할 수 있다.

### (3) 상위 인지 및 쓰기 효능감에 관한 연구

자기 평가 전략을 활용하여 수정하기를 함으로써 향상될 수 있는 측면을 인지적 · 정의적 측면으로 나누어 살펴볼 수 있다. 자기평가를 활용한 수정하기는 자신의 글쓰기를 점검하고 조절하는 것은 인지적인 측면에서 상위인지 능력과 관련이 있으며 초고에 비해 조금씩 변화해가는 자신의 글에 대한 자신감을 가지며 정의적 측면과도 관련 있다. 이에 따라 인지적 측면에서는 상위 인지 연구들을 살펴보고, 정의적 측면에서는 쓰기 효능감에 대한 연구를 살펴보면 다음과 같다.

Englert et al.(1988)은 학습 부진아들의 설명문 쓰기에 대한 상위 인지 지식에 대해 살펴보면서 쓰기 수행과 상위 인지 지식 사이의 관계에 대해 조사하였다. 그 결과 학습 부진아들은 학업 성취가 높은 집단보다 구조화된 쓰기 전략, 쓰기 과정별 단계, 아이디어를 제시하는 전략, 복합적 자료에서 정보를 선택하고 통합시키는 절차에 대해 인식하는 수준이 낮은 것으로 나타났다. 또한 학습 부진아들은 학업 성취가 낮은 집단보다 쓰기 과정을 통제하고 조절하는 능력, 아이디어를 생성하거나 묶기 위한 조직하기 전략이나 텍스트 구조를 사용하는 능력, 텍스트의 질을 점검하는 능력에서 차이가 있는 것으로 나타났다. 이 연구는 쓰기를 지도할 때 설명문 쓰기 과정에 대한 상위 인지 지식의 발달과 설명문을 생성하고, 조직하고, 점검하기 위한 전략의 발달에 초점을 두어야함을 제안하고 있다.

김유미(1995)는 자기조절전략 수업의 효과와 상위 인지 수준에 따른 작문수행의 차이 및 자기조절전략 수업과 상위 인지 수준이 작문수행에 미치는 상호작용 효과를 연구하였다. 김유미는 자기조절전략 수업이 학습자로 하여금 글쓰기를 하는 동안에 더 독립적일 수 있도록 해주고, 쓰기 동기 유발 수준을 높여주며 글쓰기 과정을 조화시키는 데 필요한 도구를 제공해줌으로써 쓰기에 도움이 된다고 하였다. 이 연구에서 실시한 자기조절전략 수업은 Harris & Graham(1992)이 제시한 7단계[3] 중 2, 3, 6, 7단계만을 사용하였다. 이 연구는 초등학교 6학년 두 학급을 대상으로, 각 학급을 실험 집단과 통제 집단에 각각 무선으로 배정하여 10차시에 걸친 실험을 실시하였다. 실험 결과 자기 조절학습전략 수업의 효과는 쓰기 수행을 향상시킬 뿐만 아니라 그 훈련 효과도 오랫동안 유지되었다. 또한 아동의 상위 인지 수준에 따라 쓰기 학습의 효과에 차이가 있는 것으로 나타났다. 그러나 자기조절전략 수업과 상위 인지 수준이 쓰기 수행에 미치는 상호작용 효과는 없었다.

노인석(1997)은 상위 인지적 지식과 쓰기 능력과의 관계, 상위 인지적 접근 방식의 작문 수업이 쓰기 능력 향상에 미치는 효과를 검증하였다. 그 결과 상위 인지 지식이 높은 집단이 쓰기 질과 주제 성숙도, 구문 성숙도, 철자, 문체 점수가 높았다. 또한 상위 인지적 접근 방식의 쓰기 지

3) 1단계 : 선수학습 상기, 2단계 : 수업목표와 수업에 대한 협의, 3단계 : 작문전략에 대한 논의, 4단계 : 전략과 자기수업이 포함된 작문과정을 모델링하기, 5단계 : 전략의 숙달, 6단계 : 협동적으로 연습하기, 7단계 : 각자 글을 써 보기

도를 받은 집단이 쓰기 질과 쓰기의 하위 요소에 높은 점수를 받았다. 이재승(1999)은 과정 중심의 쓰기 교재 구성에 관한 연구에서 상위 인지 전략이 어떤 점에서 과정 중심의 쓰기 교육을 보완하고 촉진할 수 있는지를 살펴보고, 쓰기 과정에서 자신의 인지 과정을 점검하고 통제하는 데 도움이 되는 상위 인지적 자기 조정 요소를 설정하였다.

쓰기 효능감은 쓰기 동기 및 쓰기 관련 학업 성취도에 긍정적인 영향을 미치며, 쓰기 불안, 학업 성취도, 정보 처리의 수준, 결과에 대한 기대 등에도 긍정적인 영향을 미친다(Pajares, 1996, 2003; Palmquist & Young, 1992). Pajares(1996)는 쓰기 효능감, 쓰기 불안, 쓰기 적성이 쓰기 수행에 어떤 영향을 미치는지 검사하기 위하여 경로 분석을 한 결과 쓰기 적성과 쓰기 효능감은 쓰기 수행에 직접적이고도 강한 영향을 미치며, 쓰기 효능감은 주로 쓰기 수행과 적성을 중재하는 간접적인 영향도 미치고 있음을 밝혔다. 또한 쓰기 효능감은 쓰기 불안에 대해서 직접적이면서도 강하게 영향을 미치는 것으로 확인되었다. Pajares et al.(1997)은 초등학교 5학년 학생 필자의 에세이 218편을 수집하여 경로를 분석함으로써 쓰기 효능감, 쓰기 적성, 쓰기 불안, 쓰기 유용성 인식의 관계를 분석하였다. 이를 통해, 쓰기 적성이 쓰기 수행에 직접적인 영향을 미침에도 불구하고 쓰기 효능감은 쓰기 수행을 예측할 수 있는 독립적인 변인이라는 점을 확인하였다.

박영민 · 김승희(2007)는 중학생을 대상으로 쓰기 효능감 및 성별 차이가 중학생의 쓰기 수행에 미치는 효과를 연구하였다. 그 결과 쓰기 효능감이 높은 학생들이 낮은 학생들에 비해 질적으로나 양적으로 더 나은 텍스트를 작성한 것으로 확인되었다. 또한 여학생이 남학생보다 쓰기 효능감이 높게 나타났으며 쓰기 수행도 여학생이 더 우수하다는 결과를 보이고 있다. 이 연구를 통해서도 쓰기 효능감이 쓰기 수행 및 쓰기 성취를 예측할 수 있는 표지로 활용될 수 있음을 알 수 있다.

이외 박영민・최숙기(2009)에서는 우리나라 학생들의 쓰기 효능감 발달에 대한 연구가 수행되었다. 쓰기 효능감 구성 요인을 표현 기능 효능감과 문법 기능 효능감으로 나누어 초등학교, 중학교, 고등학교 학생들의 쓰기 효능감을 측정하였다. 그 결과 초등학교와 중학교는 큰 차이가 없었으나, 고등학교는 상대적으로 매우 낮은 것으로 확인되었다. 이에 대해 고등학생들은 논술 등의 쓰기 지도를 받으면서 쓰기에 대한 자신감을 크게 상실한 것으로 해석하고 있다.

이상의 선행 연구들은 학습자가 자기 평가를 통해 자신의 글을 점검하고 조절하면서 상위 인지 능력을 증진시킬 수 있으며, 자기 평가를 통해 향상된 글은 쓰기 효능감을 증진시킬 수 있음을 확인할 수 있다. 따라서 수정하기에서 자기 평가를 활용하는 것이 상위 인지와 쓰기 효능감에 어떠한 영향을 미치고 있는지에 대한 구체적인 연구가 필요하다.

이 연구는 학생들에게 쓰기 과정에서 수정하기를 할 때 자기 평가 전략을 활용하는 것이 쓰기 능력을 신장시킬 뿐만 아니라 상위 인지 및 쓰기 효능감을 신장시킨다는 가정 하에 실시하는 것이다. 따라서 이 연구의 전체적인 틀은 쓰기 능력과 수정하기의 관계, 자기 평가 전략, 수정하기 지도방법, 상위 인지 및 쓰기 효능감에 관한 주요 논의를 검토하고, 실험 연구의 방법을 적용하여 쓰기에서 학생들의 자기 평가 전략을 활용한 수정하기의 효과를 살펴볼 것이다.

이 책에서 다루게 될 각 장의 구체적인 연구 내용을 제시하면 다음과 같다.

2장에서는 쓰기 능력과 수정하기의 관계, 자기 평가 전략, 수정하기 지도 방법, 상위 인지, 쓰기 효능감에 대해 이론적으로 검토하고자 한다. 수정하기를 지도하는 것은 쓰기 능력의 향상에 필수적이다. 따라서 쓰기 능력과 수정하기와의 관계를 살펴보고, 수정하기를 체계적이며 효율적으로 하기 위해 자기 평가 전략과 관련한 주요 논의들을 검토할 것이다. 그리고 자기 평가 전략을 활용한 수정하기를 지도하는 방법과 자기 평가 전략을 활용한 수정하기가 필자의 상위 인지와 쓰기 효능감과 어떤 관련이 있는지 살펴보기로 한다. 이와 같은 논의를 통해 이 연구의 이론적 토대를 마련하고, 자기 평가 전략을 활용한 수정하기 연구의 필요성과 의의를 드러내게 될 것이다.

3장에서는 이 연구를 수행하기 위해 적용한 연구 방법을 진술한다. 이 연구의 대상으로 초등학교 6학년, 중학교 3학년, 고등학교 2학년 학생 선정과 이들의 쓰기 능력, 상위 인지, 쓰기 효능감을 검사하기 위한 검사 도구의 선정에 대해 밝히고 있다. 실험 기간 및 절차에 대해 상세히 제시하고, 평가와 관련한 절차와 분석 도구를 기술할 것이다.

4장에서는 연구 결과를 분석하고 그에 따른 논의를 전개하기로 한다. 구체적으로 수정하기 지도에 따른 학년별, 성별, 쓰기 능력의 하위 요인별로 쓰기 능력의 변화를 분석해 보고, 이에 따라 상위 인지 및 쓰기 효능감이 어떻게 변화하는지 살펴보기로 한다. 그리고 학생들이 쓴 글을 바탕으로 구체적인 수정의 양상이 글에 어떻게 나타나는지 분석하여 본 논의의 내용을 뒷받침하고자 한다. 마지막으로 학생들의 반응 설문조사를 바탕으로 자기 평가를 활용한 수정하기에 대한 인식의 변화를 살펴볼 것이다.

이러한 연구 내용을 진행하면서 구체적으로 탐색할 연구 문제를 제시하면 다음과 같다.

첫째, 수정하기에서 자기 평가 전략이 학생들의 쓰기 능력을 향상시키는가?

둘째, 수정하기에서 자기 평가 전략이 학생들의 상위 인지 능력을 향상시키는가?

셋째, 수정하기에서 자기 평가 전략이 학생들의 쓰기 효능감에 영향을 미치는가?

이 연구는 몇 가지 제한점을 가지고 있다. 우선 연구 대상의 한정으로 인하여 연구 결과로 나타난 학생들의 쓰기 능력을 모든 학습자들의 쓰기 능력으로 일반화하기에 다소 힘들다. 그리고 글의 종류를 논설문으로 한정하였다는 한계를 가지고 있다. 이와 같은 연구가 일반화되기 위해서는 설명하는 글이나 정서 표현을 위한 글 등 다양한 종류의 글쓰기에서 자기 평가 전략을 활용한 수정하기가 학생의 글쓰기에 어떠한 영향을 미치는지, 이에 대한 연구가 이루어져야 한다.

그럼에도 불구하고 이 연구는 쓰기 교육에서 수정하기 지도의 내용과 방법을 설계하고 구안하는 데에 기여할 수 있을 것이다. 또한 구체적인 수정하기 전략을 제시함으로써 쓰기에서 학생들의 적극적인 수정 활동을 통해 쓰기 능력을 향상시킬 수 있을 것이다.

제 2 장

# 자기 평가 전략을 활용한 수정하기의 이론적 접근

이 장에서는 이 책에서 논의하고자 하는 내용과 관련된 이론을 검토하고자 한다. 먼저 쓰기 능력과 수정하기의 관계를 살펴보고 효율적인 수정하기를 위해 자기 평가 전략과 수정하기 지도 방법과 관련한 주요 논의들을 검토할 것이다. 다음으로 자기 평가 전략을 활용한 수정하기가 필자의 상위 인지와 쓰기 효능감과 어떤 관련이 있는지 탐구할 것이다. 이를 통해 자기 평가 전략을 활용한 수정하기를 살펴보는 것에 대한 이론적 타당성을 마련하고 쓰기 교육에 구체적인 수정하기 내용과 방법에 대한 지침을 제공할 것이다.

## 1. 쓰기 능력과 수정하기의 관계

### (1) 쓰기 능력의 특성

쓰기는 문자 언어를 통해 이루어지는 활동으로, 쓰기를 통해 자신의 의사를 표현하고 다른 사람들과 소통하며, 문제를 해결해 나가는 언어 행위이다. 따라서 쓰기 능력이란 필자가 자신의 머릿속에 있는 생각이나 감정들을 문자 언어로 표현해 낼 수 있는 능력, 쓰기를 통하여 자신을 표현하고 의사소통을 할 수 있는 능력, 쓰기 과제에 주어진 문제를 해결하는 문제 해결 능력으로 정의할 수 있다.

필자는 한 편의 글을 쓰기 위해 글을 쓰는 목적, 주제, 장르, 예상 독자 등 다양한 요인들을 고려하여 아이디어를 생성하고 이를 논리적으로 조직하여 표현하는 일련의 과정을 거친다. 일반적으로 학생들이 쓰기를 어려워하는 이유 중의 한 가지가 바로 쓰기의 복잡한 인지적 과정 때문이다. 학생들뿐만 아니라 성인들조차도 쓰기 과제를 부담스러워하고 어려운 과제로 여긴다. 이에 쓰기 능력에 대한 이해를 바탕으로 쓰기 능력 향상을 위한 다양한 방법들이 모색되어야 할 것이다.

박영목 외(1996)는 쓰기 능력의 특성으로 다음과 같이 설명하고 있다. 첫째, 쓰기에서 사고 행위는 특별한 상황에서 특정의 독자를 대상으로 특정한 내용에 대해 사고하는 행위이며 이것을 글로 표현하는 것이다. 둘째, 쓰기는 여러 가지 하위 과정으로 이루어지는 복잡한 과정이므로 그 하위 과정을 자동적으로 처리할 수 있는 능력을 요구하며, 각 하위 과정에 적절히 시간을 배분할 수 있는 능력과 필요한 만큼의 정보처리 용량이 갖추어졌을 때 능숙하게 쓰기를 할 수 있다는 점을 들고 있다. 셋째, 쓰기는 여러 단계로 이루어지며 각 단계는 거의 동시적이며 상호작용적으로 이루어지는 회귀적인 과정이라는 점에서 다른 언어 활동과 구분된다고 하였다. 이를 통해 쓰기 능력은 단순한 전사 활동으로 끝나는 것이 아니라 고도의 사고 과정을 기반으로 이루어지는 표현 활동임을 알 수 있다.

쓰기에 필요한 세부 능력으로 문자 언어 표현의 유창성, 아이디어 생성의 유창성, 쓰기 관습의 통달, 예상 독자의 요구・글을 쓰는 상황에 적합한 주제・글을 쓰는 구체적인 목적 등을 분석하는 능력, 우수한 글에 대한 비판력, 감상력 등 다양한 능력이 글을 써 나가는 과정에 통합된다면 원활한 쓰기 수행이 이루어질 수 있을 것이다.

쓰기 능력 향상을 위해 살펴보아야 할 것은 쓰기 능력을 구성하는 요인이다. 쓰기 능력과 관련된 요인은 연구자에 따라 달리 정의되고 요인을 범주화하는 기준도 다양하다. 그러나 이를 통해 공통적으로 언급되는 쓰기 능력과 관련한 요인으로는 지식, 기능, 전략이 있다. 그런데 쓰기 능력을 구성하는 요인 중 기능은 행동주의에 입각한 것이기 때문에 인간의 정신 작용을 제대로 설명할 수 없고 인간의 정신작용을 여러 하위 기능으로 세분화할 수 없는 것이기 때문에 쓰기 능력을 설명하기에는 한계가 있다고 볼 수 있다. 그에 반해 전략은 인간의 정신 작용을 하나의 과정으로 보고 여러 요소들 간의 상호작용과 통합을 중시(이도영, 2000)하는 요인으로 쓰기 능력을 설명하기에 중요한 요인으로 볼 수 있다. 엄훈(1996)은 쓰기 능력을 신장시킴에 있어 가장 핵심적인 교육 요소를 쓰기 전략으로 보았다. 그는 쓰기 전략을 수많은 쓰기의 하위 기능들과 관련 지식들 중 어떤 것을 어떻게 동원하면 어떠한 결과가 나올 것이라는 것을 미리 예상하고 쓰기 과정을 통제하는 능력으로 보고 있다. 따라서 쓰기 능력이 고도화 될수록 하위 기능들과 지식들을 통제하고 조절하는 전략이 쓰기 능력의 핵심이 된다고 하였다. 이는 미숙한 필자들이 글을 더 잘 쓰는 동료들에 비해 쓰기 전략이 부족하다는 사실을 통해서도 알 수 있다(Graham & Harris, 2000). 능숙한 필자들은 글을 계획하거나 수정할 때 다양한 전략을 사용할 뿐만 아니라, 쓰기 과정을 조절할 때에도 목표 설정과 자기 평가와 같은 자기 조절 절차도 사용한다.

전략은 능력을 획득하는 데 필수적이다. 능숙한 필자가 되기 위해서는 정보에 어떻게 접근하고 조직하며 정보를 변형하는지, 그리고 쓰기 과정과 행동을 어떻게 조절하는지 알아야 한다. 쓰기는 글을 쓰는 목적, 주제, 예상 독자 등을 고려하면서 내용을 생성하고 조직, 교정하는 일련의 과정을 통해 의미를 구성해 가는 복합적인 사고 작용이다. 매우 복잡한 인지적 절차를 요구하는 쓰기 활동은 다양한 전략적 접근을 통해 좀 더 쉽고 원활하게 할 수 있을 것이다.

### (2) 수정하기에 대한 이해

'수정'이라는 용어는 교정, 다시쓰기, 편집 등의 단어와 유사하게 쓰인다. 교정은 초고를 쓰고 난 뒤 매끄럽지 않은 표현이나 어법 등을 다듬는 행위로, 다시 쓰기는 초고를 버리고 새롭게 쓰는 행위로 볼 수 있다. 김정자(2006)는 내용상의 변화를 가져오는 것을 수정하기로, 맞춤법, 띄어쓰기 같은 형식상의 변화를 가져오는 것을 교정이나 편집으로 규정하였다. 수정에 대한 정의도 학자들마다 다르다. Emig(1971)는 수정을 쓰여진 글의 재구조화라고 하였으며, Sommers(1980) 학습자가 한 편의 글을 완성하기까지 겪는 모든 사고의 변화라고 정의하고 있다. 수정하기에 대해 Fitzgerald(1987 : 484)는 다음과 같이 기술하고 있다.

> 수정은 쓰기 과정을 수행하는 동안 글의 어떤 부분에 일정한 변화를 가져오는 것을 의미한다. 여기에는 의도했던 것과 이미 기술해 놓은 텍스트 사이의 불일치를 확인하는 것이 포함된다. 또한 텍스트에서 어떤 부분이 바뀔 수 있는지 혹은 바뀌어야 하는지를 결정하고, 어떻게 의도한대로 변화를 가져올 것인지 등을 결정하는 것도 포함된다. 여기서 발생하는 변화는 텍스트의 의미에 영향을 미칠 수도, 미치지 않을 수도 있다. 그리고 만

일 의미가 변한다면, 그 변화는 중요한 변화일 수도 있고, 사소한 변화일 수도 있다.

위 정의에 따르면 수정하기는 더 좋은 글을 생산하기 위한 변화를 만드는 활동이다. 필자는 글을 써 나가는 과정에서 자신의 생각을 바꾸거나 새로운 생각을 떠올리며 글을 수정한다. 이러한 과정에서 좀더 명확하게 의미를 부각시키거나 새롭게 정립시켜 나가기도 한다. 따라서 수정은 필자가 글을 써 나가는 과정에서 자신의 의도나 목적에 따라 글을 변화시켜 나가는 행위로 볼 수 있다.

수정하기는 초고를 작성하는 과정 중 어디에서나 일어날 수 있다. 수정하기를 쓰기의 최종 과정 혹은 쓰기 행위에서 독립적 행위로 이해하는 것은 쓰기 과정을 선형적으로 바라보는 관점에서 생겨났다(Sommers, 1980). 형식주의적 관점에서는 쓰기의 과정을 선형적(Rohman & Wlecke, 1964)인 것으로 생각하고 수정 과정을 쓰기 과정의 마지막에 놓인 단계로 보았다. 이러한 관점에서 수정하기는 그 의미가 축소되어 있다. 주로 수정의 행위로 낱말과 문장 수준의 다듬기, 오류 수정, 편집 등이며, 이는 필자 자신이 쓴 글을 정돈하는 행위로서 수정의 내용과 시기에 많은 제한이 있었다. 인지주의적 관점에서는 형식주의적 관점과 달리 수정 활동이 글쓰기의 전체 과정 속에서 이루어질 수 있으며 수정을 통해 주제를 바꾸고 내용을 새롭게 만들어낼 수 있다고 보았다. 사회 구성주의적 관점에서는 수정을 사회적 상호작용 행위의 하나로 간주하고 수정을 필자와 독자가 의미를 교섭하면서 공동의 의미를 구성해 내는 행위로 파악한다. 이 관점에서도 수정 활동이 글쓰기 전체 과정 속에서 이루어진다고 보았다.

Flower & Hayes(1981)는 인지적 쓰기 모형에서 쓰기 과정의 회귀성을 주장하면서 수정하기를 글을 쓰는 동안 계속해서 일어나는 과정으로 정의한다. 이들은 쓰기 과정을 계획하기, 작성하기, 재고하기로 나누고 수정하기를 재고하기에 포함시켰다. 수정하기를 재고하기에 포함시켰지만 실상 계획하기나 작성하기 과정에서도 얼마든지 일어난다.

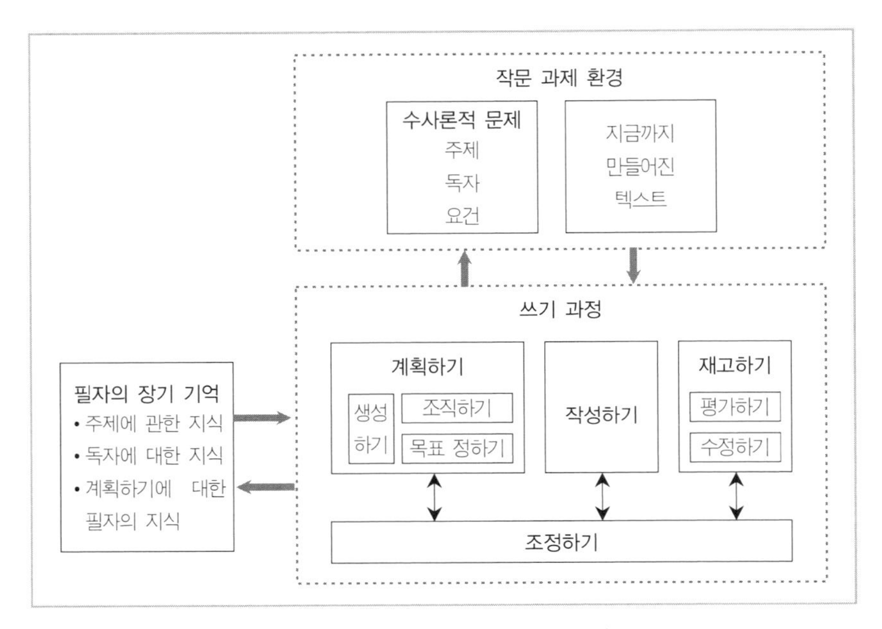


[그림 2-1] 작문의 인지적 과정 모형

이 모형에서 재고하기는 평가하기와 수정하기, 이 두 가지의 하위 과정으로 나뉘어져 있다. 필자는 이 과정을 통해 자신이 쓴 글을 읽어보고 평가가 부정적으로 나왔을 경우 수정하기를 하게 된다. 이 과정은 필자가 글을 쓰는 마지막 시점에서만 일어나는 것이 아니라 글을 쓰는 중간에서도 일어날 수 있다. 이때 필자는 지금까지 작성된 텍스트를 읽고 체계적으로 평가하게 된다.

Huff(1983)는 쓰기 과정을 '초고쓰기(zero-drafting)-문제 해결적 쓰기(problem-solving drafting)-최종 원고 쓰기(final drafting)'로 나누어 제시하였다. 초고쓰기는 화제를 발견하고 인식하는 단계로 필자가 주제에 대해 가졌던 초기 개념과 이를 기반으로 하여 쓴 텍스트의 조직 사이에서 발생하는 차이를 줄이고자 하는 시도를 한다. 초고쓰기를 할 때에도 수정(차이를 줄이고자 하는 시도에서)은 일어난다. 즉 머릿속에서 사고하는 것들을 자유롭게 바꾸고 선택하는 과정도 인지적 관점에서 보면 수정행위로 볼 수 있다. 문제 해결적 쓰기에서는 초고를 읽고 텍스트와 관련된 주요 문제들을 구체적으로 규정하고 해결한다. 이를 위해 필자는 삭제, 첨가, 대체, 재배열이라는 방법들을 통해 글 전체를 수정한다. 이 단계는 텍스트의 문제점을 규명하고 텍스트의 조직을 보다 명확하게 전개해 나갈 수 있도록 하는 단계이다. 최종 원고 쓰기에서는 문제 해결적 쓰기 과정에서 필자가 주요 논제에 대해 뒷받침하는 내용을 확장하면서 발생하는 또다른 문제들을 해결하게 된다. 이를 통해 필자는 쓰기 과정을 보다 원활하게 운영할 수 있다.

수정하기도 일정한 과정이 있다. 수정하기는 기존 자신이 쓴 텍스트와 자신의 지식, 의도의 재현 사이에 명백한 비교의 과정이 존재한다. 다음 [그림 2-2]는 Flower et al.(1986)의 수정의 인지 과정을 모형으로 제시한 것이다.

Flower et al.(1986)은 수정하기 과정(혹은 전략)의 복잡한 모형과 수정하기를 하는 데 요구되는 지식을 상세히 설명하였다. 연구자들은 수정하기를 필자에 의해 이루어지는 의도적이고 전략적인 활동으로 보았다. 이 모형은 과제 정의하기, 텍스트 평가하기, 전략 선택하기, 수정하기 이 네 과정의 조절 작용으로 구성되어 있다.

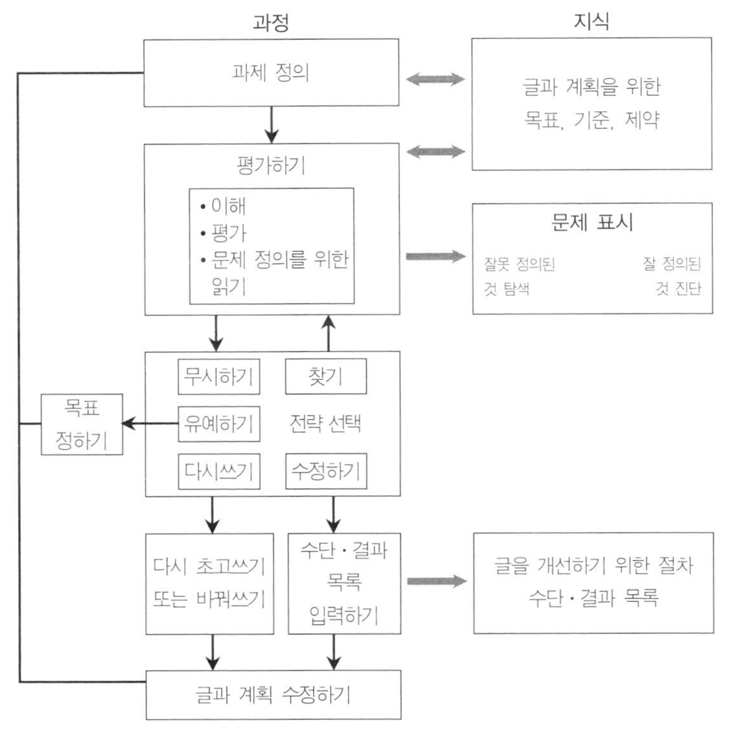


[그림 2-2] 수정의 인지 과정 모형

기초적이고 전략적이며 의식적인 특징을 갖고 있는 과제 정의하기는 필자가 가지고 있는 텍스트 지식 및 맥락 지식과, 수정하기에 대한 상위 인지 지식에 의해 다듬어진다. 이들은 필자의 목적에 따라 달라진다는 특징을 가지고 있다. 과제 정의하기는 과제에 대한 정신적 표상을 이끌어내는 단계로 모든 수정하기 과정의 시작이기 때문에 반드시 일어나게 된다.

평가하기는 필자가 자신이 작성한 텍스트에 나타나 있는 문제점들을 명확히 하기 위해 텍스트를 읽고, 이해하고, 비판하는 활동이다. 이 단계는 두 개의 하위 과정을 포함한다. 문제 찾아내기와 진단하기가 그것이다. 문제 찾아내기에서 필자는 원래 자신의 의도와 지금까지 생산된 텍스트를 비교하게 된다. 비교를 통해 찾아낸 문제를 다시 한 번 확인하거나 진단한다.

필자는 찾아낸 문제가 너무 간단하거나 너무 복잡한 것이라는 판단이 들면 그 문제를 무시해 버릴 수 있다. 혹은 문제가 되는 부분을 다시 써야 한다고 결정할 수도 있다. 만일 후자를 수행하기로 결정이 내려졌다면, 네 가지 수정하기 전략을 활용할 수 있다. 문제 해결 유예하기, 문제를 더 잘 이해하기 위해 더 많은 정보 찾아보기, 기초적인 아이디어 유지를 목표로 텍스트의 전체 혹은 일부분 다시 쓰기, 유지하면서 동시에 이미 작성된 텍스트의 표현을 향상시키는 것을 목표로 하여 텍스트 수정하기, 이 네 가지 전략을 활용할 수 있다. 수정하기는 필자가 실제로 변화가 필요한 부분을 선택된 전략에 의존하여 완결지을 수 있도록 해 준다.

Flower et al.(1986)의 모형은 필자의 기억 속에 저장되어 있는 지식이 수정하기의 각기 다른 단계에서 필수적인 역할을 한다. 수정하기는 몇 가지 유형의 지식(지시적, 언어적, 화용론적 지식 등)과 서로 다른 수정하기 과정, 하위 과정 및 전략 간의 지속적인 상호작용을 필요로 한다. Alamargot & Chanquoy(2001)에서 강조했듯이, 텍스트 수정하기는 교정하기로 귀결되는, 다양한 의사결정 단계가 포함되는 매우 복잡한 일련의 정신적인 활동에 대한 구체적이고도 가시적인 결과이다. 따라서 수정하기는 상위 인지적 수준에서 조절되는 의사 결정 활동이라고 정의될 수 있다.

수정하기는 다양하고 복잡한 인지 과정을 거치면서 필자로 하여금 인지적 부담을 느끼게 한다. 다음 그림은 쓰기 과제와 다른 보통 실험 과제가 요구하는 인지 노력에 대한 비교를 나타낸 그래프이다(Kellogg, 1994).

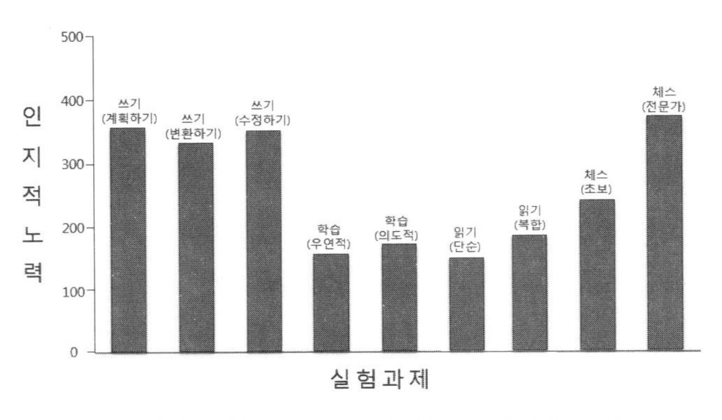


쓰기 과제와 다른 보통 실험 과제에 대한 인지적 노력

각 과제의 인지 노력의 크기는 2차적인 과제의 반응 시간과 함께 간섭을 사용하여 표시되었다. 이 실험에서 필자는 글을 짓는 1차 과제에 몰두하는 동안 무작위 간격으로 컴퓨터에서 나오는 짧은 신호를 들었다. 그리고 1/1000초의 시간으로 각각 계획, 변환, 수정하기가 결정되는 것을 신호에 의해 탐지하도록 신호로 감지할 수 있도록 하였다. 이 실험에서 중요한 것은, 아이디어를 계획하고, 그것을 글로 변환하고, 아이디어와 글을 수정하는 쓰기 작용이, 우연한 학습, 의도적인 학습, 구성상 간단한 글 읽기 또는 복잡한 글 읽기에 의해 일어나는 작용보다 훨씬 더 많은 인지적 노력을 요구한다는 것이다. 체스 게임의 경우 초보자와 숙련자의 경기 도중 움직임을 살펴보면 상당한 차이가 있다. 이때 말이동의 선택에 몰두해 있는 숙련된 체스 경기자에게서 나타나는 노력의 수준은 간단한 쓰기 과제를 수행하는 대학생에게서 측정된 노력의 수준과 비슷하다. 이처럼 쓰기는 읽기, 학습, 체스 경기보다 인지적 노력의 수준이 높으며, 쓰기 과정 중 수정하기는 변환하기보다 인지적 노력이 더 요구됨을 알 수 있다.

다음은 글의 유형에 따라 글쓰기 과정에 들이는 인지적 노력의 차이를 살펴본 것이다(Kellogg, 1994).

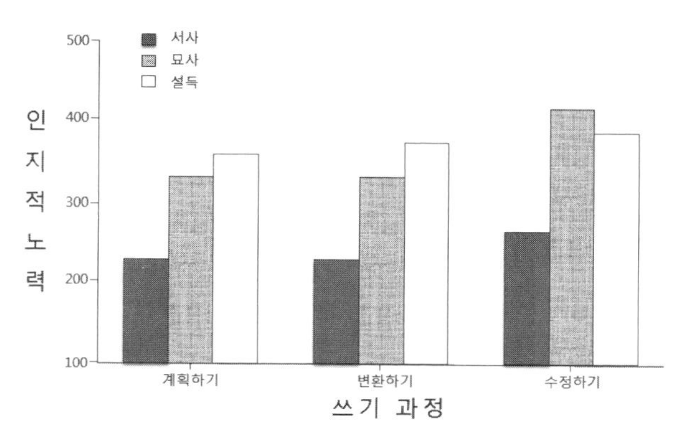


글 유형별 쓰기 과정에 대한 인지적 노력

서사적 쓰기는 세 가지 모든 유형에 걸쳐서 묘사적, 설득적 쓰기보다 유의미하게 적은 노력을 요구했다. 글쓰기 과정을 살펴보면 세 가지 쓰기 유형 모두에서 수정하기가 가장 많은 인지적 노력을 요구했다.

이처럼 수정하기는 다른 쓰기 과정에 비해 인지적 노력을 많이 필요로 하는 활동이다. 이는 작업 기억의 제한된 능력과 연관된다. 작업 기억의 제한된 능력은 쓰기와 수정하기 과정을 심각하게 속박하고, 초보 혹은 이제 막 쓰기를 시작한 필자들에게 인지적 과부하를 걸리게 한다. 특히나 이들이 낮은 수준의 쓰기 과정 중 일부를 자동화하지 못한 상태라면 더욱 그러하다(Berninger & Swanson, 1994). Hacker(1994)와 Hacker et al.(1994)의 연구에 따르면 수정하기에서 표면적인 수준의 수정하기가 더 쉬우며 초보필자들은 텍스트의 의미보다는 표면적인 요소들을 더 많이 수정한다고 하였다. 이는 초보필자들에게서 주로 나타나는 수정하기 양상으로 작업 기억 용량이 상대적으로 적게 요구되기 때문인 것으로 볼 수 있다. 이는 Fitzgerald와 Marham(1987)의 연구결과에 나타났듯이 '철자 쓰기 오류 찾아내기'에 비해 의미 혹은 통일성과 관련된 오류를 찾아내는 데 작업 기억이 더 많이 요구된다는 점에서 유추해 볼 수 있다. 이처럼 수정하기의 특성과 빈도는 필자의 작업 기억 용량 및 전문성과도 연결되어 있다 (Berninger et al., 1996; S.Wanson & Berninger, 1996). 숙련된 필자의 경우 초보 필자보다는 쓰기 과정이 자동화되어 있어 작업 기억의 활용을 능숙하게 할 수 있으며 수정하기도 표면적인 수준의 수정과 함께 의미와 관련한 수정하기도 빈번하게 일어난다. 따라서 쓰기 활동에서 수정하기 과정과 관련되어 있는 인지적 부하를 줄이고, 수정하기 과정에 필요한 작업 기억의 용량을 최대한 활용할 수 있도록 하는 방법이 필요하다.

### (3) 쓰기 능력과 수정하기의 관련성

2009년 교육 정책의 변화에 따라 개정된 초・중・고 국어과 교육과정의 내용을 살펴보면, 각 학교급별 쓰기 영역의 성취 기준에 수정하기와 관련된 내용이 포함되어 있다. 다음은 2009년 국어과 교육과정 쓰기 영역에 나타난 수정하기와 관련된 내용이다.

[표 2-1] 2009년 국어과 교육과정 쓰기 영역에 나타난 수정하기와 관련된 내용

| 학교급 | 영역 | 성취기준 |
|---|---|---|
| 초등학교 (5-6학년군) | 쓰기 | (7) 자신이 쓴 글을 내용과 표현을 중심으로 고쳐쓴다. |
| 중학교 (7-9학년군) | 쓰기 | (1) 주제, 목적, 독자를 고려하여 쓰기 과정을 계획하고, 점검하고 조정한다. |
| 고등학교 | 국어 I -작문 | (9) 여러 가지 표현 기법과 적절한 문체를 사용하여 글을 쓰고 자신이 쓴 글을 점검하며 고쳐 쓴다. |
| | 화법과 작문-작문 | (14) 정보의 효용성, 조직의 체계성, 표현의 적절성, 정보 윤리를 점검하여 고쳐 쓴다.<br>(25) 논거의 타당성, 조직의 효과성, 표현의 적절성을 점검하여 고쳐 쓴다. |

초등학교 성취 기준의 내용에서는 학생들이 초고에서 잘못되거나 적절하지 못한 내용을 수정하고, 내용전개, 문법, 맞춤법, 띄어쓰기 등의 문제점을 찾아 교정하도록 하였다. 중학교에서는 구체적인 쓰기 상황과 맥락 안에서 주제, 목적, 독자 등을 고려하면서 고쳐쓰도록 유도하였다. 고등학교에서는 이러한 모든 사항을 포함하면서 고쳐 쓰는 습관의 생활화 및 쓰기의 윤리적 측면에 대한 고려도 중요하게 여기고 있다.

제7차와 2007년 국어과 교육과정에서부터 수정하기가 표현하기 이후의 단계로 덧붙여 설정되면서 지금까지 수정하기가 쓰기 교육에서 중요하게 인식되어져 왔다. 쓰기 능력 향상이라는 쓰기 교육의 목표를 성취하기 위하여, 내용 성취 기준에 수정하기와 관련된 내용이 포함되어 있다는 것은 쓰기 능력과 수정하기가 밀접한 관련이 있음을 알 수 있다.

필자들은 글을 쓰면서 매번 지우고 또 새로 쓰는 과정을 반복한다. 방금 썼던 문장도 어색하거나 의도에 어긋나면 지우고 새로운 문장을 넣기도 한다. 앞의 문장들이 뒤의 문장 의미를 제한하기 때문에 미리 머릿속으로 구상해 둔 문장들도 수시로 바꾼다. 필자는 글을 쓸 때부터 필자의 의도나 목적을 분명하게 설정하지 않는다. 자신의 글을 수정하면서 스스로 의미를 발견하고 수정을 통해 자신의 의도가 무엇이었는지 분명히 인식하게 된다. 또한 의미를 재구성하면서 글의 흐름을 더욱 뚜렷하게 드러낼 수 있다. 이처럼 쓰기 과정에서 수정하기는 학생들의 글에 나타난 문제를 발견하고 해결할 수 있도록 도움으로써 쓰기 능력을 향상시키는 데 도움이 된다.

수정하기는 모든 필자들의 쓰기 과정에 동일하게 나타나는 것은 아니다. 수정하기는 필자가 자신의 글에서 불일치되는 부분을 인식하고 문제를 해결하는 과정이다. 따라서 글을 수정하는 행위는 필자가 자신의 글에서 불일치되는 부분을 인식하였을 때 일어난다. 그러나 쓰기 능력이 낮은 학생들은 자신의 글에 나타난 문제가 무엇인지 잘 파악하지 못한다. 이러한 사실은 미숙한 필자들에게서는 수정행위는 잘 일어나지 않는다는 것을 알 수 있다. 혹 필자가 문제를 파악하더라도 그 문제를 어떻게 고쳐야할지 수정하기에 대한 방법을 모른다. 즉, 글의 질을 향상시키기 위해 어떤 부분을 살펴보아야 할지 모른다는 것이다. 이러한 미숙한 필자들에게 나타나는 수정하기는 형식적인 측면에서 문장이나 어휘, 단어와 같은 미세한 내용을 바꾸는 수준으로 끝난다. 이에 반해 능숙한 필자들은 자신의 글을 객관적인 관점에서 바라보고 자신의 글에 나타난 문제가 무엇이며 이를 어떻게 해결해야 할지 다양한 수정하기 방법을 구사할 수 있다. 따라서 이들의 수정은 글 전체 부분에 관한 수정이 많다. 이에 이호관(1999)은 자신의 쓰기 과정을 스스로 통제하고 조절하며, 쓰기 과제에 적절한 전략을 찾아내어 사용할 줄 아는 상위 인지 기능이 높은 능숙한 필자에게는 자기 평가 전략이 필요하다고 하였다.

지금까지의 내용을 통해 쓰기 능력에서 미숙한 필자와 능숙한 필자의 차이는 수정하기 능력의 차이로도 볼 수 있다. 즉 미숙한 필자는 수정하기에서 자신의 글에 대한 파악이 미숙하며 수정하기에 대한 지식도 부족하다. 능숙한 필자는 자신의 글을 비판적으로 바라보는 안목이 있으며 수정하기에 대한 지식을 갖추고 있다. 이러한 수정하기 능력의 차이가 글쓰기 성패를 좌우할 수 있다. 따라서 미숙한 필자가 능숙한 필자로 나아가기 위해서는 자신의 글에 대해 주체적으로 접근할 수 있는 수정하기 전략에 대한 학습이 필요하다. 수정하기는 자기 글을 돌아보며 비판적으로 점검하고 문제를 해결해 가는 과정을 통해 쓰기 과정을 내면화 할 수 있다. 즉 수정하기는 글쓰기 전체 과정을 포함하고 있다. 수정을 하면서 필자는 주제와 관련된 내용을 새롭게 생성하거나 독자의 이해를 돕기 위해 글의 조직 및 전개 방식을 바꿀 수 있으며 효과적인 표현방식으로 글을 변화시킬 수 있다. 따라서 미숙한 필자는 수정하기를 하면서 자연스럽게 글쓰기 과정을 익히게 된다.

수정하기는 학생들에게 더 좋은 글을 쓰게 한다는 점에서 매우 중요한 의미를 지닌다. 또한 학생들은 자신이 쓴 글을 되돌아보고 미처 생각지 못했던 문제점을 찾아 수정하면서 쓰기와 관련한 다양한 능력을 신장시킬 수 있다. 이처럼 수정하기는 쓰기 과정에서 없어서는 안 될 필수적인 과정이며 학생들의 쓰기와 관련한 다양한 능력을 신장시키는 중요한 활동이다.

## 2. 자기 평가 전략의 준거와 과정

### (1) 자기 평가 전략의 준거

쓰기 교육에서 수정하기 지도의 목표는 학습자들이 스스로 자신의 글쓰기 과정을 되돌아보고 수정을 함으로써 쓰기 능력을 향상시킬 수 있도록 하는 데 있다. 수정하기는 필자의 의도와 목적에 맞게 글을 다듬는 행위로서, 수정하기에서 중요한 것은 필자가 자신의 글이 의도와 목적에 맞게 쓰였는지 점검하고 평가하는 것이다. 수정하기에서 드러나는 자신의 글에 대한 문제를 어떻게 점검하고 해결하는지에 따라 글의 질적 수준이 달라진다. 필자가 자신의 글에 무엇이 문제인지 구체적으로 알게 됨으로써 수정이 왜 필요한지, 어떻게 수정을 해야 할지, 이를 통해 자신의 글이 얼마나 향상될지 알 수 있다. 따라서 필자에게 자신의 글을 점검하고 평가할 수 있는 능력은 필수적이다.

수정은 자신의 글에 대한 평가와 함께 시작된다. 그러나 학생들은 글을 평가하기 위해 어떻게 해야 하는지 모른다. 자신들의 능력을 설명하거나 판단하는 데 능숙하지 못한 학생들이 스스로 평가 활동을 수행하기란 쉽지 않다. 이는 학생들이 수정하기를 어려워하는 이유이기도 하다. 따라서 평가를 위해 학생들에게 명확한 평가 요소와 이러한 요소를 기반으로 한 수정의 방법을 가르치는 것이 중요하다. 학생들에게 구체적인 평가 요소를 적용하여 자신의 글을 평가하는 법을 지도하고 그러한 평가에 기초하여 자신의 글을 수정하도록 해야 한다. 학생들이 자신의 글을 수정할 때 어떤 것을 수정하고 어떻게 수정해야 할 것인가의 문제를 효율적으로 발견하고 해결하기 위해 자기 평가 전략을 활용할 수 있다.

일반적으로 자기 평가는 학습자가 학습의 준비에서부터 학습결과의 평가에 이르는 전 과정에 걸쳐 자신의 학습상황이나 행동에 적극적으로 참여하여 자신의 학습의 결과를 평가함으로써 바람직한 결과가 유지되고 발전될 수 있도록 학습방법을 개선하고 조정하는 일련의 과정을 말한다. 이는 학습자 스스로 자신의 학습을 평가하는 과정으로 학습자들이 학습에 적극적이고 반성적으로 참여할 수 있다. 자기 평가를 통해 자신의 학습 결과를 되돌아보고 반성적 사고를 함으로써 더 나은 학습을 성취할 수 있다. Piaget에 따르면, 인지 발달의 가장 높은 단계인 형식적 조작기에 이르러서야 비로소 '분석적 사고 능력'이 나타나며 대략 13~15세쯤 되면 자신의 인지적 조작을 대상으로 추상적이고 반성적인 사고를 수행할 수 있다고 한다. 반성적 사고를 통한 자기 평가 전략은 학생과 그들이 공부하는 내용 간에 좀 더 적극적이고 의미 있는 관계를 형성할 수 있도록 하는 한 가지 전략이다.

이 연구에서 자기 평가 전략은 자신이 쓴 글을 통해 자신의 쓰기 과정을 반성적으로 되돌아보고 적극적인 수정활동을 이끌어냄으로써 좀더 나은 글을 쓸 수 있도록 하는 수정하기 전략을 말한다.

미숙한 필자일수록 수정하기 과정은 어려운 과업이다. 필자가 자신을 객관화하여 초고를 평가할 수 있어야 하는데 미숙한 필자들은 자신이 작성한 초고를 객관적이고 비판적으로 보기가 어렵다. 미숙한 필자의 지식이 자신이 의도한 해석 외에 다른 해석을 하지 못하도록 제한하기 때문이다. 제한된 관점으로 자신의 글을 바라보게 됨으로써 수정의 범위 또한 글 전체 수준에서의 의미 수정보다는 글의 표면적인 형식적 측면에만 치우쳐 수정이 일어나는 경우가 많다. 따라서 자기 평가 전략을 수정하기에서 효과적으로 활용하기 위해 평가 요소를 분명하게 설정하여 필자가 자신의 글을 전체적인 측면에서 다양한 관점으로 검토해 볼 수 있도록 해야 한다. 학생들에게 아무런 평가 요소를 제시하지 않은 채 자신의 글을 평가하라고 하면 학생들은 자신의 글에 대해 제대로 평가할 수 없을 것이다. 그러나 어떤 관점에서 자신의 글을 읽을지, 어떤 곳을 고쳐야하는지 일정한 기준이 정해진다면 학생들은 수정하기에 보다 적극적으로 참여할 것이다.

자신의 글을 자신이 직접 수정하는 것만큼 어려운 일도 없다. 수정하기 지도에서 동료 평가 방법을 활용하는 경우가 많다. 그러나 자신의 글을 자신만큼 잘 아는 사람도 없다. 더구나 실제적인 독자의 반응을 살펴볼 수 있는 동료평가는 동료에 대한 신뢰성이 전제되지 않는다면 동료평가 활동에 대한 의미가 무색해질 수 있다. 교사 평가에서도 학생들은 교사만을 유일한 독자로 상정하게 되고 교사의 평가에만 의지하게 되어 자발적인 수정활동이 일어나기 힘들다. 나아가 쓰기에 대한 동기 부여도 힘들어지게 된다. 이에 반해 자기 평가는 필자로 하여금 자신의 글에 대한 책임감뿐만 아니라 신뢰성을 촉진시키고 이를 통해 자발적, 자기 주도적 수정활동을 이끌어내어 쓰기에 대한 동기 부여도 가능하게 된다.

수정하기에서 학생은 자신의 글을 독자의 관점에서 바라보며 객관적이고 비판적으로 읽어야 한다. 자기 평가 전략의 활용은 필자가 수정할 때 주관적 판단이나 개인적 지식에 한정될 수 있는 가능성을 최대한 줄여 줄 수 있다. 자기 평가 전략은 객관적인 평가 요소들을 텍스트에 적용하게 함으로써 학생들의 수정이 주관에 치우친 상태에서 이루어질 가능성을 최대한 배제할 수 있다.

이 연구에서 사용한 자기 평가 전략은 학생이 자신이 쓴 글을 보고 평가하는 직접 평가 방법이며 평가 요소에 따라 분석적으로 평가를 하도록 하였다. 자기 평가에 포함된 요소들은 쓰기의 주요한 특성 6가지를 중심으로 작성되었다.

쓰기의 주요한 특성과 관련한 연구로 Diederich(1974)의 연구가 있다. Diederich는 편집자, 변호사, 교사 등 여러 집단의 사람들에게 학생의 글을 보여주고 세 등급으로 나누게 하고, 각 등급 변별에 대한 근거를 기록하도록 하였다. 그 결과 대부분 거의 동일한 쓰기 특성을 기준으로 등급을 나누었다는 사실을 발견하게 되었다. 등급 변별에 대한 쓰기 특성으로 내용, 맞춤법(용법, 문장구조, 구두점, 철자), 조직과 분석, 표현법 및 어법, 기법(목소리, 어조, 문체)이 있다. Diederich(1974)의 연구 방법은 다른 연구자(Purves, 1992; Murray, 1982)들에 의해 반복되었고 쓰기의 주요한 특성들을 밝혀내었다.

이 연구에서 자기 평가의 요소로 사용한 쓰기의 주요한 특성 6가지는 Diederich(1974)의 연구 방법에 영향을 받은 미국의 분석적 쓰기 평가 위원회(Analytical Writing Assessment Committee)의 교사들이 개발한 것이다. 이 연구에서는 이들이 개발한 쓰기 특성을 자기 평가 요소로 삼되 각 요소별 평가 질문을 우리 실정에 맞게 수정하였다. 좋은 글이 지닌 핵심적인 특성으로 볼 수 있는 6가지 쓰기의 주요한 특성은 여러 지역에서 쓰기 교육에 광범위하게 사용되고 있다(Spandel, 2002).

6가지 쓰기의 주요 특성으로 내용, 조직, 목소리, 문장 유창성, 관습, 낱말 선택이 있다. 이들 주요 특성에 대해 살펴보면, 내용은 필자의 중심 생각으로 세부 내용이 중심 생각을 잘 뒷받침하고 있어야 한다. 조직은 글의 짜임으로 내용의 순서가 자연스러워야 하며 내용 전개 방법이 효과적이어야 한다. 목소리는 글에 나타난 필자의 생각 또는 느낌으로 예상독자들이 계속해서 글을 읽도록 필자 자신의 생각을 진실되게 표현해야 한다. 그리고 독자들에게 명확하게 내용을 전달하기 위해 정확하고 구체적인 낱말을 선택해야 한다. 문장 유창성은 문장의 흐름이 자연스러워야 하며 의미 파악이 쉬워야 한다. 관습은 글의 가독성과 관련된 것으로 문장 부호, 맞춤법 등을 정확하게 사용해야 한다. 수정 활동에서 이러한 자기 평가 요소들을 제시함으로써 학습자들에게 실제 수정할 때 필요한 부분들에 집중할 수 있도록 도움을 줄 것이다.

수정하기에서 자기 평가 전략을 통해 학생들은 처음 의도한 글과 작성된 글 사이의 불일치를 판단하면서 자신의 부족한 쓰기 능력 부분을 인지하고 수정하기를 하게 된다. 이런 과정에서 학생들은 자신의 글을 객관적으로 보는 능력이 향상되며, 자신이 의도했던 글과 작성된 초고의 불일치를 수정하는 과정에서 한층 심화된 사고력을 발휘할 수 있다.

### (2) 자기 평가 전략의 과정

수정하기가 자신의 글을 통해 자신의 사고 과정을 점검하며 인지를 조절해 가는 과정이라면, 쓰기에서 자기 평가는 글을 쓰는 동안 일어난 일련의 사고 과정과 인지 행위를 스스로 평가해 보는 것이라 할 수 있다. 자기 평가를 통해 필자는 자신의 글에 대한 인식 능력을 높일 수 있으며 자연스런 부분과 그렇지 않은 부분을 발견하고 이를 수정해 나갈 수 있다.

워싱턴 주립 대학교에서 자기 평가에 대한 평가 기준을 사용한 학생들을 연구한 결과, 기준을 사용한 학생들이 기준을 사용하지 않은 학생들보다 높은 점수를 받았다(Washington State Critical Thinking Progect, 2004). 하버드 프로젝트 제로[4]는 도시 중학생들을 대상으로 한 연구에서 자신의 쓰기를 평가하기 위해 특정 장르에 맞는 평가 기준을 사용한 학생들이 세 종류의 글 중 하나에 대해 높은 점수를 받는다고 했다(Andrade, 1998). 두 번째 프로젝트에서 자기 평가에 대한 교사 안내 과정이 여학생들의 글에 긍정적인 영향을 미치지만 남학생들의 글에는 아무 영향이 없었다. 이 연구들을 통해 자기 평가의 적용 효과가 장르나 성별에 따라 다르다는 사실을 알 수 있다. 따라서 자기 평가가 실제로 기능하는 방법과 교실 활동에 영향을 미치는 방법에 대한 세밀한 연구가 더 필요하다.

다음 [표 2-2]는 수정하기에서 자기 평가 전략을 활용하는 과정을 나타낸 것이다.

첫 번째 단계에서는 필자가 자신의 글을 수정할 때 어떤 부분에 초점을 맞추어 점검할 것인지 평가 요소를 확인한다. 그리고 이 단계에서는 자기 평가 요소인 쓰기의 주요한 6가지 특성에는 무엇이 있는지 이들 요소를 중심으로 어떻게 초고를 읽어야 할지 등 자기 평가 요소를 확인하고 숙지해야 한다.

4) 프로젝트 제로(Project Zero)는 하버드 대학교 대학원에 부설된 교육연구기관이다. 'Harvard Project Zero'는 1967년 예술을 통해 교육을 개선하고 연구하는 교육철학자인 Nelson Goodman에 의해 개설되었다. Goodman은 예술 교육은 하나의 중요한 인지적 활동으로서 연구되어야 한다고 강조하였다. 그러나 예술분야에서는 그러한 기틀이 마련되어 있지 못하고 있다는 점에서 Zero라는 이름이 주어졌다 한다. 처음 HPZ의 주 연구 영역은 예술 분야였다(황윤한, 2001).

[표 2-2] 자기 평가 전략 활용 과정

| 1단계 : 자기 평가 요소 확인 |
| --- |
| 자기 평가 요소 :<br>내용, 조직, 목소리, 문장 유창성, 관습, 낱말 선택 |

⬇

| 2단계 : 초고 읽기 |
| --- |
| 자기 평가 요소를 바탕으로 한 초고 읽기 |

⬇

| 3단계 : 자기 평가 내용 기록 |
| --- |
| 자기 평가 요소별 성취 수준 판단 |

⬇

| 4단계 : 재고쓰기 |
| --- |

두 번째 단계에서는 초고 읽기 단계로 자기 평가 요소를 바탕으로 자신이 쓴 초고를 따져보며 읽는 활동이 이루어진다. 다시 말해, 필자가 초고를 읽으면서 스스로 자신의 글에서 수정해야 할 부분을 찾는 활동이다. 수정하기를 어려워하거나 귀찮아하는 학생들의 특징이 자신이 쓴 글을 다시 읽어 보지 않아 자신의 글에서 어떤 부분이 어색하고 부족한지 잘 모르는 경우가 많다. 따라서 자기 평가 과정에서 초고 읽기는 학생들의 적극적인 수정 활동을 이끌어 내기 위해 반드시 선행되어야 한다.

두 번째 단계에서는 자기 평가 요소를 바탕으로 초고를 읽으면서 필자는 글 내용의 타당성, 글의 정확성을 저해하는 요소, 문법적으로 잘못된 부분, 부적절한 단어 등 글 속에 나타난 문제를 발견하게 된다. 이는 비판적인 읽기의 과정과 유사하다. 비판적인 읽기 또한 글에 주어진 정보를 독자가 수동적으로 수용하는 것이 아니라 자신의 배경 지식을 바탕으로 글의 내용을 추론하면서 글쓴이의 의도, 관점, 글의 내용 및 표현 등을 따져가며 읽는 방법이다. 그러나 자기 평가에서 초고 읽기는 글 속에 나타난 문제를 진단하며 오류를 찾아내고 이미 써 놓은 글과 필자 자신의 목표를 비교해 가며 적합성을 평가하는 읽기이다. 필자는 자신이 작성한 글을 단순히 이해하기 위해서 읽지 않고, 글에 나타난 문제점을 찾으려는 의도를 가지고 읽게 되는데 그 방식은 독자의 비판적 읽기와 분명한 차이를 보인다. 또한 글에 나타난 문제점을 발견하기 위해 자기 평가 요소들을 활용한다는 점에서도 비판적 읽기와는 다르다. 학생들이 자신의 글을 평가할 때 구체적인 평가 요소들을 제시함으로써 어떤 부분을 수정해야 하는지에 대한 막막함이 감소되고 좀더 체계적이고 분석적으로 자기 평가가 이루어지도록 유도할 수 있다.

세 번째 단계에서는 초고를 읽은 다음 자기 평가 내용을 기록한다. 이는 자기 평가 요소에 따라 초고 읽기를 한 후, 자기 평가 요소에 따른 성취 수준이 어느 정도인지 스스로 판단해 보는 활동이다. 필자는 자신의 쓰기 능력을 스스로 가늠해 보고 자신의 글에 부족한 부분을 깨달음으로써 자신이 쓴 글의 수정 방향을 명확하게 파악할 수 있고 자신의 글에 대한 책임감을 촉진시킬 수 있다.

네 번째 단계에서는 자기 평가 내용을 바탕으로 초고를 수정하여 더 나은 재고쓰기를 하게 된다. 재고쓰기를 하면서 필자는 쓰기 목적과 의도를 분명히 하며 자기 평가 내용이 잘 반영될 수 있도록 해야 한다. 이를 통해 필자의 본래 의도와 실제 글에 나타난 표현상의 의도와의 괴리 현상을 줄일 수 있다.

쓰기는 끊임없는 자기 자신과의 내적인 의사소통의 과정이다. 자기 평가 과정에서 평가하기는 이러한 내적인 의사소통의 결과물에 대한 수준을 외현화함으로써 내적 활동을 촉진하고 조정하는 역할을 할 수 있다.

자신이 쓴 글을 자신이 객관적으로 평가하는 것은 쉽지 않다. 그러나 자기 평가는 필자 자신이 주제와 관련하여 어떻게 사고하며 이해하고 있는지에 대해 알아보고 체계적이고 분석적인 대안들을 찾아내는 데 도움을 준다. 또한 자기 평가를 통해 학생들은 평가에서 주체가 되므로 자신의 쓰기 수행을 평가하고 쓰기 과정에 적극적으로 참여하게 된다. 이처럼 자신의 글을 스스로 평가해 보고 그 결과를 바탕으로 수정하기를 한다면 진정한 의미에서의 수정하기가 이루어질 수 있다.

## 3. 자기 평가 전략을 활용한 수정하기 지도 방법

### (1) 현시적 지도방법의 개념 및 특징

학생들은 수정하기에서 자기 평가 전략을 효과적으로 활용하기 위한 지도가 필요하다. 이 연구에 적용한 수정하기 지도는 현시적 교수법을 적용하여 이루어졌다. 현시적 교수법은 교사가 지도할 내용을 분명히 드러내며 과제 수행의 책임이 교사에서 학생으로 이양되어야 한다는 점을 명확하게 밝히고 있는 교수법이다.

현시적 교수법의 개념은 설명, 연습, 그리고 평가라는 전통적인 교수법과는 적어도 세 가지 중요한 측면에서 차이가 난다. 첫째, 교사는 기능이나 전략이 무엇인지를 단순하게 설명하지 않는다. 즉 교사들은 그 전략의 활용 방법을 직접 시범을 통해 보여준다. 그리고 전략을 이용하여야 하는 목적, 방법, 이유 그리고 시기에 대해서도 설명한다. 둘째, 학생들은 그들 스스로 연습하는 것이 아니다. 교사들은 학생들이 그들 스스로 과제를 완성할 수 있을 때까지 점진적으로 천천히 학생들에게 과제 완성에 대한 책임을 이양하면서 연습을 안내한다. 셋째, 교사들은 학생들이 전략을 수행할 수 있는지 평가할 뿐만 아니라 학생들이 학습한 전략을 새로운 상황에 적용할 수 있도록 지도해야 한다(Pearson & Dole, 1987).

현시적 수업에서는 왜 전략이 학습되어야 하며, 그 전략이 무엇이며, 어떻게 전략을 이용하며, 언제 그리고 어디서 전략이 이용되어야 하는지, 또한 어떻게 그 전략의 이용에 관해 평가하는지를 지도한다. 직접 교수법은 교사의 효율성에 그 초점이 주어져 있으나 현시적 교수법은 선언적, 절차적 지식뿐 아니라 효과적인 전략 이용에 필요한 조건적 지식에 관해서도 초점을 두고 있다(박수자, 1994). 이런 점에서 현시적 교수법은 직접 교수법보다 더 유연하고, 어떤 상황에서 어떤 전략을 이용하는 것이 좋은지를 결정하는 데 더 유용하다.

현시적 교수법은 쓰기 기능이나 전략을 설명해 줄 뿐만 아니라 그 기능이나 전략의 활용을 직접 시범을 통해 보여준다. 그리고 전략 사용의 상황, 시기, 목적, 방법, 이유 등도 자세히 설명해 준다. 교사는 학생들이 과제를 스스로 수행해 나갈 수 있을 때까지 안내하고 연습을 시키면서 점차 과제에 대한 책임을 학생에게 이양시킨다. 또한 교사는 학생들의 수행을 관찰 평가하면서 교정을 할 수 있는 피드백을 제공하고 학습한 전략을 새로운 상황에 적용하도록 한다.

현시적 교수법은 교사의 설명 및 시범, 학생의 독자적인 연습, 적용 등의 단계를 따르며 각 단계마다 즉각적인 피드백이 이루어진다. 즉, 현시적 교수법은 교사가 학생의 반응을 적극적으로 피드백하도록 권장한다. 그러나 현시적 교수법의 피드백은 학생의 답이 틀렸을 경우에는 정답이나 전략을 가르쳐 주고, 맞았을 경우에는 칭찬을 하는 정오의 피드백이 아니다. 학생들이 자신의 지식과 전략을 생각해 내고 그것을 적극적으로 활용하도록 권장하는 피드백이다. 현시적 교수법에서 교사는 어려운 문제와 씨름하면서 대안적 방법을 고려해 보도록 학생을 격려하고 적절히 전략을 적용할 수 있도록 유도해야 한다. 이러한 피드백을 통해 학생들은 어떤 부분에서 부족한지 어떻게 해결하는 것이 바람직한지 분명하게 인식시키고 교사의 도움 없이도 스스로의 힘으로 문제를 해결할 수 있어야 할 것이다.

바람직한 쓰기 지도 방향은 학생들이 쓰기 과정에서 부딪히는 문제들을 해결할 수 있도록 체계적으로 안내해 줄 수 있어야 하며, 동시에 유사한 문제 유형에 대해 학생들 혼자서 해결 할 수 있는 능력을 키워줘야 한다. 현시적 교수법이 교사가 처음에 시범을 보이고 안내해 주며 점차 학생들의 참여 비율을 높이다가 마지막에 가서는 학생이 직접 연습하고 다른 상황에 적용해 봄으로써 스스로 과제를 해결하도록 짜여 있다는 점에서 바람직한 쓰기 지도의 방향에 부합한다고 볼 수 있다.

현시적 지도 방법에서 수정은 교사의 설명과 시범, 학생들의 질의응답과 연습을 통해 이루어진다. 학생 자신의 수정 방식과 교사의 시범을 통한 수정 방식을 비교해봄으로써 학생에게 수정을 하는 실제 능력의 향상을 기대할 수 있다. 글을 쓰면서 이루어지는 수정 활동은 자신만의 수정하기에 대한 노하우를 갖게 되고 이러한 과정을 통해 학생들은 이전에는 경험할 수 없었던 수정 방법들을 글을 수정하는 데 적용할 수 있는 기회를 갖게 된다. 이것은 곧 학생들의 실질적인 수정 능력의 향상으로 이어질 수 있다.

### (2) 현시적 지도방법의 절차

학생들에게 글을 쓸 때 수정하기 과정에서 자기 평가 전략을 인식하고 자신의 글을 평가하게 하기 위해 목적, 필요성, 방법 등을 사전에 충분히 지도해 주어야 한다.

현시적 지도를 통한 수정하기 수업 모형은 크게 6단계로 이루어졌다. 이 연구에 활용한 수업 모형은 무엇보다 학생들이 수정의 개념에 대해 명확하게 인식하고 수정을 원활하고 효율적으로 하기 위해 자기 평가 전략을 활용하도록 하는 것에 중점으로 두고 설계되었다.

[표 2-3] 현시적 교수법 지도 절차

| 단계 | 주요 교수·학습 활동 |
|---|---|
| 설명하기 | • 동기유발하기<br>• 학습 목표 확인하기<br>• 기능이나 전략 소개하기 |
| 시범보이기 | • 기능이나 전략 활용 시범보이기 |
| 교사 유도 활동하기 | • 기능이나 전략의 적용방법 탐색 및 연습하기<br>• 교사의 피드백 |
| 강화하기 | • 기능이나 전략에 대해 자세히 설명하기<br>• 학생의 이해 여부 확인하기<br>• 교사의 피드백 |
| 학생 독립 활동하기 | • 문제 해결을 위해 연습하기<br>• 교사의 피드백과 이해 여부 확인하기 |
| 적용하기 | • 교과서 이외의 글에 적용하기 |

수정하기 지도를 위해 설명하기에서는 쓰기 과정이나 수정하기 전략과 활용 방법을 소개한다. 이 단계에서 교사는 적극적인 쓰기 활동을 위한 동기를 유발하고 학습할 목표를 확인한 다음 6가지 쓰기 특성에 초점을 둔 자기 평가 전략 및 중요성을 구체적으로 설명한다.

시범보이기에서 교사는 과제를 해결하는 데 필요한 사고 과정을 시범 보인다. 교사가 직접 수정하기에서 자기 평가 전략을 사용하는 동안에 자신의 머릿속에서 일어나는 일련의 사고 과정을 말로 표현하면서 전략 사용 방법을 설명한다. 학습자는 교사가 머릿속으로 어떤 사고를 하는지 볼 수 있고, 이를 통해 글을 고쳐 쓰는 방법을 익히게 된다.

교사유도 활동하기에서는 학생이 배운 자기 평가 전략을 예시문을 가지고 연습해보는 단계이다. 이때 교사는 적절한 조언과 피드백을 주면서 학습자가 수정하여 쓰는 것을 도와줄 수 있다.

강화하기에서는 학생들이 자연스럽게 수정하기 활동의 중요성을 느끼도록 한다. 수정하기는 다른 유형의 글을 쓸 때에도 꼭 필요한 활동이라는 것을 인식시키고 학생들에게 쓸 내용에 어떠한 부분이 빠졌는지 질문을 통해 확인한다.

학생 독립 활동하기는 학생들이 전적으로 책임을 지고 주어진 글을 수정하는 단계이다. 적용하기 단계는 실제 자신이 쓴 초고를 자기가 배운 자기 평가 전략을 적용해 직접 수정해 보는 단계이다.

이 수업 모형은 학생들이 수정의 개념을 명확하게 인지하고 실제 자신의 글을 수정할 때 효과적으로 활용할 수 있는 방법을 체득하게 하는 데 중점을 두었다. 이러한 단계를 거침으로써 학생들이 정교한 수정 방법과 자기 평가 전략을 자연스럽게 습득하고 수정 행위에 매우 익숙해지는 효과를 기대할 수 있다. 수정하기에 대한 현시적 지도 이후에 수정 행위를 계속적으로 경험할 수 있도록 하여 수정하기에서 자기 평가 전략을 자연스럽게 숙지할 수 있도록 할 필요가 있다.

## 4. 상위 인지 및 쓰기 효능감의 발달

### (1) 상위 인지 발달

수정의 인지 요소 속에는 수정 과정을 돕고 조정하며, 통제하는 상위 인지적 요소가 포함되어 있다(정희모, 2008). 인지란 개인이 가지고 있는 배경 지식과 전략을 말하고, 상위 인지란 그러한 배경 지식과 전략들을 활용하고 통제하는 활동으로서 인지를 계획, 조정, 규제하는 것을 의미한다(Flavell, 1979). 수정은 쓰기 과정에서 일어난 인지 행위를 점검하고 진단한다는 측면에서 상위 인지에 가깝다고 할 수 있다.

상위 인지는 상위 인지 지식과 상위 인지 조정으로 나눌 수 있다. 상위 인지 지식은 본질적으로 과제 수행 자체보다는 과제에 적절한 전략의 선택, 유지, 일반화에 관련된 지식이다. 상위 인지 지식은 크게 선언적 지식, 절차적 지식, 조건적 지식으로 유형을 구분할 수 있다(Brown, 1978). 선언적 지식은 과제의 특징과 개인의 능력에 관한 명제적 신념을 포함하는 것으로 행위를 과제 조건으로 변화시키거나 목표를 설정하는 데 활용되는 지식이다. 절차적 지식은 사고 과정에 대한 의식으로 다양한 행위 실행에 관한 정보를 포함한다. 조건적 지식은 여러 가지 다양한 기능들을 언제, 왜 적용해야 할 것인가를 아는 것이다. 이 세 가지 유형의 지식에 능숙한 행위자는 특수한 목표에 도달하기 위해 유용한 행위를 선택할 수 있으며 변화는 조건들에 부합하기 위해 역동적으로 행위를 조정할 수 있다.

상위 인지 조정은 실제로 과제를 수행할 때 과제에 적절한 전략을 선택하고 그 전략을 실제로 실행하며, 선정한 전략이 과제 수행을 보장하고 있는지를 점검하게 된다. 글을 수정할 때 상황에 따라 상위 인지 지식을 어떻게 조정, 활용하느냐가 중요하기 때문에 과제 수행을 성공적으로 이루어내기 위해서는 전략의 사용 과정을 점검하고 통제하는 것이 필요하다. Paris et al.(1984)은 상위 인지의 실행적 과정에 계획, 조절, 평가가 포함된다고 설명한다. 계획이란 과제 해결을 위해 적절한 목표와 방법을 모색하는 것이며, 조절이란 자신이 선택한 계획을 따르고 때로는 새로운 계획을 수립하기도 하는 것이다. 평가란 자신의 능력과 관련된 과제에 대한 난이도와 서로 다른 전략들의 상대적 효율성을 평가하는 것을 의미한다. Jacobs & Paris(1987)도 상위 인지의 실행적 과정을 계획, 조절, 평가로 설명한다. 계획이란 인지 목표를 달성하기 위하여 인지 수단을 선택하고 조절하는 것이며, 조절은 인지 목표를 달성하기 위하여 계획 및 전략을 수정하는 것이며, 평가는 자신의 이해 과정을 평가하는 것이다.

자신의 인지를 스스로 조정하기 위해 자기 조정 전략이 필요하다. 이재승(1999)은 과정 중심 쓰기 과정에서 자기 조정 행위가 필수적이므로, 이러한 상위 인지적 자기 조정 행위를 가능하게 하거나 촉진하는 기제를 자기 조정 전략이라고 명명하였다. 자기 조정 전략은 어떤 인지 전략을 실제 쓰기 상황에서 효과적으로 활용하기 위해 자기 조절 전략으로 전환하는 기능, 쓰기 과정 전체를 조정, 통제하면서 이들 전략들을 상황에 따라 통합하여 사용하는 기능을 한다. Harris & Graham(1992)은 자기 조정 전략으로 자기 교수와 목표 설정, 자기 점검, 자기 강화를 들었으며, 자기 점검 안에 자기 평가와 자기 기록을 포함시켰다. 자기 평가 전략은 글을 써 나가는 과정에서 스스로를 평가하는 것이다. 즉 자신의 아이디어와 표현 등의 적절성, 효용성 등을 판단하는 행위를 말한다. 자기 기록 전략은 글을 쓰면서 생각난 것을 간단히 메모하거나 표시해 두는 것을 말한다. 물론 여기에서 기록하는 내용은 자신의 인지 과정을 점검하고 통제하는 요소에 초점을 둔 것이다.

이재승(2002)에서는 교사나 학생이 실제 글을 쓰는 과정에 도움을 주기 위해 쓰기 과정별로 필요한 자기 조정 요소를 추출하고, 이들 요소를 상위 인지적 지식 및 상위 인지적 전략과 관련짓고자 하였다. 다음은 수정과 관련된 자기 조정의 내용을 나타낸 것이다.

■ 내용 교정과 관련된 자기 조정 요소의 예

- 내용을 교정하는 데 필요한 전략을 생각해 보았는가?
- 그 전략이 효과적인 것인지, 아니면 불필요한 것인지 생각해 보았는가?
- 더 좋은 조직 방법이 있을 것이라고 생각해 보았는가?
- 초고를 몇 차례 읽어보았는가?
- 과제의 성격에 따라 교정하는 방법이 달라진다는 점을 생각해 보았는가?
- 틀린 부분이나 잘못된 부분은 고치려고 노력했는가?
- 독자, 목적, 제재 등을 생각하면서 교정을 했는가?
- 필요한 경우, 첨가, 삭제, 변형, 재조직하였는가?
- 평소에 교정을 할 때 맞춤법에 신경을 많이 쓰는가?
- 제출하기 전에 한 번 더 검토해 보았는가?
- 잘한 점은 다음에 다시 활용해야겠다고 생각하였는가?
- 다음번에도 이 방법(전략)을 사용할 필요가 있다고 생각해 보았는가?
- 다음번에는 이 방법을 사용하지 않는 것이 좋겠다고 생각해 보았는가?
- 내가 잘했다고 생각하면, 자신에게 적절한 보상을 받았는가?
- 자신의 쓰기 활동을 정리해 두었는가?
- 내가 쓴 글에 의미를 부여하려고 노력했는가?

상위 인지에서 자기 평가는 자신의 이해를 점검하는 인지 과정이다. 자기 평가를 통해 학생들은 그들의 사고 과정을 더 잘 인식하게 되고 결과적으로 그런 전략들을 실생활에 더 잘 전이시킬 수 있게 한다. 이러한 자기 평가는 구체적인 평가 기준에 의해 학습자에게 자신의 학습과정과 활용을 되돌아보는 반성적 사고과정을 통해 상위 인지 능력을 길러주게 된다.

수정하기 활동은 필자의 수행 과정을 되돌아보고 문제점을 찾아 적절한 대안을 모색하고 해결하는 일종의 상위 인지와 유사한 인지 과정을 거친다. 글의 의도와 표현 사이의 불일치, 필자와 독자 사이의 의미 구성 과정상의 괴리는 수정하기 과정에서 필자가 끊임없이 되짚고 점검해야 할 요건이다. 이때 상황에 적절하게 조절하고 수정하는 기능은 상위 인지 기능과 유사하다. 능숙한 필자들은 글을 쓰면서 스스로 통제할 수 있는 능력, 즉 상위 인지 수준이 높다. 상위 인지 수준이 높은 필자들은 낮은 필자들보다 작문 수행이 더 우수하다(김유미, 1995). 수정하기에서 자기 평가 전략의 활용은 상위 인지 전략의 내면화 과정이라 할 수 있다. 따라서 수정하기에서 자기 평가가 학습자의 상위 인지 능력을 증진시켜 능동적인 학습자를 길러내는 데 기여할 수 있을 것이다.

### (2) 쓰기 효능감 발달

쓰기 능력의 발달에 영향을 미치는 정의적 요인 중에서 주목을 끄는 것은 쓰기 효능감 요인이다. Bandura의 자기 효능감을 쓰기 영역에 한정하여 적용한 것이 쓰기 효능감이다. 쓰기 효능감은 학습자가 쓰기 과제의 수행을 위해 필요한 행위를 조직하고 실행해 나가는 데 있어 자신의 능력에 대해 내리는 판단을 의미한다. 일반적으로 쓰기 효능감이 높은 학생은 그렇지 않은 학생들보다 쓰기 활동에 높은 관심과 많은 노력을 기울인다.

여러 연구에 따르면 쓰기 효능감은 쓰기 동기 및 쓰기와 관련된 학업 성취도에 긍정적인 영향을 미치며, 쓰기 불안, 학업 성취도, 정보 처리의 수준, 결과에 대한 기대 등에도 긍정적인 영향을 미친다(Pajares, 1996, 2003; Palmquist & Young, 1992). Pajares(1996)는 쓰기 효능감, 쓰기 불안, 쓰기 적성이 쓰기 수행에 어떤 영향을 미치는지 검사하기 위하여 경로 분석을 한 결과 쓰기 적성과 쓰기 효능감은 쓰기 수행에 직접적이고도 강한 영향을 미치며, 쓰기 효능감은 주로 쓰기 수행과 적성을 중재하는 간접적인 영향도 미치고 있음을 밝혔다. 또한 쓰기 효능감은 쓰기 불안에 대해서 직접적이면서도 강하게 영향을 미치는 것으로 확인되었다.

최근 연구자들은 쓰기 불안이 전형적으로 쓰기 수행과 부적으로 관련된다 하더라도 쓰기 효능감이 통제된다면 불안의 영향은 소거된다는 사실을 밝혔다(Pajares & Johnson, 1996; Pajares & Valiante, 1997, 1999, 2001). 즉, 필자가 쓰기 과제를 접하면서 갖게 되는 불안의 요소가 쓰기 효능감에 의해 해소될 수 있음을 알 수 있다.

Bandura(1977)는 자기 효능감이 높은 사람은 실패를 능력부족보다는 노력부족으로 귀인하는 경향이 있어서 성공지향적인 사람들이라고 보았다. 이런 사람들은 실패 후에도 빠른 속도로 효능감을 회복한다. 반면에 효율성에 대한 기대가 부정적이고 낮은 사람일수록 실패를 능력부족으로 귀인하는 경향이 있어서 두려움과 절망을 가지고, 마지못해 그 과제 수행에 임하거나 아니면 피하려 한다는 것이다. 이를 쓰기 효능감은과 대응해 보면, 쓰기 효능감이 높은 사람은 실패를 경험한 후에도 빠른 속도로 효능감을 회복하고 반면에 쓰기 효능감이 낮은 사람은 쓰기 과제 수행을 회피하거나 두려워한다는 것이다.

Bandura는 사람들은 자신의 효능성에 대한 정보를 네 가지 정보원으로부터 얻을 수 있는데, 자신의 수행을 관찰하고 판단함으로써, 모델이 수행하는 것을 관찰함으로써, 타인의 설득으로부터, 생리적 지표(심장 박동, 땀의 분비 등)를 사용해서 알아낼 수 있다고 한다(Bandura, 1977, 1986). 이런 정보원을 통해서 알아낸 정보는 개인의 효능감에 자동적으로 영향을 주는 것이 아니고 인지적 평가를 거치게 된다. 효능성에 대한 평가를 하는데 있어 개인은 자신이 지각하는 능력수준, 투여한 노력의 정도, 과제의 난이도, 상급자의 도움, 그리고 다른 상황적 요인들과 성공과 실패의 형태 그리고 귀인 등을 고려하게 된다.

자기 효능감은 향상될 수 있다고 보는 것이 Bandura의 기본적인 생각이다(Bandura, 1977; 1986). Bandura의 이론에 근거하여 학생의 쓰기 효능감 증진 방안을 제시하면 다음과 같다.

첫째, 학생들에게 성취경험을 제공해야 한다. 특정 과제를 잘할 수 있기 위해서는 학생 스스로 잘할 수 있는 신념을 형성해야 한다. 이러한 신념을 형성하기 위해서는 실제로 학생 자신이 작은 일에서라도 직접 성취경험을 겪어보는 것이 가장 중요하다.

둘째, 쓰기 효능감의 증진은 대리적 성취경험을 통해서도 가능하다. 자신과 능력이 비슷한 타인이 성취하는 모습을 관찰함으로써 자신의 자기 효능감을 증진시킬 수 있다. 즉, 비슷한 인지 수준이나 학습 수준을 지녔다고 인식되는 동료가 특정 쓰기 과제에 성공하였다면 관찰을 하고 있는 필자의 효능감은 상승할 것이다. 스스로 경험을 통해 결과를 얻지 않더라도 모방을 통해 이러한 쓰기 효능감은 학습될 수 있다.

셋째, 교사의 언어적 설득 또한 학생의 쓰기 효능감을 높일 수 있는 계기가 된다. 학생들에게 언어적 설득으로 또 직접적인 행동으로 학생의 능력에 대한 신뢰를 보여주어야 한다. 교사가 학생의 쓰기가 매우 훌륭하다고 칭찬해 준다면 학생의 쓰기 효능감은 매우 긍정적 수준으로 상승할 가능성이 높다. 이와 반대로 지속적으로 쓰기 과제나 성취에 대해 교사가 부정적인 평가나 피드백을 제공한다면, 학생들의 쓰기 효능감은 부정적으로 변화할 가능성이 높아질 것이다.

마지막으로 정서적 대처 훈련을 통해 학생의 자기 효능감을 키울 수 있다. 어렵고 도전적인 과제를 접하게 되었을 때의 불안과 초조함에 대처할 수 있는 정서적 기술을 훈련시킬 필요가 있다.

수정하기는 필자에게 글을 쓰게 만드는 하나의 요인이 된다. 즉 필자는 수정하기를 통해 자신의 글을 다듬고 정교화하면서 자신이 몰랐거나 지나쳤던 것들을 다시 생각하게 되고 좀더 멋진 글로 완성하기 위해 자신의 글을 수정한다. 새롭게 다듬어진 자신의 글을 살펴보며 학생들은 쓰기에 대한 자신감이 생기게 된다. 수정하기를 통해 이전의 글보다 조금씩 나아지면서 나도 할 수 있다는 긍정적인 태도를 갖게 해준다. 또한 학생을 평가자로 직접 참여시켜 자기 평가를 하도록 한다면 자신을 인식하는 기회를 가져서 스스로를 반성하고 평가하는 과정을 통해 자신이 가지고 있는 능력을 발휘하게 되며 쓰기 효능감 향상을 기대할 수 있다.

제 3 장

# 자기 평가 전략을 활용한 수정하기의 실제

이 장에서는 연구를 위해 적용한 연구 방법을 제시하고자 한다. 먼저 실험 집단과 통제 집단의 선정, 사전 검사에서 지연 검사에 이르기까지 연구 설계와 과정을 상세하게 설명할 것이다. 그리고 실험 효과 검증을 위한 검사 도구와 자기 평가 전략을 활용한 실험절차에 대해 구체적으로 보여줄 것이다. 이어서 평가자 훈련이나 평가자 간 신뢰도 검증과 관련된 평가 절차와 분석 도구를 밝힐 것이다.

## 1. 자기 평가 전략을 활용한 수정하기의 연구 절차

### (1) 연구 대상

이 연구는 대전광역시에 소재한 신탄진초등학교 6학년 2학급, 인천광역시에 소재한 인주중학교 3학년 2학급, 충청북도에 소재한 황간고등학교 2학년 2학급을 연구 대상으로 선정하였다. 그리고 이들을 대상으로 쓰기 능력과 상위 인지 및 쓰기 효능감 검사를 실시하였다. 자료 수집 대상을 정리하면 [표 3-1]과 같다.

[표 3-1] 연구대상 참가 현황

| 성별 \ 학년 | | 초6 | 중3 | 고2 | 계 |
|---|---|---|---|---|---|
| 실험 집단 | 남 | 17 | 19 | 14 | 50 |
| | 여 | 11 | 19 | 14 | 44 |
| | 계 | 28 | 38 | 28 | 94 |
| 통제 집단 | 남 | 14 | 20 | 14 | 48 |
| | 여 | 12 | 17 | 10 | 39 |
| | 계 | 26 | 37 | 24 | 87 |

연구 대상으로 초등학교 6학년, 중학교 3학년, 고등학교 2학년을 선정한 이유는, 학생들의 교육과정 목표 달성도를 알아보는 학업 성취도 평가 대상 학년이면서 이 연구에서 살펴보고자 하는 학교급별 실험의 효과를 살펴보기에 적절한 학년으로 판단되었기 때문이다. 학교급별로 두 학급씩 실험 집단과 통제집단으로 나누고, 전체 인원 비율 및 성별 비율 차이가 크지 않도록 유지하였다.

### (2) 연구 설계와 과정

#### ① 연구 설계

이 연구는 양적 연구 방법과 분석 연구 방법을 사용한다. 양적 연구는 자기 평가 전략을 활용한 수정하기가 쓰기에 미치는 효과를 객관적 통계 결과로 검증하고, 분석 연구는 학생들의 초고와 수정 원고 및 반응 설문지를 통해 기술하고 분석한다.

㉠ 양적 연구

이 연구의 실험 설계는 준실험 설계이다. 실험 집단과 통제 집단의 동질성을 알아보기 위하여 사전 검사를 실시하고 실험처치의 효과를 알아보기 위해 직후 검사를 실시한다. 실험 집단과 통제 집단에는 1주일에 2시간씩 각각 총 10시간 동안 동일한 주제로 쓰기 수업이 진행된다. 구체적인 실험 설계는 [표 3-2]와 같다.

[표 3-2] 실험 설계 모형

| 구분 | 사전 검사 | | 직후 검사 | 지연 검사 |
| --- | --- | --- | --- | --- |
| 실험 집단 | $O_1$, $O_2$, $O_3$ | X | $O_4$, $O_5$, $O_6$ | $O_7$ |
| 통제 집단 | $O_1$, $O_2$, $O_3$ | | $O_4$, $O_5$, $O_6$ | $O_7$ |

$O_1$ : 쓰기 능력 사전 검사
$O_2$ : 상위 인지 사전 검사
$O_3$ : 쓰기 효능감 사전 검사
$O_4$ : 쓰기 능력 직후 검사
$O_5$ : 상위 인지 직후 검사
$O_6$ : 쓰기 효능감 직후 검사
$O_7$ : 쓰기 능력 지연 검사
X : 자기 평가 전략을 활용한 수정하기

실험 후 기대되는 결과로 실험 처치 전 사전 검사에서는 실험집단과 통제집단이 유의미한 차이가 없으나, 실험 처치 후 직후 검사와 지연 검사에서 실험 집단과 통제 집단이 쓰기 능력과 상위 인지 및 쓰기 효능감에서 유의미한 차이가 나타나는 것이다.

㉡ 분석 연구

이 연구의 분석 연구를 위해 실험 집단의 초고와 수정 원고를 바탕으로, 6가지 쓰기 특성에 따른 자기 평가 내용이 완성글에 어떻게 반영되었는지 살펴본다. 각 학교급별로 사전 검사에서 상·중·하 집단에 속하는 학생들 중 1명씩 선정하여 초고와 수정 원고를 분석하고 그 차이점을 기술한다. 그리고 직후 검사가 끝난 다음 구조화된 설문지 내용([부록 6])을 나눠주고 학생들의 설문지 반응을 토대로 자기 평가에 대한 인식 변화를 밝혀낸다. 이러한 분석 연구의 내용은 [표 3-3]과 같다.

[표 3-3] 분석 연구의 설계

| 영역 | 내용 | 비고 |
|---|---|---|
| 자료 분석 | 초고와 수정 원고 | 코딩 및 해석 |
| | 반응 설문지 | |

### ② 연구 과정

이 연구의 목적을 달성하기 위하여 설정한 실험의 진행 절차와 각 단계별 구체적인 활동을 기술하면 [표 3-4]와 같다.

[표 3-4] 연구 과정

| 순서 | 내용 | 적용 여부 | | 차시 | 일정 |
|---|---|---|---|---|---|
| | | 실험 집단 | 통제 집단 | | |
| 사전 검사 | 쓰기 능력, 상위 인지, 쓰기 효능감 | ○ | ○ | 1 | 초 : 2011년 11월 2일<br>중 : 2011년 11월 1일<br>고 : 2011년 10월 28일 |
| 수정하기 지도 | 수정하기에서 6가지 쓰기 특성을 활용한 자기 평가 전략 지도 | ○ | — | 1 | 초 : 2011년 11월 9일<br>중 : 2011년 11월 8일<br>고 : 2011년 11월 8일 |
| 실험 처치 | 자기 평가 전략을 활용한 수정하기(5회기 총 10차시 실시) | ○ | — | 10 | 초 : 2011년 11월 14일~12월 20일<br>중 : 2011년 11월 15일~12월 28일<br>고 : 2011년 11월 21일~<br>2012년 1월 10일 |

| 직후 검사 | 쓰기 능력, 상위 인지, 쓰기 효능감 | ○ | ○ | 1 | 초 : 2011년 12월 23일<br>중 : 2011년 12월 30일<br>고 : 2012년 1월 13일 |
|---|---|---|---|---|---|
| | 학생반응 설문조사 | ○ | — | | |
| 지연 검사 | 쓰기 능력 | ○ | ○ | 1 | 초 : 2012년 2월 7일<br>중 : 2012년 2월 7일<br>고 : 2012년 2월 9일 |

이 연구는 사전 검사, 수정하기 지도, 실험 처치, 직후 검사, 지연 검사로 진행된다. 실험 집단과 통제 집단의 쓰기 능력과 상위 인지 및 쓰기 효능감의 동질성 여부를 알아보기 위하여 사전 검사를 실시한다.

초등학교는 실험 집단과 통제 집단의 각 담임 교사가 국어 수업 시간에 동일한 쓰기 과제를 투입하여 1시간 동안 사전 검사를 실시한다. 중학교와 고등학교는 국어 교사가 국어 수업 시간에 실험 집단과 통제 집단을 대상으로 1시간 동안 동일한 쓰기 과제를 투입하여 사전 검사를 실시한다. 평가는 쓰기 평가 기준에 의해 각 학교급에 해당하는 교사 3명이 평가하여 점수화한다.

다음으로 실험 집단에 실험 처치를 하기 전, 초등학교는 60분 동안, 중학교와 고등학교는 50분 동안 자기 평가 전략에 대한 소개 및 활용방법에 대한 수정하기 지도를 실시한다. 이러한 과정을 거친 뒤 실험 처치가 이루어진다.

이 연구를 위한 실험 처치는 5주 동안 국어 시간 및 재량 시간을 이용하여 10차시에 걸쳐 실시한다. 실험 집단은 자기 평가 전략을 적용하여 수정하기를 실시하며 통제 집단은 자기 평가 전략을 적용하지 않고 수정하기를 실시한다. 실험 집단과 통제 집단의 쓰기 과제와 차시별 주요 수업 내용을 살펴보면 [표 3-5]와 같다.

[표 3-5] 쓰기 과제 및 차시별 주요 수업 내용

<table>
<tr><th>회기</th><th colspan="2">쓰기 과제</th><th>차시</th><th>수업 내용</th></tr>
<tr><td rowspan="2">사전 검사</td><td>초등</td><td>중·고등</td><td rowspan="2">1</td><td rowspan="2"></td></tr>
<tr><td>텔레비전의 유익성</td><td>두발 및 복장 자유화에 대한 찬반</td></tr>
<tr><td rowspan="2">1회기</td><td colspan="2" rowspan="2">교내 휴대폰 소지에 대한 찬반</td><td>2</td><td>초고쓰기</td></tr>
<tr><td>3</td><td>수정하여 글 완성하기</td></tr>
<tr><td rowspan="2">2회기</td><td colspan="2" rowspan="2">통신어 사용에 대한 찬반</td><td>4</td><td>초고쓰기</td></tr>
<tr><td>5</td><td>수정하여 글 완성하기</td></tr>
<tr><td rowspan="2">3회기</td><td colspan="2" rowspan="2">토요일 등교에 대한 찬반</td><td>6</td><td>초고쓰기</td></tr>
<tr><td>7</td><td>수정하여 글 완성하기</td></tr>
<tr><td rowspan="2">4회기</td><td colspan="2" rowspan="2">교사의 학생 체벌에 대한 찬반</td><td>8</td><td>초고쓰기</td></tr>
<tr><td>9</td><td>수정하여 글 완성하기</td></tr>
<tr><td rowspan="2">5회기</td><td colspan="2" rowspan="2">인터넷 실명제에 대한 찬반</td><td>10</td><td>초고쓰기</td></tr>
<tr><td>11</td><td>수정하여 글 완성하기</td></tr>
<tr><td>직후 검사</td><td colspan="2">학원교육의 필요성</td><td>12</td><td rowspan="3"></td></tr>
<tr><td rowspan="2">지연 검사</td><td>초등</td><td>중·고등</td><td rowspan="2">13</td></tr>
<tr><td>남녀합반 운영에 대한 찬반</td><td>동물실험에 대한 찬반</td></tr>
</table>

학생들의 쓰기 능력을 검사하기 위해 제시된 쓰기 과제는 학생들의 상황과 관심을 최대한 고려하여 그들이 흥미를 가지고 쓸 수 있는 주제를 선정하였다.

5회기의 실험 처치 이후 직후 검사에서 쓰기 능력 검사, 상위 인지 및 쓰기 효능감 검사를 실시한다. 마지막으로 실험의 지속적 효과를 확인하기 위하여 약 5주 뒤에 실험 집단과 통제 집단을 대상으로 지연 검사를 실시한다.

## 2. 자기 평가 전략을 활용한 수정하기 연구의 검사 도구

### (1) 쓰기 능력 검사

쓰기 과제 유형으로 제시된 논설문은 다른 유형(설명문, 서사문 등)에 비해 상대적으로 인지 부담이 크고 학생들의 흥미 역시 낮다(신현숙, 2005). 따라서 학생들에게 쓰기 과제를 제시할 때 쓰기 주제와 관련된 읽을 자료를 주고 다양하게 내용을 생성할 수 있도록 한다. 그런 다음 생성된 내용을 바탕으로 하여 초고쓰기를 하고 수정을 통해 완성글을 쓰게 한다. 쓰기 능력 검사는 이 완성글을 대상으로 한다. 논술 쓰기의 평가 기준으로 Spandel & Culham(1996)이 제시한 총체적 평가 기준을 사용한다. 이는 글의 어느 특정 부분만을 강조한 것이 아니라 전체 쓰기 능력을 살펴볼 수 있어 이 연구에 적합한 것으로 판단된다. 쓰기 평가 기준과 관련하여 자세한 것은 '3. (2) 평가 과정'에서 다루기로 한다.

### (2) 상위 인지 검사

이 연구에서 상위 인지를 측정하기 위해 Raphael, Englert & Kirschner (1989)가 사용한 검사지를 바탕으로 하여 김유미(1995)에서 요인분석을 통해 개발한 상위 인지 검사지를 사용하였다. 이 검사지는 작문의 구조 및 절차, 작문의 목적 및 대상, 검토 및 수정의 3가지 하위 요인으로 구성되었다. 총 32문항으로 구성된 검사지는 5단계 Likert 척도를 사용하였다. 김유미(1995)에서 적용한 검사 도구의 신뢰도는 Cronbach α계수로서 전체 신뢰도는 .89의 수준을 보였다. 하위 요인별로 구조 및 절차, 목적 및 대상, 검토 및 수정은 각각 .85, .80, .61이었다. 이 연구에 사용된 상위 인지 검사의 구체적인 문항의 하위 요인과 신뢰도 계수는 [표 3-6]과 같다.

[표 3-6] 상위 인지 검사 문항의 하위 요인과 신뢰도

| 상위 인지 하위 요인 | 검사문항 | Cronbach α (사전) | Cronbach α (직후) |
|---|---|---|---|
| 구조 및 절차 | 8, 31, 2, 6, 3, 14, 32, 27, 9, 15, 11, 20, 25 | .862 | .875 |
| 목적 및 대상 | 21, 28, 13, 26, 12, 29, 30, 1, 18, 19, 5, 4 | .740 | .480 |
| 검토 및 수정 | 22, 24, 17, 16, 7, 23, 10 | .793 | .757 |
| 계 | | .992 | .859 |

이 연구에서 학교급별 신뢰도 계수를 살펴보면, 초등학생의 사전 검사에서는 .931, 직후 검사에서는 .938, 중학생의 사전 검사에서는 .928, 직후 검사에서는 .689, 고등학생의 사전 검사에서는 .875, 직후 검사에서는 .822의 신뢰도 수준을 보였다.

### (3) 쓰기 효능감 검사

이 연구에 사용된 쓰기 효능감 검사 도구는 Pajares & Valiante(1997, 1999, 2001)에서 활용된 쓰기 효능감 검사지를 박영민·최숙기(2009)에서 우리나라 학생들에게 맞게 개발한 쓰기 효능감 검사지를 사용하였다. 이 검사지는 쓰기 효능감이 쓰기 능력을 이루는 쓰기 기능에 대한 구체

적인 신념을 탐색하고 있다는 특징이 있다. 즉, 학생들이 자신의 학업 수준에 맞게 문법, 맞춤법, 조직, 표현 기능을 가지고 있다는 긍정적인 믿음이 어느 정도인지를 측정하도록 구성되었다.

쓰기 효능감 검사의 구성 내용은 문법 기능 효능감과 표현 기능 효능감으로 구성되었다. 총 10문항으로 구성된 검사지는 6단계 Likert 척도를 사용하였다. 박영민 외(2009)는 초등학생, 중학생, 고등학생을 대상으로 한 연구에서 검사 도구의 신뢰도는 Cronbach α계수로서 전체 신뢰도는 .919이었다. 이 연구에 사용된 쓰기 효능감 검사의 구체적인 문항의 하위 요인과 신뢰도는 [표 3-7]과 같다.

[표 3-7] 쓰기 효능감 검사의 하위 요인과 신뢰도

| 쓰기 효능감 하위 요인 | 검사문항 | Cronbach $\alpha$ (사전) | Cronbach $\alpha$ (직후) |
|---|---|---|---|
| 문법 기능 효능감 | 1, 2, 3, 4, 5 | .856 | .873 |
| 표현 기능 효능감 | 6, 7, 8, 9, 10 | .832 | .831 |
| 계 | | .899 | .895 |

이 연구에서 학교급별 신뢰도 계수를 살펴보면, 초등학생은 .917, 중학생은 .921, 고등학생은 .912의 신뢰도 수준을 보였다. 이 연구에서 초등학생의 사전 검사에서는 .883, 직후 검사에서는 .913, 중학생의 사전 검사에서는 .886, 직후 검사에서는 .909, 고등학생의 사전 검사에서는 .837, 직후 검사에서는 .852의 신뢰도 수준을 보였다.

## 3. 자기 평가 전략을 활용한 수정하기의 실험 및 평가의 과정

### (1) 실험 과정

이 연구의 실험은 자신의 글을 수정할 때 자기 평가 전략을 활용하도록 하고 이러한 활동이 쓰기에 어떤 효과를 미치는지 파악하기 위해서 실시하였다. 학생들 대부분이 자신의 글을 자기 평가를 통해 수정하는 데 어떻게 활용해야 하는지 모르는 경우가 많다. 이를 위해 전략 교수법으로 적절한 현시적 교수법의 단계를 기반으로 하여, 자기 평가 전략을 활용한 수정하기 방법을 실험 집단에 적용하였다. 현시적 교수법의 적용 과정은 다음 [표 3-8]과 같다.

[표 3-8] 자기 평가 전략을 활용한 수정하기 전략 지도

| 교수·학습 과정 | | 교수·학습 활동 |
|---|---|---|
| 도입 | 동기유발 | • 쓰기가 필요한 상황에 대해 이야기 하기<br>• 글을 잘 쓰기 위한 방법에 대해 이야기 하기 |
| | 학습목표확인 | • 쓰기 과정에서 수정하기의 중요성을 이해할 수 있다.<br>• 자기 평가 전략을 활용하여 효과적으로 글을 수정하며 쓸 수 있다. |
| 전개 | 설명하기 | • 일반적인 쓰기 과정 및 수정하기의 중요성 설명하기<br>• 자기 평가 전략 활용의 필요성<br>• 자기 평가 전략 설명하기 |
| | 시범보이기 | • 자기 평가 전략 활용에 대한 시범 보이기 |
| | 교사유도 활동하기 | • 자기 평가 전략의 적용 방법 탐색하기<br>• 교사의 도움을 받으며 자기 평가 전략 연습하기 |
| | 강화하기 | • 자기 평가 전략에 대한 이해 여부 확인하기 |
| | 학생 독립 활동하기 | • 사전 검사 때 쓴 자신의 글을 이용해 자기 평가 전략을 활용한 수정하기 연습하기 |
| 정리 | 차시예고 | • 다음 시간에 쓸 과제 안내하기 |

실험 처치 전에 자기 평가 전략의 개념을 이해하고 이를 습득하여 자신의 글을 수정할 때 활용할 수 있도록 하는 데 중점을 두었다. 먼저 글쓰기 과정에서 수정하기의 중요성에 대해 강조하고 수정하기를 체계적이고 효율적으로 하기 위해 자기 평가 전략이 필요하다는 점을 주지시킨다. 그런 다음 자기 평가 전략에 대한 충분한 이해를 갖도록 하고 이러한 전략이 실제 수정하기에서 어떻게 사용될 수 있는지 예를 보여준 후 실험에서 자기 평가 전략을 활용한 수정하기 훈련을 반복한다. 자기 평가 전략에 대한 이해에서부터 연습 그리고 독립적인 활동으로까지 전개되면서 자연스럽게 교사 중심에서 학습자 중심으로 수업이 이루어지도록 구성하였다. 이때 학생 독립 활동하기에서는 자신이 사전 검사 때 썼던 글을 직접 수정하고, 실제 실험에서 자기 평가 활동을 수정하기 단계에서 활용한다.

이 연구에서 실행하는 구체적인 수업 절차는 [표 3-9]와 같다.

[표 3-9] 자기 평가 전략을 활용한 수정하기 수업 절차(한 회기)

| 실험 처치 | | 실험 집단 | 통제 집단 |
|---|---|---|---|
| 수업<br>절차 | 초고쓰기<br>(1차시) | 동기유발<br>⬇<br>학습목표 제시<br>⬇<br>관련자료 읽기<br>⬇<br>내용 생성<br>⬇<br>내용 조직<br>⬇<br>표현<br>⬇<br>정리 | 동기유발<br>⬇<br>학습목표 제시<br>⬇<br>관련자료 읽기<br>⬇<br>내용 생성<br>⬇<br>내용 조직<br>⬇<br>표현<br>⬇<br>정리 |

| | | | |
|---|---|---|---|
| | 수정하여<br>글 완성하기<br>(2차시) | 전시 학습 확인<br>⬇<br>학습목표 제시<br>⬇<br>자기 평가 전략 확인<br>⬇<br>자신의 글 평가하기<br>⬇<br>수정하기<br>⬇<br>글 완성하기 | 전시 학습 확인<br>⬇<br>학습목표 제시<br>⬇<br>수정하기<br>⬇<br>글 완성하기 |

실험 집단에서는 한 회기당 2차시 수업으로 구성하여, 1차시에서는 쓰기 과제를 분석하고 과정별 쓰기를 통해 초고를 완성한다. 2차시에서는 전시 학습에서 완성한 초고를 확인하고 자기 평가표를 활용하여 자신의 글을 수정한다. 통제 집단에서는 한 회기당 2차시 수업으로 구성하여, 1차시에서는 실험 집단과 동일하게 쓰기 과제를 분석하고 과정별 쓰기를 통해 초고를 완성한다. 그러나 2차시에서는 전시 학습에서 완성한 초고를 확인하고 자기 평가표 없이 자신의 글을 수정한다. 실험 집단과 통제 집단에서 1차시가 끝나고 2차시를 실시하기 전까지 약 2~3일의 간격을 둔다. 이는 초고를 쓰고 시간적 여유를 가짐으로써 수정하기에 대한 인지 부담을 줄이고(Chanquoy, 2009), 자신이 쓴 글을 좀 더 객관적으로 바라보기 위함이다.

수업 절차에 따른 수업 내용을 구체적으로 살펴보면, 초고쓰기를 한 1차시에서는 우선 쓰기 과제와 관련된 시사적인 사건이나 일화 등을 얘기하면서 학생들의 관심과 흥미를 유발한다. 그리고 주장하는 글쓰기라는 학습 목표를 제시하여 학생들에게 인지시키고, 쓰기 과제와 관련된 읽기 자료를 제시하여 학생들이 쓰기 과제와 관련된 배경지식을 습득하고 활성화할 수 있도록 한다. 1회기 읽기 자료는 어느 한 인터넷 사이트에서 네티즌을 대상으로 조사한 내용이며, 2회기 읽기 자료는 통신어 사용과 관련하여 의견이 분분하다는 인터넷 기사의 일부를 발췌한 것이다. 3회기 읽기 자료는 토요일 등교와 관련하여 주 5일 수업제를 둘러싼 찬반 논쟁이 뜨겁다는 신문 기사의 일부를 인용한 것이고 4회기 읽기 자료는 교사의 체벌에 대하여 학생들이 생각을 정리할 수 있도록 교사와 관련된 명언으로 구성한 자료이다. 5회기 읽기 자료는 인터넷 실명제의 개념과 인터넷 실명제 등장 배경에 대하여 설명하는 자료이다. 이러한 읽기 자료를 통해 학생들은 쓰기 과제와 관련하여 자신의 생각을 정리할 수 있다. 그런 다음 학생들은 쓰기 과제와 관련된 내용을 자유롭게 생성하여 활동지에 작성한다. 학생들은 자신의 생각을 분명히 나타내도록 내용을 조직하고 나면 쓰기 주제에 대한 자신의 입장을 분명히 하면서 초고를 쓴다.

2차시에서는 1차시에서 썼던 초고를 대상으로 수정하기를 하고 글을 완성하도록 한다. 우선 학생들은 자신이 1차시에 어떤 과제로 쓰기를 하였으며 자신의 견해는 무엇이었는지 확인을 한 뒤 학습 목표를 인지한다. 그리고 실험 집단에서는 수정하기 지도에서 학습했던 자기 평가 전략을 상기시키고 학생들에게 자기 평가표를 나눠준다. 연구자가 학생들에게 제시한 자기 평가표는 [표 3-10]과 같다.

[표 3-10] 자기 평가표

| 자기 평가 요소 | 자기 평가 요소 질문 | 평가점수 | | | | | 평가내용 |
|---|---|---|---|---|---|---|---|
| | | 1 | 2 | 3 | 4 | 5 | |
| 내용 | • 글의 내용이 명백하고 관점이 분명한가?<br>• 세부 내용이 중심 내용을 잘 뒷받침하고 있는가?<br>• 내용이 독창적인가? | | | | | | |
| 조직 | • 중심 생각 또는 주제가 잘 드러나 있는가?<br>• 내용의 순서가 논리적이고 효과적인가?<br>• 도입이 다음 내용을 암시할 만큼 잘 짜여 있고, 결말이 전체 내용을 잘 요약하고 있는가? | | | | | | |
| 목소리 (어조) | • 예상독자에 대한 인식이 뚜렷이 드러나 있는가?<br>• 글을 쓴 목적을 의식하고 있는가? | | | | | | |
| 낱말 선택 | • 낱말이 독자의 흥미를 끄는가?<br>• 정확하고 구체적인 낱말을 사용하고 있는가? | | | | | | |
| 문장 유창성 | • 문장의 흐름이 자연스러운가?<br>• 문장의 의미 파악이 쉬운가? | | | | | | |
| 관습 | • 문장 부호, 맞춤법을 정확하게 사용하고 있는가?<br>• 문단 나누기를 정확하게 사용하고 있는가? | | | | | | |
| 평점 | | | | | | | |

자기 평가표는 자기 평가 요소 즉, 좋은 글의 특성인 6가지 쓰기 특성을 중심으로 학생들이 자신의 글을 스스로 평가하여 수정할 수 있도록 만든 표이다. 자기 평가표에는 자신의 글에 대한 평가의 내용을 구체적

으로 작성하는 부분이 있어 자신의 수정활동에 구체적인 지침의 역할을 한다. 또한 평가요소를 기준으로 점수를 매기는 평가표 부분과 수정하기의 구체적인 지침이 될 수 있도록 하기 위해 평가 내용을 쓰는 부분(문장으로 기술)으로 이루어져 있다. 추상적인 평가 내용이 되지 않도록 평가 요소를 활용하여 간단한 평가의 말을 쓰도록 하였다. 평점은 각 평가요소에 따라 1~5점을 줄 수 있다.

이처럼 자기 평가표는 자기 평가 요소를 기준으로 학생들이 자신의 글을 평가하여 어떻게 수정할지 수정 방향을 제시해 주어 쉽고 체계적으로 고쳐 쓸 수 있도록 해 준다. 6가지 자기 평가 요소를 제시함으로써 문제가 있는 부분을 좀 더 집중하여 수정할 수 있고 자기 평가 요소별 질문을 통해 자신의 글을 좀더 세부적으로 평가할 수 있다. 자기 평가 요소를 총체적으로 판단하여 점수를 부여하고 질문을 참고로 하여 평가 내용을 적게 되는데, 이는 어느 부분을 더 보완하여 수정할지 방향이 더욱 명확해지며 더불어 활발한 수정활동을 유도할 수 있다. 학생들은 자기 평가표를 바탕으로 실제로 수정 활동을 하면서 글을 완성한다.

### (2) 평가 과정

#### ① 쓰기 평가 기준

학생들이 작성한 글을 평가하기 위하여 Spandel & Culham(1996)이 제시한 총체적 평가 기준을 사용하였다. 평가 범주는 내용, 조직, 표현, 단어 선택, 형식과 어법의 다섯 영역으로 설정하였다. 평가 범주 각 영역당 1, 2, 3, 4, 5점의 척도로 구성하여 총 25점 만점의 척도를 사용하였다.

[표 3-11] Spandel & Culham(1996)의 쓰기 평가 기준표

| 평가 범주 | 평가 기준 |
|---|---|
| 내용 | ■ 5점 : 글의 중심 내용(주제)가 명료하며 독자의 주의를 끈다. 세부적인 내용들은 전체적인 중심 내용(주제)과 부합한다.<br>■ 4점<br>■ 3점 : 글의 중심 내용(주제)이 다소 명확하지 못하다. 글 전체의 중심 내용(주제)과 부합하지 않은 세부 내용이 들어 있다.<br>■ 2점<br>■ 1점 : 글의 중심 내용(주제)이 잘 드러나 있지 않다. 세부 내용은 글의 전체적인 중심 내용과 잘 어울리지 않는다. |
| 조직 | ■ 5점 : 글 내용의 특성을 고려하여 조직되었으며, 중심 내용이 잘 드러나도록 조직되었다. 내용의 순서나 구조가 독자가 이해하기 쉽도록 되어 있다.<br>■ 4점<br>■ 3점 : 글 내용의 특성은 고려하였으나, 글의 구조가 명확하게 드러나지 않는다. 독자가 이해하는데 어려움이 따른다.<br>■ 2점<br>■ 1점 : 글 내용의 특성이 고려되지 않았으며, 글의 구조가 명확하게 드러나지 않는다. 독자가 이해하는데 어려움이 따른다. |
| 표현 (어조 및 태도) | ■ 5점 : 독창적이며 흥미롭게 표현되어 있으며, 독자가 쉽고 정확하게 이해할 수 있도록 표현되었다. 필자의 주체적인 목소리도 드러난다.<br>■ 4점<br>■ 3점 : 독자가 쉽게 이해할 수 있도록 표현되었으나, 독창성이나 흥미는 다소 떨어진다. 필자의 주체적인 목소리도 잘 드러나지 않는다.<br>■ 2점<br>■ 1점 : 내용만을 기계적으로 나열하여 글의 생동감이 떨어지며 흥미를 주지 못한다. 독자가 쉽게 이해할 수 있도록 표현되지 않았다. |
| 단어 선택 | ■ 5점 : 내용을 정확히, 흥미롭게, 자연스럽게 전달할 수 있는 단어가 선택되었다.<br>■ 4점<br>■ 3점 : 대체적으로 단어 선택이 내용 전달에 무리가 없으나 부적절한 단어들이 포함되어 있다.<br>■ 2점<br>■ 1점 : 내용을 전달하는 단어가 매우 제한적이어서 단어의 선택이 풍부하지 못하다. |
| 형식과 어법 | ■ 5점 : 표준적이며 모범적인 쓰기 형식이 잘 드러나 있다(어법, 구두점, 철자, 단락 구분 등).<br>■ 4점<br>■ 3점 : 제한된 범위에서만 글의 표준적 형식이 확인된다.<br>■ 2점<br>■ 1점 : 철자, 구두점, 문법에서 잘못된 것이 많아 내용을 파악하며 읽는 것이 어렵다. |

총체적 평가는 평가자가 글 전체를 하나의 단위로 보고 글에 대한 전체적 혹은 총체적 인상에 의존하여 평가한다. 총체적 평가는 글의 일반적인 인상만을 간단하게 평가하지만, 위의 표와 같이 평가 항목이나 체크리스트를 참고하여 주요 요소의 유무에 따라 점수를 부여하기도 한다. 이러한 평가는 쓰기 결과물을 하나의 동일하고 일관성을 갖춘 전체로서 인식하기 때문에, 학생의 쓰기 능력을 종합적으로 평가할 수 있는 장점이 있다.

### ② 쓰기 평가

모든 자료는 2011년 10월부터 2012년 2월까지 초등학교에서는 담임교사의 지도 아래, 중학교와 고등학교에서는 교과 담당 교사의 지도 아래 학급 단위로 수집되었다. 수집된 자료 중 학생들의 쓰기 능력 검사지는 원문 그대로 워드프로세서를 이용하여 변환되었다. 이는 평가 과정에서 글씨체의 영향력을 최소화함으로써 평가의 신뢰도를 높이기 위한 것이다. 또한 학생들의 학년이나 성별 정보가 평가에 영향을 미칠 수 있으므로, 학년이나 성별 정보 대신 학생별로 일련번호를 부여하였다.

학생들이 작성한 글을 평가하기 위하여 교육 경력 3년 이상의 국어교사 3명을 학교급별로 선정하였다. 그리고 쓰기 평가에 대한 평가자들의 신뢰도와 타당도를 확보하기 위해 평가자 훈련을 실시하였다. 평가자 훈련은 2012년 2월 15일에 실시하였으며, 이때 참여한 교사는 6명이었다. 개인사정으로 참여하지 못한 3명은 평가자 훈련에서 합의된 내용을 안내하고 개별적으로 평가자 훈련을 실시하였다. 평가자 훈련에서 평가자들은 워드프로세서로 작성된 학생글 10편을 대상으로 평가를 실시하였다. 이를 통해 평가 기준을 내면화하고 평가 관점을 일치시켜 평가자 간의 차이를 최소화하고자 하였다.

실제 평가에서 각 평가자들에게 평가 안내문 1부, 평가기준 1부, 학생 글이 인쇄되어 있는 자료집 1부를 전달하였다. 학교급별로 세 명의 교사가 동일한 글을 평가하였으며 이들의 점수를 평균 점수로 전환하여 학생들의 쓰기 능력 점수로 사용하였다. 9명의 평가자들로부터 수합한 쓰기 능력의 평가 결과를 바탕으로 Cronbach α계수로 신뢰도를 확인하였다. 그 결과 [표 3-12]와 같다.

[표 3-12] 평가자 간 신뢰도

| 학교급 | 전체 Cronbach $\alpha$ | 항목을 삭제할 경우 Cronbach $\alpha$ | |
|---|---|---|---|
| 초 | .859 | 평가자 1 | .707 |
| | | 평가자 2 | .969 |
| | | 평가자 3 | .659 |
| 중 | .871 | 평가자 4 | .803 |
| | | 평가자 5 | .824 |
| | | 평가자 6 | .827 |
| 고 | .902 | 평가자 7 | .864 |
| | | 평가자 8 | .874 |
| | | 평가자 9 | .842 |

위 표를 통해 학교급별 평가자 신뢰도 Cronbach α를 살펴보면, 초등학교는 .859, 중학교는 .871, 고등학교는 .902로 나타났다. 이러한 수치는 신뢰할만한 수준이라 할 수 있으나 초등학교의 평가자 간 신뢰도가 다른 학년에 비해 낮게 나타났다. 특히, 초등학교 평가자 2의 점수를 제외했을 때 신뢰도가 높아지고 있는데, 이는 평가자 2가 평가자 간의 신뢰도를 떨어뜨리고 있음을 알 수 있다. 이는 평가자 2의 평가 기준 숙지 및 사용, 평가 기준 하위 요소에 대한 이해 정도 등에서 다른 평가자들

과 차이가 나타난 것으로 보인다. 그러나 평가자 2는 10년 이상의 교육 경력을 지니고 있으며 쓰기 평가 경험도 풍부했다. 이를 통해 평가자 2는 평가 전문성을 갖추고 있다고 보며, 이러한 신뢰도의 차이가 연구 결과에 크게 영향을 미치지 않을 것으로 판단하여 학생들의 쓰기 능력 점수에 반영하였다.

## 4. 자기 평가 전략을 활용한 수정하기 연구의 분석 도구

위와 같은 절차를 통해 수집된 자료들은 PASW 18.0 for windows 한글판을 이용하여 분석하였다. 집단의 동질성 및 차이를 분석하기 위해 독립표본 t검증을 실시하였다. 수정하기 능력의 변화양상을 파악하기 위해 학년별, 성별, 집단 유형별 변인을 독립변인으로 전체 쓰기 능력 평균 및 쓰기 능력 하위 요인을 종속변인으로 설정하여 이원변량 분석을 실시하였다. 실험 집단의 쓰기 능력 변화를 알아보기 위해 Dunnett 방법에 의한 다중비교를 실시하였다.

제 4 장

# 자기 평가 전략을 활용한 수정하기의 효과 검증

이 장에서는 자기 평가 전략을 활용한 수정하기에 중점으로 두고 학생들의 쓰기 능력 변화와 상위 인지 및 쓰기 효능감의 변화에 미친 영향에 대해 살펴보고자 한다. 이를 위해 학년별, 성별, 쓰기 능력의 하위 요인별로 쓰기 능력의 변화를 회기에 따라 살펴보고, 상위 인지 및 쓰기 효능감의 변화를 실험 전과 후로 나누어 비교해 보고자 한다. 그리고 학생들의 쓰기 결과물을 분석하여 구체적으로 학생의 글이 어떻게 변화하는지 파악해 보고 학생들의 자기 평가를 활용한 수정하기에 대한 인식 변화를 살펴보고자 한다.

## 1. 쓰기 능력의 변화

자기 평가 전략을 활용한 수정하기는 자신의 쓰기 활동에 대한 더 큰 책임의식을 지니게 함으로써 적극적인 쓰기를 가능하게 하고 궁극적으로 쓰기 능력을 향상시킬 것으로 기대할 수 있다. 이 절에서는 자기 평가 전략을 활용한 수정하기가 쓰기 능력에 미치는 효과를 알아보기 위해 학년별, 성별, 쓰기 능력의 하위 요인별로 나누어 쓰기 능력의 변화를 회기별로 분석하고 검증하고자 한다.

### (1) 학년별 쓰기 능력의 변화

#### ① 전체 쓰기 능력의 차이

다음은 학년별 쓰기 능력의 변화를 분석하기 위해 먼저, 전체 쓰기 능력의 차이를 살펴보고 각 학년별로 회기에 따라 어떠한 차이가 있는지 분석하였다.

학년별 쓰기 능력의 전반적인 양상을 파악하기 위해 학년에 따른 회기별 기술통계를 구하여 쓰기 능력의 평균점수와 표준편차를 살펴보았다. 그 결과는 [표 4-1]과 같다.

[표 4-1] 학년에 따른 회기별 쓰기 능력에 대한 기술통계

| 학년 | 회기 | 집단 | 사례수 | 평균 | 표준편차 |
|---|---|---|---|---|---|
| 초6 | 사전 검사 | 실험 | 28 | 10.65 | 1.94 |
| | | 통제 | 26 | 9.32 | 2.84 |
| | 1회기 | 실험 | 29 | 12.82 | 3.76 |
| | | 통제 | 27 | 10.82 | 2.25 |
| | 2회기 | 실험 | 24 | 13.05 | 3.95 |
| | | 통제 | 21 | 10.57 | 2.84 |
| | 3회기 | 실험 | 28 | 11.96 | 4.37 |
| | | 통제 | 24 | 8.76 | 2.63 |
| | 4회기 | 실험 | 28 | 13.35 | 4.14 |
| | | 통제 | 29 | 10.13 | 3.10 |

| | | | | | |
|---|---|---|---|---|---|
| | 5회기 | 실험 | 28 | 14.44 | 4.07 |
| | | 통제 | 25 | 9.13 | 3.63 |
| | 직후 검사 | 실험 | 27 | 14.79 | 3.74 |
| | | 통제 | 29 | 10.95 | 2.74 |
| | 지연 검사 | 실험 | 29 | 15.52 | 3.37 |
| | | 통제 | 26 | 9.98 | 2.73 |
| 중3 | 사전 검사 | 실험 | 38 | 11.30 | 3.22 |
| | | 통제 | 37 | 12.54 | 3.24 |
| | 1회기 | 실험 | 40 | 15.13 | 2.95 |
| | | 통제 | 35 | 12.70 | 2.97 |
| | 2회기 | 실험 | 35 | 14.21 | 3.18 |
| | | 통제 | 30 | 12.27 | 2.46 |
| | 3회기 | 실험 | 39 | 13.77 | 2.68 |
| | | 통제 | 37 | 13.36 | 2.83 |
| | 4회기 | 실험 | 41 | 14.43 | 3.35 |
| | | 통제 | 36 | 12.99 | 3.17 |
| | 5회기 | 실험 | 37 | 14.19 | 3.60 |
| | | 통제 | 35 | 13.22 | 2.31 |
| | 직후 검사 | 실험 | 37 | 15.22 | 4.43 |
| | | 통제 | 19 | 13.33 | 2.74 |
| | 지연 검사 | 실험 | 38 | 15.10 | 2.49 |
| | | 통제 | 39 | 13.56 | 2.41 |
| 고2 | 사전 검사 | 실험 | 28 | 11.36 | 3.59 |
| | | 통제 | 24 | 12.79 | 3.08 |
| | 1회기 | 실험 | 28 | 12.05 | 3.51 |
| | | 통제 | 23 | 12.28 | 3.74 |
| | 2회기 | 실험 | 28 | 14.26 | 3.96 |
| | | 통제 | 24 | 13.79 | 3.09 |
| | 3회기 | 실험 | 28 | 14.08 | 4.17 |
| | | 통제 | 23 | 12.37 | 2.92 |
| | 4회기 | 실험 | 28 | 15.07 | 4.17 |
| | | 통제 | 24 | 13.27 | 3.30 |
| | 5회기 | 실험 | 28 | 15.42 | 3.90 |

| | | 통제 | 24 | 13.19 | 2.92 |
|---|---|---|---|---|---|
| | 직후 검사 | 실험 | 28 | 16.02 | 3.90 |
| | | 통제 | 24 | 13.87 | 2.47 |
| | 지연 검사 | 실험 | 27 | 15.81 | 4.30 |
| | | 통제 | 24 | 13.59 | 3.37 |

쓰기 능력은 5개의 평가 항목에서 각각 5점 척도를 기준으로 하여 25점 만점으로 계산할 수 있다. [표 4-1]에 따르면, 가장 낮은 점수를 보이는 집단은 초등학교 6학년 통제 집단으로 3회기 때 평균 8.76점을, 가장 높은 점수를 보이는 집단은 고등학교 2학년 실험 집단으로 직후 검사 때 평균 16.02점을 획득한 것으로 나타났다. 기술통계의 결과를 살펴보면, 쓰기 능력의 평균 점수는 학년별로 회기에 따라 차이는 있으나 전체적으로 상승하고 있다. 그러나 중학교 3학년과 고등학교 2학년 간의 차이는 초등학교 6학년에 비해 큰 차이를 보이고 있지 않다. 실험 횟수가 더해 갈수록 실험 집단의 평균 점수가 통제 집단의 평균 점수에 비해 안정적으로 향상되고 있음을 알 수 있다. 하지만 모든 학년의 실험 집단의 3회기 평균 점수가 일제히 하락하고 있다. 이는 쓰기 과제에 따른 학생들의 인식의 차이라고 볼 수 있다. 3회기 쓰기 과제는 '주 5일 수업제'에 관한 자신의 의견을 쓰는 것인데 학생들은 이미 이러한 제도가 실시될 것을 알고 있다. 학생들은 이와 관련하여 자신들의 의견을 적는 것에 대해 큰 의미를 두지 않아 진정한 논설문 쓰기가 이루어지지 않은 것으로 판단된다. 따라서 이 연구에서 자기 평가 전략 이외의 쓰기 과제 변수가 학생들의 쓰기 능력 변화에 완전한 통제 요인으로 작용하기에 한계가 있다. 통제 집단 내에서도 약간의 평균 점수의 상승이 있었지만 실험 집단에 비해 큰 향상이라고 보기 힘들다.

수정하기 지도에 따른 쓰기 능력의 변화를 살펴보기 위하여 논설문 쓰기 과제를 통해 사전 검사를 실시하였으며, 실험집단과 통제집단의 평균 점수를 비교하였다. 두 집단의 평균 점수에 대해서는 독립표본 t 검증을 사용하여 집단동질성 검증을 하였다. 그 결과는 [표 4-2]와 같다.

[표 4-2] 쓰기 능력에 대한 실험반과 통제반의 집단 동질성 검증

| 학년 | 집단 | 사례수 | 평균 | 표준편차 | 자유도 | t | 유의확률 |
|---|---|---|---|---|---|---|---|
| 초6 | 실험 | 28 | 10.65 | 1.94 | 43.712 | 1.998 | .052 |
| | 통제 | 26 | 9.32 | 2.84 | | | |
| 중3 | 실험 | 38 | 11.30 | 3.22 | 73 | -1.650 | .103 |
| | 통제 | 37 | 12.54 | 3.24 | | | |
| 고2 | 실험 | 28 | 11.36 | 3.59 | 50 | -1.518 | .135 |
| | 통제 | 24 | 12.79 | 3.08 | | | |

[표 4-2]에 따라 사전 검사에서 각 학년별 실험 집단과 통제 집단은 Levene의 등분산 검증 결과, 유의 확률이 초등학교 6학년은 .019로서 등분산이 가정되지 않으며, 중학교 3학년은 .749, 고등학교 2학년은 .653으로 등분산 가정에 문제가 없다. 따라서 초등학교 6학년은 등분산이 가정되지 않은 독립표본 t검증을 실시하였으며, 그 결과 집단 간 쓰기 능력이 사전 검사에서 t값이 1.998, 유의확률은 .052로 통계적으로 유의한 차이가 발견되지 않았다. 중학교 3학년과 고등학교 2학년은 등분산 가정 하에 독립표본 t검증을 실시하였다, 그 결과 중학교 3학년의 집단 간 쓰기 능력이 사전 검사에서 t값이 -1.650, 유의확률 .103, 고등학교 2학년의 집단 간 쓰기 능력이 사전 검사에서 t값이 -1.518, 유의확률 .135로 통계적으로 유의한 차이가 발견되지 않았다. 그러므로 각 학년별 실험 집단과 통제 집단은 동질 집단임을 가정할 수 있다.

다음은 각 학년별로 자기 평가 전략을 활용한 수정하기 지도에 따른 쓰기 능력의 차이를 살펴보기 위해 독립표본 t검증을 실시하였다. 분석한 결과는 [표 4-3]과 같다

[표 4-3] 각 학년별 쓰기 능력의 차이

| 학년 | 검사종류 | 집단 | 사례수 | 평균 | 표준편차 | 자유도 | t | 유의확률 |
|---|---|---|---|---|---|---|---|---|
| 초6 | 직후검사 | 실험 | 27 | 14.79 | 3.74 | 54 | 4.394 | .000 |
| | | 통제 | 29 | 10.95 | 2.74 | | | |
| | 지연검사 | 실험 | 29 | 15.52 | 3.37 | 53 | 6.643 | .000 |
| | | 통제 | 26 | 9.98 | 2.73 | | | |
| 중3 | 직후검사 | 실험 | 37 | 15.22 | 4.43 | 51.931 | 1.961 | .055 |
| | | 통제 | 19 | 13.33 | 2.74 | | | |
| | 지연검사 | 실험 | 38 | 15.10 | 2.49 | 75 | 2.749 | .007 |
| | | 통제 | 39 | 13.56 | 2.41 | | | |
| 고2 | 직후검사 | 실험 | 28 | 16.02 | 3.90 | 46.268 | 2.402 | .020 |
| | | 통제 | 24 | 13.87 | 2.47 | | | |
| | 지연검사 | 실험 | 27 | 15.81 | 4.30 | 49 | 2.030 | .048 |
| | | 통제 | 24 | 13.59 | 3.37 | | | |

[표 4-3]에 따라 직후 검사에 각 학년별 실험 집단과 통제 집단은 Levene의 등분산 검증 결과, 유의확률이 초등학교 6학년은 .520으로 등분산 가정에 문제가 없으며, 중학교 3학년은 .007, 고등학교 2학년은 .035로 등분산이 가정되지 않는다. 따라서 초등학교 6학년은 등분산 가정 하에 독립표본 t검증을 실시하였으며, 그 결과 집단 간 쓰기 능력이 직후 검사에서 t값이 4.394, 유의확률 .000으로 통계적으로 유의한 차이가 나타났다. 중학교 3학년과 고등학교 2학년은 등분산이 가정되지 않은 독립표본 t검증을 실시하였다. 그 결과 중학교 3학년은 집단 간 쓰기 능력이 직후 검사에서 t값이 1.961, 유의확률 .055($p=.055>.05$)로 통계

적으로 유의한 차이를 발견하지 못하였다. 고등학교 2학년은 집단 간 쓰기 능력이 직후 검사에서 t값이 2.402, 유의확률 .020으로 통계적으로 유의한 차이가 나타났다.

[표 4-3]에 따라 지연 검사에 각 학년별 실험 집단과 통제 집단은 Levene의 등분산 검증 결과, 유의확률이 초등학교 6학년은 .070, 중학교 3학년은 .309, 고등학교 2학년은 .202로 등분산 가정에 문제가 없다. 따라서 등분산 가정 하에 독립표본 t검증을 실시하였다. 그 결과 초등학교 6학년은 집단 간 쓰기 능력이 지연 검사에서 t값이 6.643, 유의확률 .000, 중학교 3학년은 집단 간 쓰기 능력이 지연 검사에서 t값이 2.749, 유의확률 .007, 고등학교 2학년은 집단 간 쓰기 능력이 지연 검사에서 t값이 2.030, 유의확률 .048로 통계적으로 유의한 차이가 나타났다.

그러므로 실험이 거듭됨에 따라 실험 집단의 쓰기 능력이 통제 집단에 비해 유의하게 향상된 것으로 볼 수 있다. 이는 또한 자기 평가 전략을 활용하여 수정하는 것이 효과가 있음을 알 수 있다.

초등학생들은 논설문이라는 장르가 친숙하지 않고, 자기 평가 전략을 활용하여 자신의 글을 수정하는 것에 익숙하지 않다. 그러나 위와 같은 결과로 미루어 볼 때, 실험 집단이 통제 집단에 비해 쓰기 능력이 향상되었다는 것은 실험 집단의 초등학생들에게 자기 평가 전략을 활용한 수정하기가 논설문의 장르에 대한 이해를 도왔고 반복된 수정하기에서 자기 평가 전략을 내면화한 결과로 볼 수 있다. 이는 직후 검사뿐만 아니라 지연 검사에서도 그 효과를 확인할 수 있다. 그러나 중학생은 직후 검사에서 실험 집단과 통제 집단 간 쓰기 능력에 차이가 나지 않았다. 이는 통제 집단의 사례수가 충분히 확보되지 않아 통제 집단과 실험 집단 간의 쓰기 능력에 의미 있는 차이가 나지 않은 것으로 볼 수 있다. 중학생의 직후 검사에서 실험 집단의 표준 편차는 통제 집단의 표준 편차에 비해 매우 큰 수치로 나타났다. 이는 자기 평가 전략을 활용한 수정하기가 학생들의 쓰기 능력 수준이나 특성에 따라 미치는 효과의 크기가 다르기 때문인 것으로 판단된다. 그러나 지연 검사에서는 실험 집단의 표준 편차가 줄어들었다는 측면에서, 장기적인 안목으로 봤을 때 자기 평가 전략을 활용한 수정하기가 학생들의 쓰기 능력 수준의 차이를 줄이는 데 긍정적인 영향을 미쳤을 것이라고 추측된다. 고등학생의 실험 집단은 직후 검사에 비해 지연 검사의 점수가 떨어졌으나 통제 집단과 유의미한 쓰기 능력의 차이를 보이고 있다. 이는 자기 평가 전략을 활용한 수정하기가 고등학생들의 쓰기 능력 향상에 긍정적인 영향을 미치며 그 효과 또한 지속적임을 알 수 있다.

이러한 결과를 바탕으로 전체 학년별 및 회기별 쓰기 능력의 차이를 살펴보기 위해 실험 집단을 중심으로 이원변량분석을 [표 4-4]와 같이 실시하였다.

[표 4-4] 전체 학년별 및 회기별 쓰기 능력에 대한 변량 분석

| 변량원 | 제곱합 | 자유도 | 평균제곱 | F | 유의확률 |
|---|---|---|---|---|---|
| 학년 | 1185.722 | 2 | 592.861 | 48.420 | .000 |
| 회기 | 996.642 | 7 | 142.377 | 11.628 | .000 |
| 학년×회기 | 217.123 | 14 | 15.509 | 1.267 | .221 |
| 오차 | 17006.985 | 1389 | 12.244 | | |
| 합계 | 261432.333 | | | | |

[표 4-4]에 따르면, 쓰기 능력에 대한 학년별 차이에 대한 검증에서 학년에 따라 쓰기 능력의 차이는 유의한 것으로 나타났다($F=48.420$, $p<.05$). 또한 쓰기 능력에 대한 회기별 차이에 대한 검증을 실시한 결과, 회기에 따라 쓰기 능력의 차이도 유의한 것으로 나타났다($F=11.628$, p<.05). 전체 학년별 그리고 회기별 상호작용은 글쓰기에 유의미한 영향을 미치지 못했다(F=1.267, p>.05). 이를 통해 쓰기 능력의 차이를 학년과 회기에 따라 실제적으로 확인할 수 있다.

다음으로 어떤 학년에서 차이가 드러나는지 구체적으로 살펴보기 위해 Tukey HSD로 사후 분석을 실시하였고, 그 결과는 [표 4-5]에 제시하였다.

[표 4-5] Tukey HSD로 사후 분석 결과

| 학년 | | 평균차 | 표준오차 | 유의확률 |
|---|---|---|---|---|
| 초6 | 중3 | -.8448 | .32063 | .023 |
| | 고2 | -.9565 | .34489 | .016 |
| 중3 | 초6 | .8448 | .32063 | .023 |
| | 고2 | -.1116 | .32021 | .935 |
| 고2 | 초2 | .9565 | .34489 | .016 |
| | 중3 | .1116 | .32021 | .935 |

사후검증 결과 쓰기 능력에 대한 학년별 차이는 초등학교 6학년과 중학교 3학년, 초등학교와 고등학교 2학년에서 유의미한 차이가 있는 것으로 나타났다. 그러나 중학교 3학년과 고등학교 2학년에서는 유의미한 차이가 나타나지 않았다. 이 연구에서 조사한 고등학교는 농촌지역으로 분류되는 곳으로 쓰기 능력이 다른 지역의 고등학생들보다 낮다고 할 수 있다. 이는 농촌지역 학생들이 도시 지역 학생들에 비해 낮은 쓰기 능력 수준을 보인다는 선행 연구(정미경, 2011)의 결과를 통해 확인할 수 있다. 그러나 고등학생들의 쓰기 능력과 중학생들의 쓰기 능력의 차이가 통계적으로 유의미하지 않지만 쓰기 능력의 평균은 고등학생들이 높게 나타났다. 이를 통해 자기 평가 전략을 활용한 수정하기가 고등학생들의 쓰기 능력 향상에 긍정적으로 작용하고 있음을 알 수 있다.

### ② 초등학교 6학년 쓰기 능력의 변화

다음은 각 학년별로 실험 여부 및 처치 횟수의 증가에 따라 쓰기 능력에 유의미한 차이가 있는지 알아보았다.

초등학교 6학년 쓰기 능력의 변화를 집단 유형별 및 회기별로 차이를 살펴보기 위해 이원변량분석을 [표 4-6]과 같이 실시하였다.

[표 4-6] 집단 유형별 및 회기별 쓰기 능력에 대한 변량 분석

| 변량원 | 제곱합 | 자유도 | 평균제곱 | F | 유의확률 |
|---|---|---|---|---|---|
| 집단 유형 | 1202.611 | 1 | 1202.611 | 107.499 | .000 |
| 회기 | 389.809 | 7 | 55.687 | 4.978 | .000 |
| 집단 유형×회기 | 208.820 | 7 | 29.831 | 2.667 | .010 |
| 오차 | 4609.100 | 412 | | | |
| 합계 | 65145.111 | 428 | | | |

[표 4-6]에 따르면, 쓰기 능력에 대한 집단 유형별 차이 검증에서 집단에 따라 쓰기 능력의 차이는 유의한 것으로 나타났다($F=107.499$, $p<.05$). 또한 쓰기 능력에 대한 회기별 차이 검증을 실시한 결과, 회기에 따라 쓰기 능력의 차이도 유의한 것으로 나타났다($F=4.978$, $p<.05$). 집단 유형과 회기별 상호작용은 글쓰기에 유의미한 영향을 미쳤다($F=2.667$, $p<.05$). 이를 통해 자기 평가 전략을 활용한 수정하기가 거듭됨에 따라 실험 집단의 쓰기 능력이 통제 집단에 비해 점차 유의하게 향상되었음을 알 수 있다.

자기 평가 전략을 활용한 수정하기를 실시함으로써 쓰기 능력의 변화가 나타나는 것은 사전 검사와 비교하여 몇 회기부터인지 알아보았다. 실험집단을 대상으로 Dunnett 방법에 의한 다중비교를 실시한 결과는 [표 4-7]과 같다.

[표 4-7] 회기별 실험집단의 쓰기 능력 비교

| 회기 | 검사 | 평균차 | 표준오차 | 유의확률 |
|---|---|---|---|---|
| 1회기 | 사전 | 2.17282 | .98923 | .144 |
| 2회기 | 사전 | 2.40079 | 1.03861 | .111 |
| 3회기 | 사전 | 1.30952 | .99786 | .647 |
| 4회기 | 사전 | 2.70238 | .99786 | .041 |
| 5회기 | 사전 | 3.78571 | .99786 | .001 |

[표 4-7]에서 볼 수 있듯이, 실험 집단의 쓰기 능력에 변화가 발생한 것은 4회기부터이며 이는 5회기까지 지속되었다. 초등학교 6학년 학생들에게서는 자기 평가 전략을 활용한 수정하기의 효과가 첫 실험 처치 이후 약 4주 뒤에 나타나는 것으로 알 수 있다.

### ③ 중학교 3학년 쓰기 능력의 변화

중학교 3학년 쓰기 능력의 변화를 집단 유형별 및 회기별로 차이를 살펴보기 위해 이원변량분석을 [표 4-8]과 같이 실시하였다.

[표 4-8] 집단 유형별 및 회기별 쓰기 능력에 대한 변량 분석

| 변량원 | 제곱합 | 자유도 | 평균제곱 | F | 유의확률 |
|---|---|---|---|---|---|
| 집단 유형 | 191.585 | 1 | 191.585 | 20.353 | .000 |
| 회기 | 292.263 | 7 | 41.752 | 4.435 | .000 |
| 집단 유형×회기 | 169.321 | 7 | 24.189 | 2.570 | .013 |
| 오차 | 5243.181 | 557 | | | |
| 합계 | 112334.444 | 573 | | | |

[표 4-8]에 따르면, 쓰기 능력에 대한 집단 유형별 차이에 대한 검증에서 집단에 따라 쓰기 능력의 차이는 유의한 것으로 나타났다($F=20.353$, $p<.05$). 또한 쓰기 능력에 대한 회기별 차이에 대한 검증을 실시한 결과,

회기에 따라 쓰기 능력의 차이도 유의한 것으로 나타났다($F=4.435$, $p<.05$). 집단 유형과 회기별 상호작용은 글쓰기에 유의미한 영향을 미쳤다($F=2.570$, $p<.05$). 그러므로 자기 평가의 횟수가 증가함에 따라 실험 집단의 쓰기 능력이 통제 집단에 비해 점차 유의하게 향상되었음을 알 수 있다.

자기 평가 전략을 활용한 수정하기를 실시함으로써 쓰기 능력의 변화가 나타나는 것은 사전 검사와 비교하여 몇 회기부터인지 알아보았다. 실험 집단을 대상으로 Dunnett 방법에 의한 다중비교를 실시한 결과는 [표 4-9]와 같다.

[표 4-9] 회기별 실험집단의 쓰기 능력 비교

| 회기 | 검사 | 평균차 | 표준오차 | 유의확률 |
|---|---|---|---|---|
| 1회기 | 사전 | 3.82632 | .74399 | .000 |
| 2회기 | 사전 | 2.91203 | .76945 | .001 |
| 3회기 | 사전 | 2.47076 | .74862 | .007 |
| 4회기 | 사전 | 3.12388 | .73956 | .000 |
| 5회기 | 사전 | 2.89118 | .75854 | .001 |

[표 4-9]를 통해 실험 집단의 쓰기 능력에 변화가 발생한 것은 1회기부터이며 그 효과가 5회기까지 계속되고 있음을 알 수 있다. 이는 중학생은 자기 평가 전략을 활용한 수정하기의 효과가 실험 처치의 적용과 동시에 나타난 것으로 볼 수 있다. 또는 쓰기 과제의 난이도에 따른 결과로 볼 수도 있다. 즉, '휴대폰 소지'와 같은 쓰기 과제는 중학생들에게 관심이 높으면서도 특별한 배경지식 없이도 자신의 의견을 서술하기에 어렵지 않은, 난이도가 낮은 쓰기 과제로 보인다. 중학교 시기에 자기 평가 전략을 활용한 수정하기가 쓰기 능력 향상에 가장 빠른 효과를 보

이고 있어, 이러한 전략을 가르치기에 적절한 시기로 볼 수 있다.

### ④ 고등학교 2학년 쓰기 능력의 변화

고등학교 2학년 쓰기 능력의 변화를 집단 유형별 및 회기별로 차이를 살펴보기 위해 이원변량분석을 [표 4-10]과 같이 실시하였다.

[표 4-10] 집단 유형별 및 회기별 쓰기 능력에 대한 변량 분석

| 변량원 | 제곱합 | 자유도 | 평균제곱 | F | 유의확률 |
|---|---|---|---|---|---|
| 집단 유형 | 136.244 | 1 | 136.244 | 10.654 | .001 |
| 회기 | 443.177 | 7 | 63.311 | 4.951 | .000 |
| 집단 유형×회기 | 176.971 | 7 | 25.282 | 1.977 | .057 |
| 오차 | 5064.208 | 396 | | | |
| 합계 | 83952.778 | 412 | | | |

[표 4-10]에 따르면, 쓰기 능력에 대한 집단 유형별 차이에 대한 검증에서 집단에 따라 쓰기 능력의 차이는 유의한 것으로 나타났다 ($F=10.654$, $p<.05$). 또한 쓰기 능력에 대한 회기별 차이에 대한 검증을 실시한 결과, 회기에 따라 쓰기 능력의 차이도 유의한 것으로 나타났다 ($F=4.951$, $p<.05$). 그러나 집단 유형과 회기별 상호작용은 글쓰기에 유의미한 영향을 미치지 못했다($F=1.977$, $p>.05$). 실험이 거듭됨에 따라 실험집단의 쓰기 능력이 통제 집단에 비해 점차 유의하게 향상되었음을 알 수 있다.

자기 평가 전략을 활용한 수정하기를 실시함으로써 쓰기 능력의 변화가 나타나는 것은 사전 검사와 비교하여 몇 회기부터인지 알아보았다. 실험집단을 대상으로 Dunnett 방법에 의한 다중비교를 실시한 결과는 [표 4-11]과 같다.

[표 4-11] 회기별 실험집단의 쓰기 능력 비교

| 회기 | 검사 | 평균차 | 표준오차 | 유의확률 |
|---|---|---|---|---|
| 1회기 | 사전 | .69048 | 1.04591 | .980 |
| 2회기 | 사전 | 2.89286 | 1.04591 | .035 |
| 3회기 | 사전 | 2.71429 | 1.04591 | .056 |
| 4회기 | 사전 | 3.70238 | 1.04591 | .003 |
| 5회기 | 사전 | 4.37169 | 1.05555 | .000 |

[표 4-11]을 통해 실험 집단의 쓰기 능력에 변화가 발생한 것은 2회기부터이지만 3회기에서 쓰기 능력이 다시 떨어지는 현상을 보이고 있음을 알 수 있다. 그러나 4회기부터 그 효과가 나타나 5회기까지 지속되고 있어 명확한 자기 평가 전략의 효과는 4회기부터인 것으로 판단된다.

### ⑤ 학년에 따른 회기별 쓰기 능력의 변화

다음은 초등학생, 중학생, 고등학생의 쓰기 능력이 회기별로 어떻게 변화되었는지 그 양상을 살펴보기 위해 실험 처치 횟수의 증가에 따라 실험 집단과 통제 집단의 쓰기 능력 평균을 그래프로 나타낸 것이다.

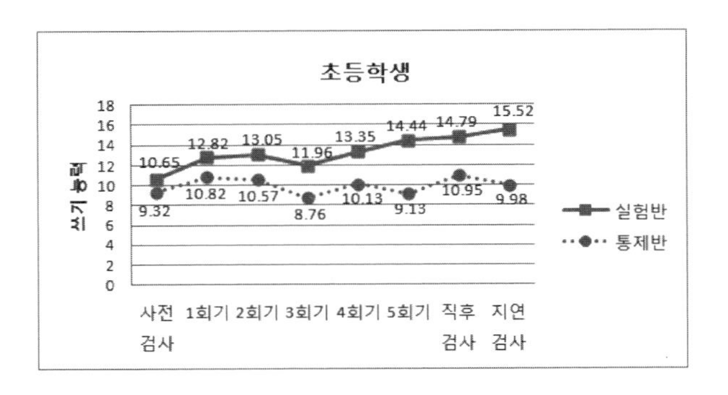

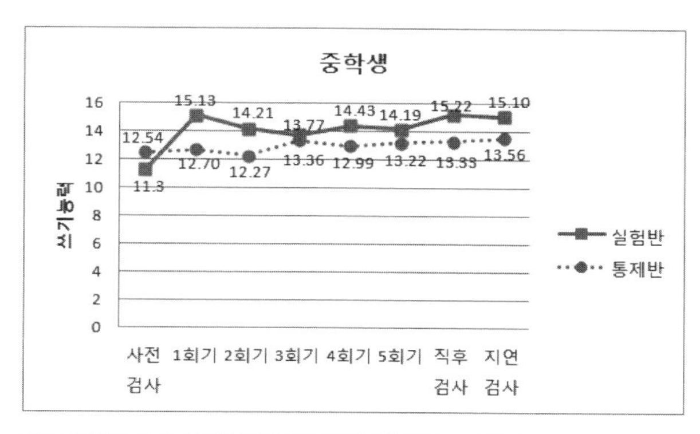


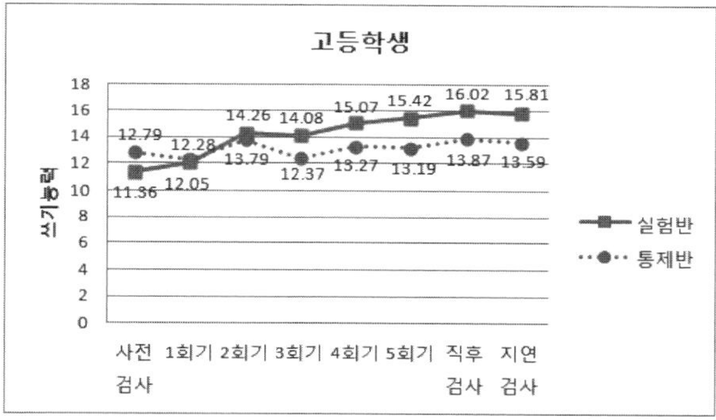


[그림 4-1] 학년에 따른 회기별 쓰기 능력의 변화

[그림 4-1]의 그래프를 통해 알 수 있듯이, 초등학생은 사전 검사에서는 동질 집단이었으나 실험 처치 이후 쓰기 능력 평균의 점수가 점차 차이가 나타났다. 실험 집단은 3회기 이후부터는 평균 점수가 계속된 상승을 보이고 있으며 5회기부터는 유의미한 쓰기 능력의 변화가 일어났다. 반면에 통제 집단은 쓰기 능력의 평균 점수가 상승과 하락을 반복하면서 일정한 변화의 경향을 보이고 있지 않다. 이는 자기 평가 전략을 활용하면서 자신의 글을 돌아보며 점검하는 과정이 초등학생들에게 초고를 더 나은 글로 수정하는 데 긍정적으로 작용한 것으로 판단된다.

중학생은 사전 검사에서 통제 집단이 실험 집단보다 쓰기 능력의 평균 점수가 더 높았으나 실험 처치 이후 역전 현상이 일어났다. 실험 1회기부터 쓰기 능력의 큰 변화를 보인 실험 집단은 이후 5회기까지 비슷한 평균 점수를 유지하였다. 이는 중학생들에게 자기 평가 전략이 자신의 글 속에 나타난 문제점을 찾고 이를 해결하는 데 긍정적인 영향을 끼쳤음을 알 수 있다. 회기가 거듭될수록 전략의 내면화를 통해 직후 검사와 지연 검사에서도 유의미한 쓰기 능력의 변화가 나타나 그 효과의 지속성을 확인할 수 있다.

고등학생은 사전 검사에서 통제 집단이 실험 집단보다 쓰기 능력의 평균 점수가 더 높았으나 2회기부터 역전 현상이 나타났다. 실험 집단은 2회기까지 통제 집단과 비슷한 점수를 보였으나 3회기부터는 실험 집단의 쓰기 능력 평균 점수가 점차 높아졌다. 그리고 실험 집단은 4회기 이후부터 사전 쓰기 능력 점수와 유의미한 점수 차이를 보이고 있다. 이는 자기 평가 전략을 활용한 수정하기를 통해 쓰기 능력 향상이 4회기부터 명확히 드러나고 있는 것으로 해석된다. 통제 집단은 쓰기 능력에 대해 작은 폭의 상승 곡선을 그리고 있으나 실험 집단과는 점차 큰 차이가 벌어지고 있음을 알 수 있다.

이와 같은 결과는 초등학생, 중학생, 고등학생들에게 자기 평가 전략을 활용한 수정하기가 학생들의 쓰기 능력 향상에 효과가 있었음을 알 수 있다. 또한 자기 평가 전략을 활용한 실험 집단이 통제 집단에 비해 상대적으로 자신의 글에 대한 문제점을 파악하고 그것을 보완하여 개선하는 활동을 적극적으로 수행했던 것으로 볼 수 있다.

그리고 실험 집단의 자기 평가 전략을 활용한 수정하기가 사전 검사와 비교하여 그 효과가 드러나는 시기는 학년별로 차이가 있다는 것을 알 수 있다. 초등학생은 4회기부터, 중학생은 1회기부터, 고등학생은 2회기 때 그 효과가 나타났다. 그러나 3회기 때 쓰기 능력이 다시 떨어졌고 4회기 이후부터는 지속적으로 그 효과가 지속되었다. 초등학생이 중학생과 고등학생들에 비해 늦게 그 효과를 보이는 것은 다른 학년 비해 쓰기 경험이 부족하여 자신의 글을 평가하기에 인지적 부담이 컸던 것으로 추측해 볼 수 있다. 그리고 자기 평가를 통한 수정하기를 수행하기 위해 비판적 사고나 자기 반성 능력 등 상당한 수준의 고등정신 능력이 필요하다. 초등학교 6학년은 Piaget에 따르면 형식적 조작기에 해당한다. 이때부터 논리적 사고 능력뿐만 아니라 추상적 사고능력과 상징적 사고 능력이 발달되는 시기로, 초등학교 6학년 시기는 고등 정신 능력에 요구되는 사고 능력이 점차 발달하는 시기로 볼 수 있다. 따라서 자기 평가에 요구되는 고등 사고 능력을 원활하게 발휘하기까지는 다른 학년에 비해 시간이 오래 걸린 것으로 판단된다. 따라서 학년에 따라 자기 평가 전략을 활용한 수정하기 지도에 대한 강조점과 지도방법이 달라야 할 것이다.

### (2) 성별 쓰기 능력의 변화

#### ① 전체 성별 쓰기 능력의 차이

수정하기 지도에 따른 쓰기 능력의 변화를 성별[5] 및 회기별로 살펴보기 위해 실험 집단을 중심으로 이원변량분석을 [표 4-12]와 같이 실시하였다.

5) 성별 쓰기 능력에 대한 기술통계는 [부록 2]에 제시하였다.

[표 4-12] 전체 성별 및 회기별 쓰기 능력에 대한 변량 분석

| 변량원 | 제곱합 | 자유도 | 평균제곱 | F | 유의확률 |
|---|---|---|---|---|---|
| 성별 | 1356.408 | 1 | 1356.408 | 117.903 | .000 |
| 회기 | 1288.650 | 7 | 184.093 | 16.002 | .000 |
| 성별×회기 | 62.055 | 7 | 8.865 | .771 | .612 |
| 오차 | 8421.270 | 732 | | | |
| 합계 | 156908.444 | 748 | | | |

[표 4-12]에 따르면, 쓰기 능력에 대한 성별 차이에 대한 검증에서 성별 쓰기 능력의 차이는 유의한 것으로 나타났다(F=117.903, p<.05). 또한 쓰기 능력에 대한 회기별 차이에 대한 검증을 실시한 결과, 회기에 따라 쓰기 능력의 차이도 유의한 것으로 나타났다(F=16.002, p<.05). 그러나 성별과 회기별 상호작용은 글쓰기에 유의미한 영향을 미치지 않은 것으로 나타났다(F=.771, p>.05). 이를 통해 쓰기 능력의 차이를 성별과 회기에 따라 실제적으로 확인할 수 있다.

다음은 남녀 학생들의 쓰기 능력이 회기별로 어떻게 변화되었는지 그 양상을 살펴보기 위해 쓰기 능력 평균을 그래프로 나타낸 것이다.

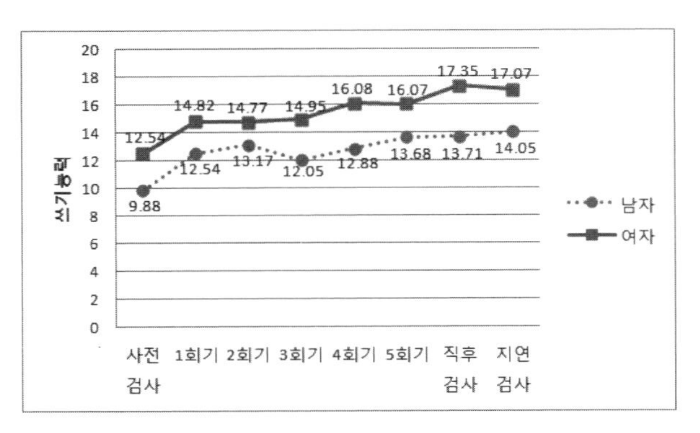


[그림 4-2] 성별에 따른 회기별 쓰기 능력의 변화

[그림 4-2]의 그래프에서 알 수 있듯이, 남녀 학생들의 쓰기 능력 평균은 회기가 거듭될수록 점수가 올라가는 현상을 보이고 있으며, 여학생이 남학생보다 쓰기 능력의 평균 점수가 더 높게 나타나고 있다. 이러한 현상은 자기 평가 전략을 활용한 수정하기가 남녀 학생 모두에게 쓰기 능력 향상에 영향을 미쳤음을 알 수 있다. 그리고 여학생이 남학생보다 더 높은 성취 수준을 보인다는 결과는 기존의 쓰기 수행과 관련된 연구들의 결과와 일치한다(박영민 · 김승희, 2007; 박영민 · 최숙기, 2008).

남녀 간 쓰기 능력의 차이는 쓰기 지식, 쓰기 전략 등과 관련이 있다. 쓰기 지식과 관련한 연구(정미경, 2009; 박영민 · 가은아, 2009)에서는 남학생과 여학생의 쓰기 지식 결과 분석에서 여학생이 남학생보다 유의미하게 높다는 사실을 확인하였다. Graham & Saddler(2007)는 쓰기 지식이 능숙한 필자와 미숙한 필자들을 구분해 주는 요인으로 보았으며, 능숙한 필자일수록 쓰기 지식이 풍부하다는 사실을 확인하였다. 이는 쓰기 지식이 쓰기 능력과 밀접한 관련을 맺고 있다는 사실을 확인할 수 있다. 따라서 실험이 거듭될수록 남녀 간의 쓰기 능력 차이가 벌어지는 원인으로서 남녀 간의 쓰기 지식의 차이에서 기인한 것으로 생각해 볼 수 있다.

또한 쓰기 전략이 남녀 간의 쓰기 능력의 차이에 영향을 미치고 있다는 사실을 추측해 볼 수 있다. 쓰기 전략 인식에 관한 연구(정미경, 2011)를 살펴보면 여학생이 남학생보다 쓰기 전략에 대한 인식 수준이 더 높게 나타났다. Graham & Harris(2008)는 능숙한 필자가 반드시 갖추고 있어야 할 요인으로 전략을 꼽고 있다. 쓰기에 필요한 전략은 무엇이며 그러한 전략을 활용하는 방법이 무엇인지 잘 알고 글을 쓴다면 학생들의 쓰기는 성공적인 결과를 기대할 수 있다.

앞의 그래프는 자기 평가 전략이 남학생에 비해 여학생들에게 좀 더 긍정적으로 작용하였으며, 회기가 거듭될수록 그 차이가 점점 커지고 있음을 보여준다. 따라서 쓰기 지식과 쓰기 전략 등 쓰기에 영향을 미치는 여러 가지 요인에 대한 인식 수준을 높이고 그것을 활용하기 위한 방안으로 실제적인 교수·학습방안이 마련되어야 할 것이다.

### ② 남학생의 쓰기 능력의 변화

남학생의 쓰기 능력 변화를 집단 유형별 및 회기별로 차이를 살펴보기 위해 이원변량분석을 [표 4-13]과 같이 실시하였다.

[표 4-13] 집단 유형별 및 회기별 쓰기 능력에 대한 변량 분석

| 변량원 | 제곱합 | 자유도 | 평균제곱 | F | 유의확률 |
|---|---|---|---|---|---|
| 집단 유형 | 445.356 | 1 | 445.356 | 41.849 | .000 |
| 회기 | 483.109 | 7 | 69.016 | 6.485 | .000 |
| 집단 유형×회기 | 182.201 | 7 | 26.029 | 2.446 | .017 |
| 오차 | 8109.160 | 762 | | | |
| 합계 | 121844.444 | 778 | | | |

[표 4-13]에 따르면, 쓰기 능력에 대한 집단 유형별 차이에 대한 검증에서 집단에 따라 쓰기 능력의 차이는 유의한 것으로 나타났다($F=41.849$, $p<.05$). 또한 쓰기 능력에 대한 회기별 차이에 대한 검증을 실시한 결과, 회기에 따라 쓰기 능력의 차이도 유의한 것으로 나타났다($F=6.485$, $p<.05$). 집단 유형과 회기별 상호작용은 글쓰기에 유의미한 영향을 미친 것으로 나타났다($F=2.446$, $p<.05$). 이를 통해 쓰기 능력의 차이를 집단 유형과 회기에 따라 실제적으로 확인할 수 있다.

자기 평가 전략을 활용한 수정하기를 실시함으로써 남학생의 쓰기 능력의 변화가 나타나는 것은 사전 검사와 비교하여 몇 회기부터인지 알

아보았다. 실험집단을 대상으로 Dunnett 방법에 의한 다중비교를 실시한 결과는 [표 4-14]와 같다.

[표 4-14] 회기별 실험집단의 쓰기 능력 비교

| 회기 | 검사 | 평균차 | 표준오차 | 유의확률 |
|---|---|---|---|---|
| 1회기 | 사전 | 2.66272 | .66485 | .000 |
| 2회기 | 사전 | 3.29064 | .68824 | .000 |
| 3회기 | 사전 | 2.16365 | .66785 | .008 |
| 4회기 | 사전 | 3.00222 | .66485 | .000 |
| 5회기 | 사전 | 3.79923 | .67096 | .000 |

[표 4-14]를 통해 실험 집단의 쓰기 능력에 변화가 발생한 것은 1회기부터이며 그 효과가 5회기까지 계속되고 있음을 알 수 있다. 이는 초고 점검이 없었던 사전 검사 이후 수정하기에 대한 실험 처치가 행해진 때부터 그 효과가 나타난 것으로 볼 수 있다.

### ③ 여학생의 쓰기 능력의 변화

여학생의 쓰기 능력 변화를 집단 유형별 및 회기별로 차이를 살펴보기 위해 이원변량분석을 [표 4-15]와 같이 실시하였다.

[표 4-15] 집단 유형별 및 회기별 쓰기 능력에 대한 변량 분석

| 변량원 | 제곱합 | 자유도 | 평균제곱 | F | 유의확률 |
|---|---|---|---|---|---|
| 집단 유형 | 806.471 | 1 | 806.471 | 75.128 | .000 |
| 회기 | 422.534 | 7 | 60.362 | 5.623 | .000 |
| 집단 유형×회기 | 263.039 | 7 | 37.577 | 3.501 | .001 |
| 오차 | 6644.737 | 619 | | | |
| 합계 | 139587.889 | 635 | | | |

[표 4-15]에 따르면, 쓰기 능력에 대한 집단 유형별 차이에 대한 검증에서 집단에 따라 쓰기 능력의 차이는 유의한 것으로 나타났다 ($F=75.128$, $p<.05$). 또한 쓰기 능력에 대한 회기별 차이에 대한 검증을 실시한 결과, 회기에 따라 쓰기 능력의 차이도 유의한 것으로 나타났다 ($F=5.623$, $p<.05$). 집단 유형과 회기별 상호작용은 글쓰기에 유의미한 영향을 미친 것으로 나타났다($F=3.501$, $p<.05$). 이를 통해 쓰기 능력의 차이를 집단 유형과 회기에 따라 실제적으로 확인할 수 있다.

자기 평가 전략을 활용한 수정하기를 실시함으로써 여학생의 쓰기 능력의 변화가 나타나는 것은 사전 검사와 비교하여 몇 회기부터인지 알아보았다. 실험집단을 대상으로 Dunnett 방법에 의한 다중비교를 실시한 결과는 [표 4-16]과 같다.

[표 4-16] 회기별 실험집단의 쓰기 능력 비교

| 회기 | 검사 | 평균차 | 표준오차 | 유의확률 |
|---|---|---|---|---|
| 1회기 | 사전 | 2.27625 | .72846 | .012 |
| 2회기 | 사전 | 2.22955 | .74214 | .017 |
| 3회기 | 사전 | 2.40693 | .73283 | .007 |
| 4회기 | 사전 | 3.53982 | .72846 | .000 |
| 5회기 | 사전 | 3.52955 | .74214 | .000 |

[표 4-16]을 통해 실험 집단의 쓰기 능력에 변화가 발생한 것은 1회기부터이며 그 효과가 2회기에서는 약화되다가 다시 3회기부터 지속되고 있음을 알 수 있다. 이는 실험 초기에 실험의 효과가 안정되게 드러나지 않았지만 3회기부터 실험 처치의 효과가 계속적으로 유지, 향상되었음을 알 수 있다.

④ 성별에 따른 회기별 쓰기 능력의 변화

다음은 남학생과 여학생의 쓰기 능력이 회기별로 어떻게 변화되었는지 그 양상을 살펴보기 위해 실험 처치 횟수의 증가에 따라 실험 집단과 통제 집단의 쓰기 능력 평균을 그래프로 나타낸 것이다.

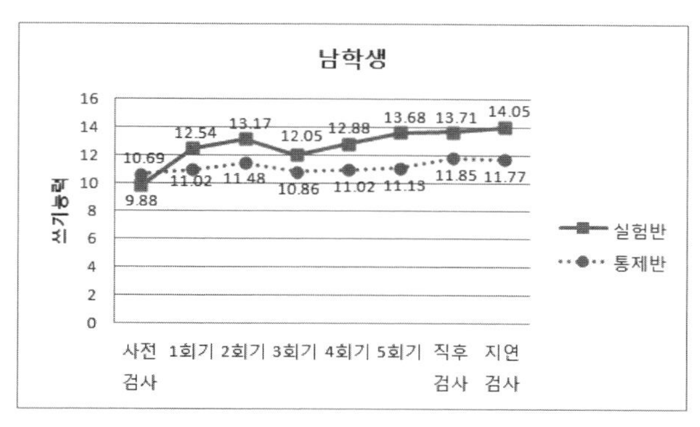


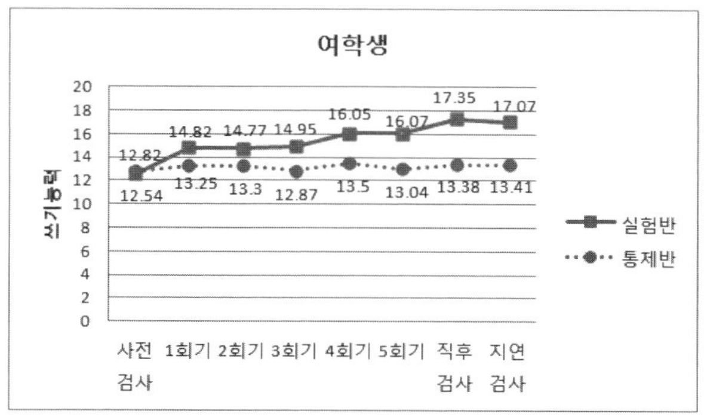


[그림 4-3] 남학생과 여학생의 회기별 쓰기 능력의 변화

[그림 4-3]에서 볼 수 있듯이, 남학생은 사전 검사에서 실험 집단의 쓰기 능력 평균 점수는 통제 집단의 쓰기 능력 평균 점수보다 낮았다. 그러나 1회기부터 역전 현상이 일어나 실험 집단의 점수가 통제 집단의 점수보다 상승하였다. 3회기까지는 통제 집단과 실험 집단의 쓰기 능력

변화가 비슷하였으나 4회기부터 그 차이가 크게 벌어졌다. 실험 집단은 4회기부터 완만한 쓰기 능력의 향상이 지연 검사까지 이어지고 있어 자기 평가 전략을 활용한 수정하기의 장기적인 효과를 확인할 수 있다. 통제 집단은 회기가 거듭될수록 소폭의 쓰기 능력 향상은 나타나지만 실험 집단에 비해 미미한 수준이다.

여학생은 사전 검사에서 실험 집단의 쓰기 능력 평균 점수는 통제 집단의 쓰기 능력 평균 점수보다 낮았다. 그러나 1회기부터 역전 현상이 일어나 실험 집단의 점수가 통제 집단의 점수보다 올랐다. 특히 3회기 이후부터는 꾸준하게 상승 곡선을 그리고 있어 자기 평가 전략을 활용한 수정하기가 여학생들의 쓰기 능력 향상에 긍정적인 효과를 미치고 있음을 알 수 있다.

### (3) 쓰기 능력의 하위 요인별 변화

쓰기 능력의 하위 요인에 따른 사전 검사에서 집단 간 유의한 차이가 있는지 알아보기 위해 독립표본 t검증을 실시하였다. 결과는 [표 4-17]과 같다.

[표 4-17] 쓰기 능력의 하위 요인에 대한 실험반과 통제반의 집단 동질성 검증

| 학년 | 쓰기 능력의 하위 요인 | 집단 | 사례수 | 평균 | 표준편차 | 자유도 | t | 유의확률 |
|---|---|---|---|---|---|---|---|---|
| 초6 | 내용 | 실험 | 28 | 2.34 | .59 | 46.119 | .459 | .649 |
| | | 통제 | 26 | 2.25 | .80 | | | |
| | 조직 | 실험 | 28 | 1.42 | .45 | 45.657 | 1.188 | .241 |
| | | 통제 | 26 | 1.30 | .28 | | | |
| | 표현 | 실험 | 28 | 2.26 | .53 | 52 | 1.374 | .175 |
| | | 통제 | 26 | 2.02 | .72 | | | |

| | | | | | | | | |
|---|---|---|---|---|---|---|---|---|
| | 단어선택 | 실험 | 28 | 2.32 | .54 | 43.465 | 1.855 | .070 |
| | | 통제 | 26 | 1.97 | .79 | | | |
| | 형식 및 어법 | 실험 | 28 | 2.29 | .71 | 52 | 2.647 | .011 |
| | | 통제 | 26 | 1.75 | .78 | | | |
| 중3 | 내용 | 실험 | 38 | 2.14 | .67 | 73 | -2.053 | .044 |
| | | 통제 | 37 | 2.48 | .74 | | | |
| | 조직 | 실험 | 38 | 2.07 | .67 | 73 | -1.941 | .056 |
| | | 통제 | 37 | 2.37 | .70 | | | |
| | 표현 | 실험 | 38 | 2.48 | .71 | 73 | -1.576 | .119 |
| | | 통제 | 37 | 2.73 | .69 | | | |
| | 단어선택 | 실험 | 38 | 2.43 | .68 | 73 | -.986 | .328 |
| | | 통제 | 37 | 2.59 | .68 | | | |
| | 형식 및 어법 | 실험 | 38 | 2.16 | .66 | 73 | -1.173 | .245 |
| | | 통제 | 37 | 2.34 | .63 | | | |
| 고2 | 내용 | 실험 | 28 | 2.33 | .76 | 50 | -2.065 | .044 |
| | | 통제 | 24 | 2.77 | .78 | | | |
| | 조직 | 실험 | 28 | 2.10 | .72 | 50 | -2.443 | .018 |
| | | 통제 | 24 | 2.59 | .71 | | | |
| | 표현 | 실험 | 28 | 2.22 | .72 | 50 | -1.851 | .070 |
| | | 통제 | 24 | 2.58 | .66 | | | |
| | 단어선택 | 실험 | 28 | 2.26 | .92 | 50 | -.840 | .405 |
| | | 통제 | 24 | 2.45 | .72 | | | |
| | 형식 및 어법 | 실험 | 28 | 2.44 | .80 | 50 | .307 | .760 |
| | | 통제 | 24 | 2.37 | .72 | | | |

[표 4-17]에 따라, 초등학교 6학년의 쓰기 능력 하위 요인에서 Levene의 등분산 검증 결과, 유의확률이 내용 요인은 .014, 조직 요인은 .020, 단어 선택 요인은 .003으로 등분산이 가정되지 않으며, 표현 요인은 .105, 형식 및 어법 요인은 .124로 등분산 가정에 문제가 없다. 따라서 내용 요인, 조직 요인, 단어 선택 요인은 등분산이 가정되지 않은 독립표본 t검증을 실시하였으며, 그 결과 집단 간 내용 요인은 t값이 .459, 유의확률은 .649, 집단 간 조직 요인은 t값이 1.188, 유의확률은 .241,

단어 선택 요인은 t값이 1.855, 유의확률은 .070으로 통계적으로 유의한 차이가 발견되지 않았다. 표현 요인과 형식 및 어법 요인은 등분산 가정 하에 독립표본 t검증을 실시하였다. 집단 간 표현 요인은 t값이 1.374, 유의확률은 .175로 통계적으로 유의한 차이가 발견되지 않았으며, 집단 간 형식 및 어법 요인은 t값이 2.647, 유의확률은 .011로 통계적으로 유의한 차이가 발견되었다.

[표 4-17]에 따라, 중학교 3학년의 쓰기 능력 하위 요인에서 Levene의 등분산 검증 결과, 유의 확률이 내용 요인은 .357, 조직 요인은 .364, 표현 요인은 .967, 단어 선택 요인은 .950, 형식 및 어법 요인은 .760으로 등분산 가정에 문제가 없다. 따라서 등분산 가정 하에 독립표본 t검증을 실시하였다. 그 결과 집단 간 내용 요인은 t값이 -2.053, 유의확률은 .044로 통계적으로 유의한 차이가 발견되었다. 집단 간 조직 요인은 t값이 -1.941, 유의확률은 .056, 집단 간 표현 요인은 t값이 -1.576, 유의확률은 .119, 집단 간 단어 선택 요인은 t값이 -.986, 유의확률은 .328, 집단 간 형식 및 어법 요인은 t값이 -1.173, 유의확률은 .245로 통계적으로 유의한 차이가 발견되지 않았다.

[표 4-17]에 따라, 고등학교 2학년의 쓰기 능력 하위 요인에서 Levene의 등분산 검증 결과, 유의확률이 내용 요인은 .600, 조직 요인은 .876, 표현 요인은 .966, 단어 선택 요인은 .333, 형식 및 어법 요인은 .307로 등분산 가정에 문제가 없다. 따라서 등분산 가정 하에 독립표본 t검증을 실시하였다. 그 결과 집단 간 내용 요인은 t값이 -2.065, 유의확률은 .044, 집단 간 조직 요인은 t값이 -2.443, 유의확률은 .018로 통계적으로 유의한 차이가 발견되었다. 집단 간 표현 요인은 t값이 -1.851, 유의확률은 .070, 집단 간 단어 선택 요인은 t값이 -.840, 유의확률은 .405, 집단 간 형식 및 어법 요인은 t값이 .307, 유의확률은 .760으로 통계적

으로 유의한 차이가 발견되지 않았다.

따라서 초등학교 6학년은 형식 및 어법요인을, 중학교 3학년은 내용 요인을, 고등학교 2학년은 내용과 조직 요인을 제외한 쓰기 능력의 하위 요인에서 점수에 차이가 없는 것으로 확인되었다.

다음은 쓰기 능력의 하위 요인에 따라 학년별 및 집단 유형별로 회기가 거듭될수록 어떠한 변화를 보이는지 살펴보았다. 내용 요인, 조직 요인, 표현 요인, 단어 선택 요인, 형식 및 어법 요인 순으로 변화 양상을 살펴보면 다음과 같다.

초등학교 6학년의 자기 평가 전략을 활용한 수정하기에서 실험 처치 횟수가 늘어남에 따라 글의 내용에서 학년별, 집단 유형별로 각 회기에 걸쳐 어떠한 변화가 나타나는지 알아보았다. 각 회기별 내용 요인의 평균 점수와 표준 편차는 다음 [표 4-18]과 같다.

[표 4-18] 각 회기별 내용 요인의 기술통계

| 학년 | 회기 | 집단 | 사례수 | 평균 | 표준편차 |
|---|---|---|---|---|---|
| 초6 | 1회기 | 실험 | 29 | 2.80 | .89 |
| | | 통제 | 27 | 2.25 | .80 |
| | 2회기 | 실험 | 24 | 2.75 | .80 |
| | | 통제 | 21 | 2.49 | .65 |
| | 3회기 | 실험 | 28 | 2.61 | .89 |
| | | 통제 | 24 | 2.02 | .79 |
| | 4회기 | 실험 | 28 | 2.76 | .84 |
| | | 통제 | 29 | 2.31 | .81 |
| | 5회기 | 실험 | 28 | 2.96 | .89 |
| | | 통제 | 25 | 2.20 | .86 |
| | 직후 검사 | 실험 | 27 | 3.25 | .77 |
| | | 통제 | 29 | 2.73 | .64 |
| | 지연 검사 | 실험 | 29 | 3.01 | .72 |
| | | 통제 | 26 | 2.21 | .61 |

내용 요인에 대한 각 회기별 점수가 실험 처치 횟수가 증가함에 따라 통계적으로 유의한 차이가 있는지 알아보기 위하여 이원변량분석을 [표 4-19]와 같이 실시하였다.

[표 4-19] 집단 유형별 및 회기별 내용 요인에 대한 변량 분석

| 변량원 | 제곱합 | 자유도 | 평균제곱 | F | 유의확률 |
|---|---|---|---|---|---|
| 집단 유형 | 24.196 | 1 | 24.196 | 40.552 | .000 |
| 회기 | 17.746 | 7 | 2.535 | 4.249 | .000 |
| 집단 유형×회기 | 5.473 | 7 | .782 | 1.310 | .244 |
| 오차 | 245.827 | 412 | | | |
| 합계 | 3156.111 | 428 | | | |

[표 4-19]에 따르면, 내용 요인에 대한 집단 유형별 차이 검증에서 집단에 따라 내용 점수의 차이는 유의한 것으로 나타났다($F=40.552$, $p<.05$). 또한 내용 요인에 대한 회기별 차이 검증을 실시한 결과, 회기에 따라 내용 점수의 차이도 유의한 것으로 나타났다($F=4.249$, $p<.05$). 그러나 집단 유형과 회기별 상호작용에 따라 유의한 차이가 나타나지 않았다($F=1.310$, $p>.05$). 이를 통해 자기 평가 전략을 활용한 수정하기가 거듭됨에 따라 실험 집단의 내용 점수가 점차 유의하게 향상되었음을 알 수 있다.

자기 평가 전략을 활용한 수정하기를 실시함으로써 내용 능력에 변화가 나타나는 것은 사전 검사와 비교하여 몇 회기부터인지 알아보았다. 실험집단을 대상으로 Dunnett 방법에 의한 다중비교를 실시한 결과는 [표 4-20]과 같다.

[표 4-20] 회기별 실험 집단의 내용 능력의 변화

| 회기 | 검사 | 평균차 | 표준오차 | 유의확률 |
|---|---|---|---|---|
| 1회기 | 사전 | .45936 | .21480 | .163 |
| 2회기 | 사전 | .40476 | .22552 | .318 |
| 3회기 | 사전 | .27381 | .21667 | .683 |
| 4회기 | 사전 | .41667 | .21667 | .252 |
| 5회기 | 사전 | .61905 | .21667 | .027 |

[표 4-20]을 통해 실험 집단의 내용 능력에 변화가 발생한 것은 5회기부터임을 알 수 있다. 이는 초등학생들에게 자기 평가 전략이 내용 능력에서 유의미한 변화를 가져오기까지 5주 이상의 지도가 필요하다고 해석된다.

중학교 3학년은 사전 검사에서 실험 집단과 통제 집단 간의 동질성 검증에 유의한 차이가 드러났다. 따라서 여기에서는 실험 집단에 대하여 실험 처치 횟수가 늘어남에 따라 글의 내용에서 어떠한 변화가 있는지 알아보고자 한다. 이를 위해 내용 요인의 평균 점수와 표준편차를 살펴보았다. 각 회기별로 내용 요인에 대한 기술통계는 [표 4-21]과 같다.

[표 4-21] 각 회기별 내용 요인의 기술통계

| 학년 | 회기 | 집단 | 사례수 | 평균 | 표준편차 |
|---|---|---|---|---|---|
| 중3 | 1회기 | 실험 | 40 | 3.02 | .65 |
| | | 통제 | 35 | 2.45 | .62 |
| | 2회기 | 실험 | 35 | 2.74 | .75 |
| | | 통제 | 30 | 2.30 | .54 |
| | 3회기 | 실험 | 39 | 2.62 | .62 |
| | | 통제 | 37 | 2.59 | .64 |
| | 4회기 | 실험 | 41 | 2.77 | .67 |
| | | 통제 | 36 | 2.40 | .75 |
| | 5회기 | 실험 | 37 | 2.76 | .71 |

|  |  | 통제 | 35 | 2.62 | .50 |
|---|---|---|---|---|---|
|  | 직후 검사 | 실험 | 37 | 3.04 | .85 |
|  |  | 통제 | 19 | 2.68 | .42 |
|  | 지연 검사 | 실험 | 38 | 3.00 | .53 |
|  |  | 통제 | 39 | 2.75 | .52 |

자기 평가 전략을 활용한 수정하기를 실시함으로써 내용 능력에 변화가 나타나는 것은 사전 검사와 비교하여 몇 회기부터인지 알아보았다. 실험 집단을 대상으로 Dunnett 방법에 의한 다중비교를 실시한 결과는 [표 4-22]와 같다.

[표 4-22] 회기별 실험 집단의 내용 능력의 변화

| 회기 | 검사 | 평균차 | 표준오차 | 유의확률 |
|---|---|---|---|---|
| 1회기 | 사전 | .87588 | .15631 | .000 |
| 2회기 | 사전 | .59373 | .16165 | .002 |
| 3회기 | 사전 | .47481 | .15728 | .016 |
| 4회기 | 사전 | .62323 | .15537 | .001 |
| 5회기 | 사전 | .61664 | .15936 | .001 |

[표 4-22]를 통해 실험 집단의 내용 능력에 변화가 발생한 것은 1회기부터이며, 그 효과가 2, 3, 4, 5회기에도 지속되고 있음을 알 수 있다. 중학생에게 자기 평가 전략은 자기 평가 활동이 없었던 사전 검사와 비교하여 자기 평가 활동이 이루어진 1회기부터 자신의 글을 수정하는 데 내용 요인에서 긍정적으로 작용하였던 것으로 판단된다.

고등학교 2학년은 사전 검사에서 실험 집단과 통제 집단 간의 동질성 검증에 유의한 차이가 드러났다. 따라서 여기에서는 실험 집단에 대하여 실첨 처치 횟수가 늘어남에 따라 글의 내용에서 어떠한 변화가 있는지 알아보고자 한다. 이를 위해 내용 요인의 평균 점수와 표준편차를 살펴보았다. 각 회기별로 내용 요인에 대한 기술통계는 [표 4-23]과 같다.

[표 4-23] 각 회기별 내용 요인의 기술통계

| 학년 | 회기 | 집단 | 사례수 | 평균 | 표준편차 |
|---|---|---|---|---|---|
| 고2 | 1회기 | 실험 | 28 | 2.39 | .75 |
| | | 통제 | 23 | 2.65 | .82 |
| | 2회기 | 실험 | 28 | 2.88 | .92 |
| | | 통제 | 24 | 2.80 | .63 |
| | 3회기 | 실험 | 28 | 2.98 | .95 |
| | | 통제 | 23 | 2.50 | .63 |
| | 4회기 | 실험 | 28 | 3.15 | .88 |
| | | 통제 | 24 | 2.79 | .86 |
| | 5회기 | 실험 | 27 | 3.30 | .77 |
| | | 통제 | 24 | 2.80 | .55 |
| | 직후 검사 | 실험 | 28 | 3.21 | .85 |
| | | 통제 | 24 | 2.93 | .59 |
| | 지연 검사 | 실험 | 27 | 3.30 | .97 |
| | | 통제 | 24 | 2.70 | .83 |

자기 평가 전략을 활용한 수정하기를 실시함으로써 내용 능력에 변화가 나타나는 것은 사전 검사와 비교하여 몇 회기부터인지 알아보았다. 실험집단을 대상으로 Dunnett 방법에 의한 다중비교를 실시한 결과는 [표 4-24]와 같다.

[표 4-24] 회기별 실험 집단의 내용 능력의 변화

| 회기 | 검사 | 평균차 | 표준오차 | 유의확률 |
|---|---|---|---|---|
| 1회기 | 사전 | .05952 | .23178 | 1.00 |
| 2회기 | 사전 | .54762 | .23178 | .099 |
| 3회기 | 사전 | .65476 | .23178 | .030 |
| 4회기 | 사전 | .82143 | .23178 | .003 |
| 5회기 | 사전 | .97531 | .23392 | .000 |

[표 4-24]를 통해 실험 집단의 내용 능력에 변화가 발생한 것은 3회기부터이며 그 효과가 5회기에도 지속되고 있음을 알 수 있다. 이는 고등학생들에게 자기 평가 전략이 내용 능력에 효과를 나타내기까지 3주 이상의 지도와 훈련이 필요한 것으로 해석된다.

다음은 학년에 따라 내용 능력에 대한 실험 집단과 통제 집단이 회기별로 어떻게 변화되었는지 살펴본 것이다. 이를 위해 실험 처치 횟수의 증가에 따른 내용 능력 평균을 그래프로 나타낸 것이다.

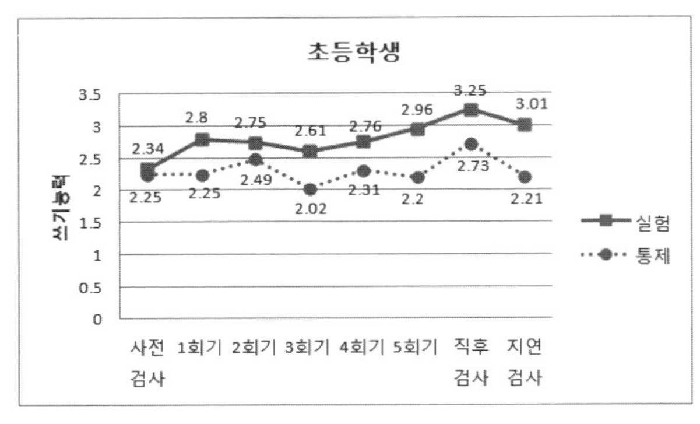


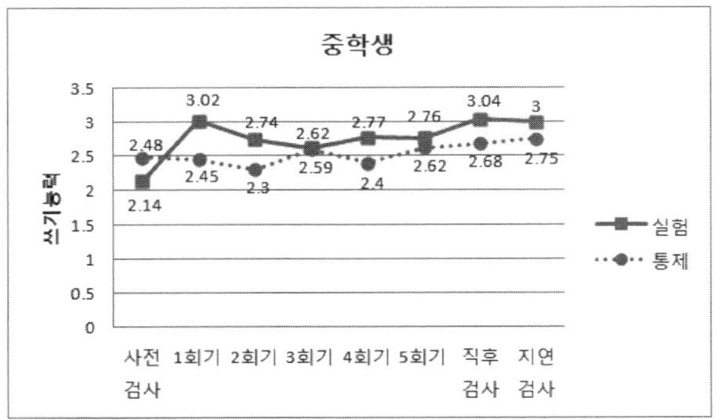

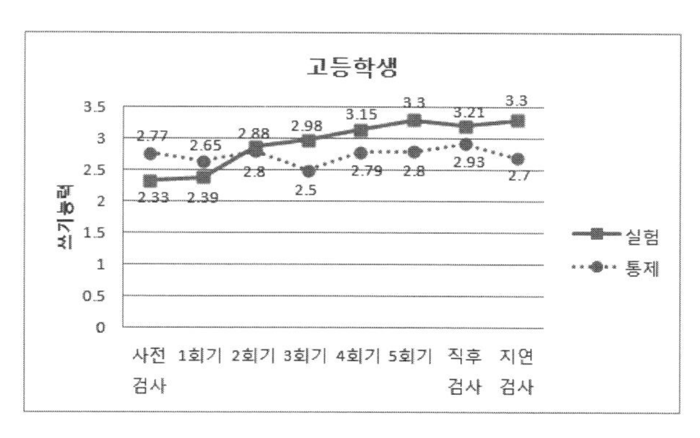


[그림 4-4] 회기별 내용 능력의 변화

[그림 4-4]에서 볼 수 있듯이, 자기 평가 전략을 활용하여 수정하기를 실시한 실험 집단이 통제 집단에 비해 내용 능력이 점차 향상되고 있음을 알 수 있다. 내용은 글의 주제와 밀접한 관련이 있으며 논설문은 주제를 뒷받침하는 근거들로 내용이 이루어진다. 학생들은 자기 평가 전략을 통해 자신의 글을 다시 읽어보고 주제를 뒷받침하기에 미처 생각지 못했던 내용을 이끌어내어 수정할 때 반영할 수 있다. 이처럼 자기 평가 전략은 글을 수정할 때 내용 생성에 대한 활동을 촉진하기도 한다. 능숙한 필자는 쓰기 과정에서 자신이 표현하려고 했던 것보다 훨씬 더 많은 내용을 생성한다고 한다(이호관, 1999). 자기 평가 전략을 활용한 수정하기는 능숙한 필자에게서 나타나는 이와 같은 특성을 길러 낼 수 있는 하나의 방법이기도 하다.

초등학생의 실험 집단에서는 5회기부터 내용 능력의 변화를 보인다. 실험 처치 초기에 자신의 글을 평가하고 수정하면서 내용을 생성하는 활동을 한꺼번에 처리하는 일이 초등학생들에게 인지적 부담으로 작용하였던 것으로 보인다. 그러나 초등학생들은 실험이 거듭될수록 수정 활동과 내용 생성 활동을 분리된 활동으로 생각하지 않고 통합된 하나의 활동으로 내면화하여, 5회기에 가서는 실험의 효과를 뚜렷하게 보여주고 있다.

중학생의 실험 집단은 사전 검사에서 통제 집단보다 내용의 평균 점수가 낮았지만 실험 처치가 일어난 1회기부터 상황이 역전되었다. 1회기 이후 쓰기 능력이 소폭 떨어지는 현상이 일어났지만 직후 검사와 지연 검사에서 계속된 향상을 보이고 있다. 이는 실험의 효과로 내용 능력이 향상된 것으로 해석된다.

고등학생의 실험 집단은 사전 검사에서 통제 집단보다 내용의 평균 점수가 낮았으며, 실험 처치가 이루어진 1회기에서도 통제 집단보다 낮았다. 그러나 실험 처치가 이루어진 이후 실험 집단은 점차 내용 능력의 향상이 이루어졌고 2회기에서 역전 현상이 일어났다. 실험이 거듭될수록 실험 집단은 통제 집단과 큰 차이를 보이고 있다. 내용 능력의 변화에서 초등학생은 다른 학년의 학생들에 비해 실험의 효과가 늦게 나타나는데, 이는 배경지식 또는 경험의 부족에 기인한다고 볼 수 있다. 따라서 초등학생들에게 내용 탐색을 위한 자료나 지식을 활성화 시킬 수 있는 다양한 쓰기 내용 생성 방법에 대한 지도가 필요하다. 중학생과 고등학생들도 자기 평가 전략을 활용한 수정하기의 지속적인 효과를 유지할 수 있는 방법에 대한 지도가 요구된다.

다음은 초등학교 6학년의 자기 평가 전략을 활용한 수정하기에서 실험 처치 횟수가 늘어남에 따라 글의 조직에서 학년별, 집단별로 각 회기에 걸쳐 어떠한 변화가 있는지 알아보았다. 각 회기별 조직 요인에 대한 기술통계는 [표 4-25]와 같다.

[표 4-25] 각 회기별 조직 요인의 기술통계

| 학년 | 회기 | 집단 | 사례수 | 평균 | 표준편차 |
|---|---|---|---|---|---|
| 초6 | 1회기 | 실험 | 29 | 2.49 | 1.01 |
| | | 통제 | 27 | 1.38 | .43 |
| | 2회기 | 실험 | 24 | 2.68 | 1.02 |
| | | 통제 | 21 | 1.68 | .70 |
| | 3회기 | 실험 | 28 | 2.34 | .93 |
| | | 통제 | 24 | 1.54 | .68 |
| | 4회기 | 실험 | 28 | 2.75 | .94 |
| | | 통제 | 29 | 1.56 | .48 |
| | 5회기 | 실험 | 28 | 2.86 | 1.02 |
| | | 통제 | 25 | 1.48 | .68 |
| | 직후 검사 | 실험 | 27 | 2.90 | .98 |
| | | 통제 | 29 | 1.81 | .60 |
| | 지연 검사 | 실험 | 29 | 3.36 | 1.26 |
| | | 통제 | 26 | 1.87 | .62 |

조직 요인에 대한 각 회기별 실험 처치 횟수가 증가함에 따라 통계적으로 유의한 차이가 있는지 살펴보기 위하여 이원변량분석을 [표 4-26]과 같이 실시하였다.

[표 4-26] 집단 유형별 및 회기별 조직 요인에 대한 변량 분석

| 변량원 | 제곱합 | 자유도 | 평균제곱 | F | 유의확률 |
|---|---|---|---|---|---|
| 집단 유형 | 111.313 | 1 | 111.313 | 169.810 | .000 |
| 회기 | 50.924 | 7 | 7.275 | 11.098 | .000 |
| 집단 유형×회기 | 16.981 | 7 | 2.426 | 3.701 | .001 |
| 오차 | 270.072 | 412 | | | |
| 합계 | 2357.444 | 428 | | | |

[표 4-26]에 따르면, 조직 요인에 대한 집단 유형별 차이 검증에서 집

단에 따라 조직 점수의 차이는 유의한 것으로 나타났다($F=169.810$, $p<.05$). 또한 조직 요인에 대한 회기별 차이 검증을 실시한 결과, 회기에 따라 조직 점수의 차이도 유의한 것으로 나타났다($F=11.098$, $p<.05$). 집단 유형과 회기별 상호작용에 따라 유의한 차이가 나타났다($F=3.701$, $p<.05$). 이를 통해 자기 평가 전략을 활용한 수정하기가 거듭됨에 따라 실험 집단의 조직 점수가 통제 집단에 비해 점차 유의하게 향상되었음을 알 수 있다.

자기 평가 전략을 활용한 수정하기를 실시함으로써 조직 능력에 변화가 나타나는 것은 사전 검사와 비교하여 몇 회기부터인지 알아보았다. 실험집단을 대상으로 Dunnett 방법에 의한 다중비교를 실시한 결과는 [표 4-27]과 같다.

[표 4-27] 회기별 실험 집단의 조직 능력의 변화

| 회기 | 회기 | 평균차 | 표준오차 | 유의확률 |
|---|---|---|---|---|
| 1회기 | 사전 | .5880 | .15442 | .001 |
| 2회기 | 사전 | .8444 | .16342 | .000 |
| 3회기 | 사전 | .6040 | .15731 | .001 |
| 4회기 | 사전 | .7758 | .15375 | .000 |
| 5회기 | 사전 | .8435 | .15655 | .000 |

[표 4-27]에 나타나 있듯이, 실험 집단의 조직 능력에 변화가 발생한 것은 1회기부터이며 5회기까지 그 효과가 지속되고 있다. 초등학생들에게 글의 조직에 대한 실험의 효과가 내용 능력의 변화보다 더 이른 시기에 드러나고 있음을 알 수 있다.

중학교 3학년의 자기 평가를 활용한 수정하기에서 실험 처치 횟수가 늘어남에 따라 글의 조직에서 학년별, 집단별로 각 회기에 걸쳐 어떠한 변화가 있는지 알아보기 위하여 조직 요인의 평균 점수와 표준편차를 살펴보았다. 각 회기별 조직 요인에 대한 기술통계는 [표 4-28]과 같다.

[표 4-28] 각 회기별 조직 요인의 기술통계

| 학년 | 회기 | 집단 | 사례수 | 평균 | 표준편차 |
|---|---|---|---|---|---|
| 중3 | 1회기 | 실험 | 40 | 3.01 | .75 |
| | | 통제 | 35 | 2.43 | .64 |
| | 2회기 | 실험 | 35 | 2.71 | .84 |
| | | 통제 | 30 | 2.40 | .52 |
| | 3회기 | 실험 | 39 | 2.59 | .60 |
| | | 통제 | 37 | 2.50 | .56 |
| | 4회기 | 실험 | 41 | 2.78 | .69 |
| | | 통제 | 36 | 2.49 | .70 |
| | 5회기 | 실험 | 37 | 2.78 | .79 |
| | | 통제 | 35 | 2.54 | .47 |
| | 직후 검사 | 실험 | 37 | 3.00 | .90 |
| | | 통제 | 19 | 2.59 | .65 |
| | 지연 검사 | 실험 | 38 | 2.95 | .57 |
| | | 통제 | 39 | 2.63 | .52 |

조직 요인에 대한 각 회기별 점수가 실험 처치 횟수가 증가함에 따라 통계적으로 유의한 차이가 있는지 살펴보기 위하여 이원변량분석을 [표 4-29]와 같이 실시하였다.

[표 4-29] 집단 유형별 및 회기별 조직 요인에 대한 변량 분석

| 변량원 | 제곱합 | 자유도 | 평균제곱 | F | 유의확률 |
|---|---|---|---|---|---|
| 집단 유형 | 8.204 | 1 | 8.204 | 17.888 | .000 |
| 회기 | 17.288 | 7 | 2.470 | 5.385 | .000 |
| 집단 유형×회기 | 8.799 | 7 | 1.257 | 2.741 | .008 |
| 오차 | 255.439 | 557 | | | |
| 합계 | 4244.333 | 573 | | | |

[표 4-29]에 따르면, 조직 요인에 대한 집단 유형별 차이 검증에서 집단에 따라 조직 점수의 차이는 유의한 것으로 나타났다($F=6.336$, $p<.05$). 또한 조직 요인에 대한 회기별 차이 검증을 실시한 결과, 회기에 따라 조직 점수의 차이도 유의한 것으로 나타났다($F=3.796$, $p<.05$). 집단 유형과 회기별 상호작용에 따라 유의한 차이가 나타났다($F=2.835$, $p<.05$). 이를 통해 자기 평가 전략을 활용한 수정하기가 거듭됨에 따라 실험 집단의 조직 점수가 통제 집단에 비해 점차 유의하게 향상되었음을 알 수 있다.

자기 평가 전략을 활용한 수정하기를 실시함으로써 조직 능력에 변화가 나타나는 것은 사전 검사와 비교하여 몇 회기부터인지 알아보았다. 실험집단을 대상으로 Dunnett 방법에 의한 다중비교를 실시한 결과는 [표 4-30]과 같다.

[표 4-30] 회기별 실험 집단의 조직 능력의 변화

| 회기 | 회기 | 평균차 | 표준오차 | 유의확률 |
|---|---|---|---|---|
| 1회기 | 사전 | .94649 | .16668 | .000 |
| 2회기 | 사전 | .64411 | .17238 | .001 |
| 3회기 | 사전 | .52812 | .16772 | .011 |
| 4회기 | 사전 | .71844 | .16569 | .000 |
| 5회기 | 사전 | .71316 | .16994 | .000 |

[표 4-30]에서 볼 수 있듯이, 실험 집단의 조직 능력에 변화가 발생한 것은 1회기부터이며 5회기까지 지속되고 있다. 이는 자기 평가 전략을 활용한 수정하기가 조직 능력의 변화에서 초등학생뿐만 아니라 중학생들에게 실험 처치와 함께 그 효과가 뚜렷하게 드러나며 이후 실험 처치 횟수가 증가하면서 실험의 효과가 계속 지속되고 있음을 알 수 있다.

고등학교 2학년은 사전 검사에서 실험 집단과 통제 집단 간의 동질성 검증에 유의한 차이가 드러났다. 따라서 여기에서는 실험 집단에 대하여 실험 처치 횟수가 늘어남에 따라 글의 조직에서 어떠한 변화가 있는지 알아보고자 한다. 이를 위해 조직 요인의 평균 점수와 표준편차를 살펴보았다. 각 회기별로 조직 요인에 대한 기술통계는 [표 4-31]과 같다.

[표 4-31] 각 회기별 조직 요인의 기술통계

| 학년 | 회기 | 집단 | 사례수 | 평균 | 표준편차 |
|---|---|---|---|---|---|
| 고2 | 1회기 | 실험 | 28 | 2.35 | .71 |
| | | 통제 | 23 | 2.39 | 1.03 |
| | 2회기 | 실험 | 28 | 2.95 | .88 |
| | | 통제 | 24 | 2.66 | .86 |
| | 3회기 | 실험 | 28 | 2.82 | .99 |
| | | 통제 | 23 | 2.36 | .80 |
| | 4회기 | 실험 | 28 | 2.90 | 1.02 |
| | | 통제 | 24 | 2.50 | .93 |
| | 5회기 | 실험 | 27 | 3.20 | .82 |
| | | 통제 | 24 | 2.55 | .72 |
| | 직후 검사 | 실험 | 28 | 3.23 | .86 |
| | | 통제 | 24 | 2.52 | .68 |
| | 지연 검사 | 실험 | 27 | 3.00 | .89 |
| | | 통제 | 24 | 2.77 | .90 |

자기 평가 전략을 활용한 수정하기를 실시함으로써 조직 능력에 변화가 나타나는 것은 사전 검사와 비교하여 몇 회기부터인지 알아보았다. 실험 집단을 대상으로 Dunnett 방법에 의한 다중비교를 실시한 결과는 [표 4-32]와 같다.

[표 4-32] 회기별 실험 집단의 조직 능력의 변화

| 회기 | 검사 | 평균차 | 표준오차 | 유의확률 |
|---|---|---|---|---|
| 1회기 | 사전 | .25000 | .23318 | .815 |
| 2회기 | 사전 | .84524 | .23318 | .002 |
| 3회기 | 사전 | .71429 | .23318 | .015 |
| 4회기 | 사전 | .79762 | .23318 | .005 |
| 5회기 | 사전 | 1.10273 | .23533 | .000 |

[표 4-32]를 통해 알 수 있듯이, 실험 집단의 조직 능력에 변화가 발생한 것은 2회기부터이며 이는 3, 4, 5회기에도 계속되고 있다.

다음은 학년에 따라 조직 능력이 회기별로 어떻게 변화되었는지 그 양상을 살펴보기 위해 처치 횟수의 증가에 따라 조직 능력 평균을 그래프로 나타낸 것이다.

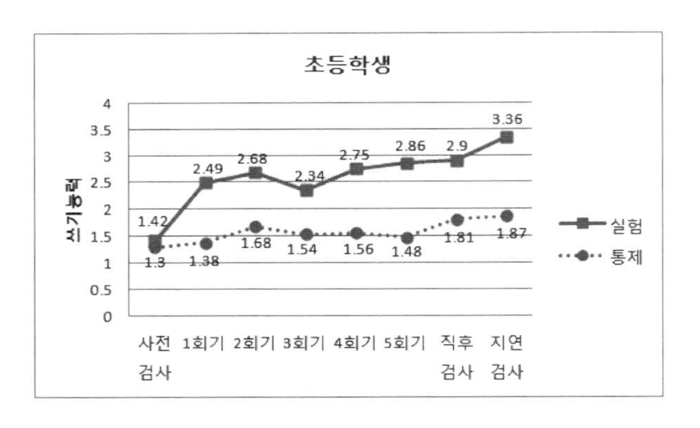

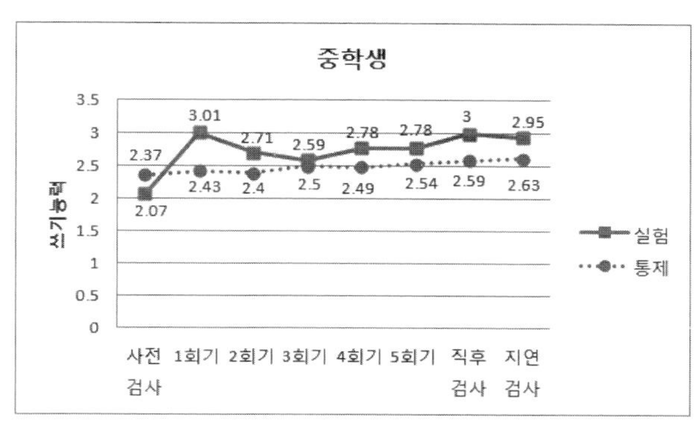


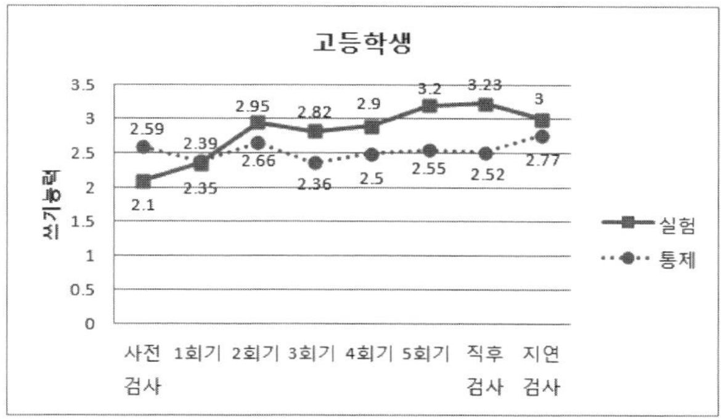


[그림 4-5] 회기별 조직 능력의 변화

[그림 4-5]를 통해 알 수 있듯이, 학년별로 실험 집단의 그래프로 상승 곡선을 그리고 있어 자기 평가를 활용한 수정하기가 조직 능력 향상에 유의미한 효과를 나타내고 있음을 알 수 있다. 조직은 글의 뼈대로서, 논설문에서는 서론, 본론, 결론으로 구성된다. 글의 조직 구성 능력은 주제에 맞는 내용을 각 단계에 맞게 내용을 배열하는 능력이라 할 수 있다.

자기 평가 전략을 활용한 수정하기가 이러한 조직 능력의 변화와 관련하여 초등학생과 중학생들에게는 1회기부터, 고등학생들에게는 2회기부터 그 효과를 드러내고 있다. 초등학생들은 실험 후반에 내용 능력의 변화가 나타난 것과는 달리 조직 능력의 변화는 실험 초기부터 실험의 효과가 나타났다. 이는 내용 능력이 화제와 관련된 지식의 영향을 많이 받기 때문에 자기 평가 전략의 효과가 신속히 드러나는 데는 한계가 있지만 글을 유기적으로 배열하고 체계화하는 조직 능력은 자신이 써 놓은 글을 이용하는 것으로 내용 능력에 비해서는 자기 평가에 대한 인지적 부담이 덜 했을 것으로 추정된다. 따라서 실험의 효과가 1회기부터 뚜렷하게 나타난 것이라 할 수 있다. 이는 중학생도 마찬가지다.

사전 검사에서 중학생의 실험 집단은 통제 집단보다 조직 능력에 대한 평균 점수가 낮았다. 그러나 실험 처치 후 역전 현상이 일어났으며 이후 조직 능력의 점수가 떨어지긴 하였으나 통제 집단보다는 높은 점수를 유지하였다. 4회기 이후부터는 그 차이가 크게 벌어지고 있어 자기 평가 전략의 실험 효과가 명확하게 나타나고 있다.

고등학생들도 사전 검사에서 실험 집단이 통제 집단보다 조직 능력에 대한 평균 점수가 낮았다. 그러나 실험 집단은 1회기에서 거의 비슷한 점수를 보였고 2회기부터는 그 상황이 역전되기 시작하여 후반에는 큰 차이를 보였다. 이와 같은 현상은 실험 횟수의 증가에 따른 실험의 효과로 글의 조직이 향상되고 있는 것으로 판단된다.

다음은 초등학교 6학년의 자기 평가를 활용한 수정하기에서 실험 처치 횟수가 늘어남에 따라 글의 표현에서 학년별, 집단별로 각 회기에 걸쳐 어떠한 변화가 있는지 알아보았다. 각 회기별 표현 요인에 대한 기술 통계는 [표 4-33]과 같다.

[표 4-33] 각 회기별 표현 요인의 기술통계

| 학년 | 회기 | 집단 | 사례수 | 평균 | 표준편차 |
|---|---|---|---|---|---|
| 초6 | 1회기 | 실험 | 29 | 2.68 | 1.00 |
| | | 통제 | 27 | 2.32 | .65 |
| | 2회기 | 실험 | 24 | 2.63 | .83 |
| | | 통제 | 21 | 2.36 | .70 |
| | 3회기 | 실험 | 28 | 2.58 | .93 |
| | | 통제 | 24 | 1.98 | .83 |
| | 4회기 | 실험 | 28 | 2.88 | .89 |
| | | 통제 | 29 | 2.13 | .76 |
| | 5회기 | 실험 | 28 | 3.04 | .92 |
| | | 통제 | 25 | 1.89 | .91 |
| | 직후 검사 | 실험 | 27 | 3.08 | .87 |
| | | 통제 | 29 | 2.34 | .69 |
| | 지연 검사 | 실험 | 29 | 3.13 | .83 |
| | | 통제 | 26 | 1.98 | .74 |

표현 요인에 대한 각 회기별 점수가 실험 처치 횟수가 증가함에 따라 통계적으로 유의한 차이가 있는지 살펴보기 위하여 이원변량분석을 [표 4-34]와 같이 실시하였다.

[표 4-34] 집단 유형별 및 회기별 표현 요인에 대한 변량 분석

| 변량원 | 제곱합 | 자유도 | 평균제곱 | F | 유의확률 |
|---|---|---|---|---|---|
| 집단 유형 | 46.001 | 1 | 46.001 | 69.178 | .000 |
| 회기 | 11.545 | 7 | 1.649 | 2.480 | .017 |
| 집단 유형×회기 | 12.044 | 7 | 1.721 | 2.588 | .013 |
| 오차 | 273.968 | 412 | | | |
| 합계 | 2964.778 | 428 | | | |

[표 4-34]에 따르면, 표현 요인에 대한 집단 유형별 차이 검증에서 집

단에 따라 표현 점수의 차이는 유의한 것으로 나타났다($F=69.178$, $p<.05$). 또한 표현 요인에 대한 회기별 차이 검증을 실시한 결과, 회기에 따라 표현 점수의 차이도 유의한 것으로 나타났다($F=2.480$, $p<.05$). 집단 유형과 회기별 상호작용에 따라 유의한 차이가 나타났다($F=2.588$, $p<.05$). 이를 통해 자기 평가 전략을 활용한 수정하기가 거듭됨에 따라 실험 집단의 표현 점수가 통제 집단에 비해 점차 유의하게 향상되었음을 알 수 있다.

자기 평가 전략을 활용한 수정하기를 실시함으로써 표현 능력에 변화가 나타나는 것은 사전 검사와 비교하여 몇 회기부터인지 알아보았다. 실험집단을 대상으로 Dunnett 방법에 의한 다중비교를 실시한 결과는 [표 4-35]와 같다.

[표 4-35] 회기별 실험 집단의 표현 능력의 변화

| 회기 | 검사 | 평균차 | 표준오차 | 유의확률 |
|---|---|---|---|---|
| 1회기 | 사전 | .42775 | .22977 | .282 |
| 2회기 | 사전 | .37698 | .24124 | .464 |
| 3회기 | 사전 | .32143 | .23178 | .591 |
| 4회기 | 사전 | .61905 | .23178 | .046 |
| 5회기 | 사전 | .78571 | .23178 | .005 |

[표 4-35]를 통해 실험 집단의 표현 능력에 변화가 발생한 것은 4회기부터임을 알 수 있다. 그러므로 글의 표현에 대한 효과가 4주 정도의 장기적인 지도를 통해서 발생한다고 해석할 수 있다.

중학교 3학년의 자기 평가를 활용한 수정하기에서 실험 처치 횟수가 늘어남에 따라 글의 표현에서 학년별, 집단별로 각 회기에 걸쳐 어떠한 변화가 있는지 알아보기 위하여 표현 요인의 평균 점수와 표준편차를 살펴보았다. 각 회기별 표현 요인에 대한 기술통계는 [표 4-36]과 같다.

[표 4-36] 각 회기별 표현 요인의 기술통계

| 학년 | 회기 | 집단 | 사례수 | 평균 | 표준편차 |
|---|---|---|---|---|---|
| 중3 | 1회기 | 실험 | 40 | 3.04 | .65 |
| | | 통제 | 35 | 2.60 | .62 |
| | 2회기 | 실험 | 35 | 3.02 | .61 |
| | | 통제 | 30 | 2.67 | .48 |
| | 3회기 | 실험 | 39 | 2.90 | .52 |
| | | 통제 | 37 | 2.92 | .58 |
| | 4회기 | 실험 | 41 | 2.90 | .67 |
| | | 통제 | 36 | 2.63 | .63 |
| | 5회기 | 실험 | 37 | 2.83 | .72 |
| | | 통제 | 35 | 2.73 | .50 |
| | 직후 검사 | 실험 | 37 | 3.05 | .93 |
| | | 통제 | 19 | 2.63 | .62 |
| | 지연검사 | 실험 | 38 | 3.12 | .53 |
| | | 통제 | 39 | 2.76 | .53 |

표현 요인에 대한 각 회기별 점수가 실험 처치 횟수가 증가함에 따라 통계적으로 유의한 차이가 있는지 살펴보기 위하여 이원변량분석을 [표 4-37]과 같이 실시하였다.

[표 4-37] 집단 유형별 및 회기별 조직 요인에 대한 변량 분석

| 변량원 | 제곱합 | 자유도 | 평균제곱 | F | 유의확률 |
|---|---|---|---|---|---|
| 집단 유형 | 5.899 | 1 | 5.899 | 14.390 | .000 |
| 회기 | 5.594 | 7 | .799 | 1.949 | .060 |
| 집단 유형×회기 | 7.524 | 7 | 1.075 | 2.622 | .011 |
| 오차 | 228.326 | 557 | | | |
| 합계 | 4833.000 | 573 | | | |

[표 4-37]에 따르면, 표현 요인에 대한 집단 유형별 차이 검증에서 집단에 따라 표현 점수의 차이는 유의한 것으로 나타났다($F=14.390$, $p<.05$). 그러나 표현 요인에 대한 회기별 차이 검증을 실시한 결과, 회기에 따라 표현 점수의 차이는 유의하지 않은 것으로 나타났다($F=1.949$, $p>.05$). 집단 유형과 회기별 상호작용에 따라서는 유의한 차이가 나타났다($F=2.835$, $p<.05$). 이는 회기별로 실험 집단과 통제 집단 간 차이가 유의하지는 않지만 실험이 거듭될수록 실험 집단의 표현 능력은 점차 향상되었다고 판단할 수 있다.

자기 평가 전략을 활용한 수정하기를 실시함으로써 표현 능력에 변화가 나타나는 것은 사전 검사와 비교하여 몇 회기부터인지 알아보았다. 실험집단을 대상으로 Dunnett 방법에 의한 다중비교를 실시한 결과는 [표 4-38]과 같다.

[표 4-38] 회기별 실험 집단의 조직 능력의 변화

| 회기 | 검사 | 평균차 | 표준오차 | 유의확률 |
| --- | --- | --- | --- | --- |
| 1회기 | 사전 | .55921 | .15454 | .002 |
| 2회기 | 사전 | .54612 | .15983 | .005 |
| 3회기 | 사전 | .42353 | .15550 | .039 |
| 4회기 | 사전 | .41998 | .15362 | .038 |
| 5회기 | 사전 | .35538 | .15756 | .125 |

[표 4-38]에서 알 수 있듯이, 실험 집단의 표현 능력에 변화가 발생한 것은 1회기부터이지만 이러한 현상이 지속되지 못하고 5회기에서는 표현 능력이 떨어지고 있다. 이는 표현 능력에 대한 실험 효과가 안정적이지 못함을 의미하며 실험의 지속적인 효과를 위해 장기적인 지도가 요구된다.

고등학교 2학년의 자기 평가를 활용한 수정하기에서 실험 처치 횟수가 늘어남에 따라 글의 표현에서 학년별, 집단별로 각 회기에 걸쳐 어떠한 변화가 있는지 알아보기 위하여 표현 요인의 평균 점수와 표준편차를 살펴보았다. 각 회기별 표현 요인에 대한 기술통계는 [표 4-39]와 같다.

[표 4-39] 각 회기별 표현 요인의 기술통계

| 학년 | 회기 | 집단 | 사례수 | 평균 | 표준편차 |
|---|---|---|---|---|---|
| 고2 | 1회기 | 실험 | 28 | 2.40 | .81 |
| | | 통제 | 23 | 2.39 | .83 |
| | 2회기 | 실험 | 28 | 2.83 | .81 |
| | | 통제 | 24 | 2.61 | .77 |
| | 3회기 | 실험 | 28 | 2.72 | .87 |
| | | 통제 | 23 | 2.31 | .68 |
| | 4회기 | 실험 | 28 | 2.96 | .89 |
| | | 통제 | 24 | 2.54 | .65 |
| | 5회기 | 실험 | 27 | 3.08 | .80 |
| | | 통제 | 24 | 2.56 | .77 |
| | 직후 검사 | 실험 | 28 | 3.19 | .85 |
| | | 통제 | 24 | 2.80 | .50 |
| | 지연 검사 | 실험 | 27 | 3.13 | .98 |
| | | 통제 | 24 | 2.59 | .88 |

표현 요인에 대한 각 회기별 점수가 실험 처치 횟수가 증가함에 따라 통계적으로 유의한 차이가 있는지 살펴보기 위하여 이원변량분석을 [표 4-40]과 같이 실시하였다.

[표 4-40] 집단 유형별 및 회기별 표현 요인에 대한 변량 분석

| 변량원 | 제곱합 | 자유도 | 평균제곱 | F | 유의확률 |
|---|---|---|---|---|---|
| 집단 유형 | 7.385 | 1 | 7.385 | 11.638 | .001 |
| 회기 | 17.639 | 7 | 2.520 | 3.971 | .000 |
| 집단 유형×회기 | 8.344 | 7 | 1.192 | 1.878 | .072 |
| 오차 | 251.293 | 396 | | | |
| 합계 | 3281.889 | 412 | | | |

[표 4-40]에 따르면, 표현 요인에 대한 집단 유형별 차이 검증에서 집단에 따라 표현 점수의 차이는 유의한 것으로 나타났다(F=11.638, p<.05). 또한 표현 요인에 대한 회기별 차이 검증을 실시한 결과, 회기에 따라 표현 점수의 차이도 유의한 것으로 나타났다(F=3.971, p<.05). 그러나 집단 유형과 회기별 상호작용에 따라 유의한 차이는 나타나지 않았다(F=1.878, p>.05). 이를 통해 자기 평가 전략을 활용한 수정하기가 거듭될수록 실험 집단의 표현 점수가 점차 유의하게 향상되었음을 알 수 있다.

자기 평가 전략을 활용한 수정하기를 실시함으로써 표현 능력에 변화가 나타나는 것은 사전 검사와 비교하여 몇 회기부터인지 알아보았다. 실험집단을 대상으로 Dunnett 방법에 의한 다중비교를 실시한 결과는 [표 4-41]과 같다.

[표 4-41] 회기별 실험 집단의 표현 능력의 변화

| 회기 | 검사 | 평균차 | 표준오차 | 유의확률 |
|---|---|---|---|---|
| 1회기 | 사전 | .17857 | .22682 | .951 |
| 2회기 | 사전 | .60714 | .22682 | .045 |
| 3회기 | 사전 | .50000 | .22682 | .141 |
| 4회기 | 사전 | .73810 | .22682 | .008 |
| 5회기 | 사전 | .86023 | .22891 | .001 |

[표 4-41]을 통해 알 수 있듯이, 실험 집단의 표현 능력에 변화가 발생한 것은 2회기부터이지만 3회기에서는 표현 능력이 떨어졌다. 그러나 4회기부터는 점차 표현 능력이 향상되어 5회기까지 지속되고 있음을 알 수 있다. 고등학생도 중학생과 마찬가지로 실험의 지속적인 효과를 위해 장기적인 지도가 요구된다.

다음은 학년에 따라 표현 능력이 회기별로 어떻게 변화되었는지 그 양상을 살펴보기 위해 처치 횟수의 증가에 따라 표현 능력 평균을 그래프로 나타낸 것이다.

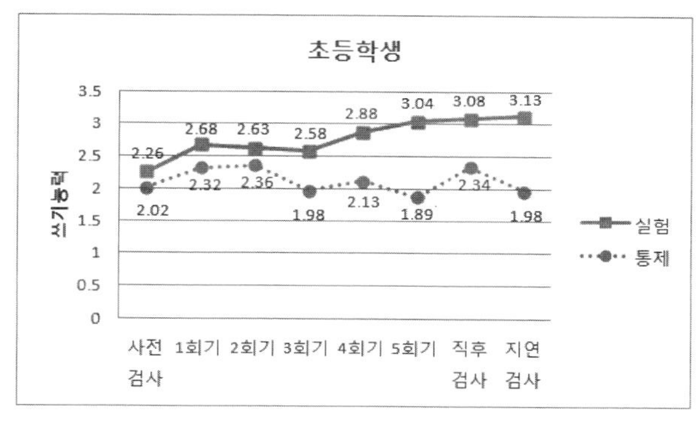


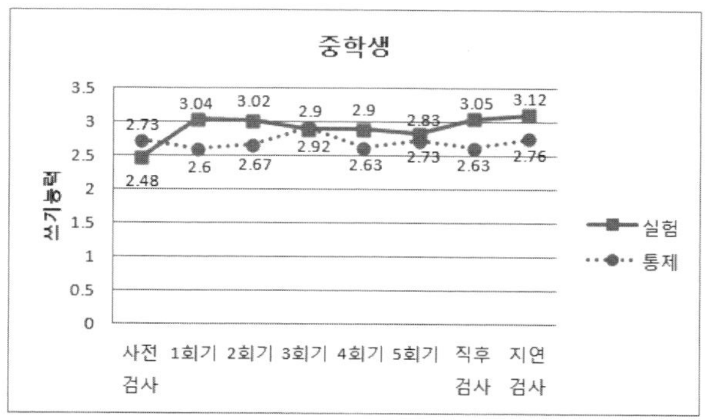

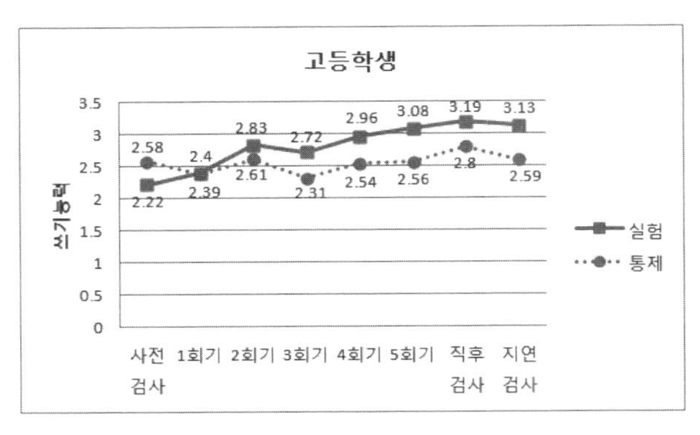

[그림 4-6] 회기별 표현 능력의 변화

[그림 4-6]를 살펴보면, 전반적으로 자기 평가 전략을 활용하여 수정하기를 실시한 실험 집단이 통제 집단에 비해 실험 처치 이후 높은 점수를 유지하고 있음을 알 수 있다. 이는 자기 평가 전략의 실험 처치가 거듭될수록 학생들의 표현 능력 향상에 효과가 있음을 나타낸다.

글에서 표현은 독자가 글의 내용을 분명하게 파악할 수 있도록 명확해야 하며 독자의 흥미를 끌 수 있어야 한다. 이를 위해서는 글을 쓰는 목적이 분명히 드러나도록 필자의 목소리가 명료해야 한다. 텍스트 유형 중 논설문은 학생들의 쓰기 능력이 가장 낮게 나타난다(Prater, 1985; Kegley, 1986; 신현숙, 2008). 이는 다른 유형의 글보다 논리적이어야 하고 명료해야 한다는 표현의 조건을 충족시켜야 하기 때문이다.

이러한 논설문의 표현과 관련하여 초등학생들은 4회기부터, 중학생은 1회기부터, 고등학생은 2회기부터 실험의 효과가 발생한다. 초등학생은 다른 학년에 비해 실험 후반에 실험의 효과가 나타나는 데 이는 다른 학년에 비해 논설문에 대한 텍스트 유형에 대한 인식이 낮기 때문인 것으로 추정된다.

반면에 중학생과 고등학생은 실험 초반에 그 효과가 나타나지만 지속적이지 않다. 즉 중학생은 5회기에 그 효과가 감소하고, 고등학생은 3회기에 감소하다가 4회기에 다시 증가한다. 이에 따라 초등학생들은 글을 쓰면서 독자를 인식하고 표현할 수 있는 지도 방안이 마련되어야 할 것이다. 중학생과 고등학생은, 자기 평가 전략을 활용하더라도 글의 표현과 관련해서는 일관된 효과를 보이지 않는 것으로 보아 다른 쓰기 하위 요인에 비해 장기적인 지도가 필요하다 하겠다.

다음은 초등학교 6학년의 자기 평가를 활용한 수정하기에서 실험 처치 횟수가 늘어남에 따라 글의 단어 선택에서 학년별, 집단별로 각 회기에 걸쳐 어떠한 변화가 있는지 알아보았다. 각 회기별 글의 단어 선택 요인에 대한 기술통계는 [표 4-42]와 같다.

[표 4-42] 각 회기별 글의 단어 선택 요인의 기술통계

| 학년 | 회기 | 집단 | 사례수 | 평균 | 표준편차 |
|---|---|---|---|---|---|
| 초6 | 1회기 | 실험 | 29 | 2.47 | .78 |
| | | 통제 | 27 | 2.28 | .59 |
| | 2회기 | 실험 | 24 | 2.59 | .81 |
| | | 통제 | 21 | 2.06 | .70 |
| | 3회기 | 실험 | 28 | 2.23 | .98 |
| | | 통제 | 24 | 1.30 | .51 |
| | 4회기 | 실험 | 28 | 2.58 | .90 |
| | | 통제 | 29 | 2.00 | .76 |
| | 5회기 | 실험 | 28 | 2.82 | .84 |
| | | 통제 | 25 | 1.76 | .74 |
| | 직후 검사 | 실험 | 27 | 2.83 | .77 |
| | | 통제 | 29 | 2.06 | .69 |
| | 지연 검사 | 실험 | 29 | 3.00 | .55 |
| | | 통제 | 26 | 1.96 | .65 |

단어 선택 요인에 대한 각 회기별 점수가 실험 처치 횟수가 증가함에 따라 통계적으로 유의한 차이가 있는지 살펴보기 위하여 이원변량분석을 [표 4-43]과 같이 실시하였다.

[표 4-43] 집단 유형별 및 회기별 단어 선택 요인에 대한 변량 분석

| 변량 | 제곱합 | 자유도 | 평균제곱 | F | 유의확률 |
|---|---|---|---|---|---|
| 집단 유형 | 49.359 | 1 | 49.359 | 89.306 | .000 |
| 회기 | 18.827 | 7 | 2.690 | 4.866 | .000 |
| 집단 유형×회기 | 9.883 | 7 | 1.412 | 2.554 | .014 |
| 오차 | 227.712 | 412 | | | |
| 합계 | 2536.444 | 428 | | | |

[표 4-43]에 따르면, 단어 선택 요인에 대한 집단 유형별 차이 검증에서 집단에 따라 단어 선택 요인 점수의 차이는 유의한 것으로 나타났다($F=89.306$, $p<.05$). 또한 단어 선택 요인에 대한 회기별 차이 검증을 실시한 결과, 회기에 따라 단어 선택 요인 점수의 차이도 유의한 것으로 나타났다($F=4.866$, $p<.05$). 집단 유형과 회기별 상호작용에 따라 유의한 차이가 나타났다($F=2.554$, $p<.05$). 이를 통해 자기 평가 전략을 활용한 수정하기가 거듭됨에 따라 실험 집단의 단어 선택 요인 점수가 통제 집단에 비해 점차 유의하게 향상되었음을 알 수 있다.

자기 평가 전략을 활용한 수정하기를 실시함으로써 단어 선택 능력에 변화가 나타나는 것은 사전 검사와 비교하여 몇 회기부터인지 알아보았다. 실험집단을 대상으로 Dunnett 방법에 의한 다중비교를 실시한 결과는 [표 4-44]와 같다.

[표 4-44] 회기별 실험 집단의 단어 선택 능력의 변화

| 회기 | 검사 | 평균차 | 표준오차 | 유의확률 |
|---|---|---|---|---|
| 1회기 | 사전 | .42775 | .22977 | .282 |
| 2회기 | 사전 | .37698 | .24124 | .464 |
| 3회기 | 사전 | .32143 | .23178 | .591 |
| 4회기 | 사전 | .61905 | .23178 | .046 |
| 5회기 | 사전 | .78571 | .23718 | .005 |

[표 4-44]를 통해 실험 집단의 단어 선택 능력에 변화가 발생한 것은 4회기부터임을 알 수 있다. 그러므로 글의 단어 선택 능력에 대한 실험의 효과가 4주 정도의 장기적인 지도를 통해서 발생한다고 해석할 수 있다.

중학교 3학년의 자기 평가 전략을 활용한 수정하기에서 실험 처치 횟수가 늘어남에 따라 글의 단어 선택 요인에서 학년별, 집단별로 각 회기에 걸쳐 어떠한 변화가 있는지 알아보았다. 단어 선택 요인의 평균 점수와 표준편차는 [표 4-45]와 같다.

[표 4-45] 각 회기별 글의 단어 선택 요인의 기술통계

| 학년 | 회기 | 집단 | 사례수 | 평균 | 표준편차 |
|---|---|---|---|---|---|
| 중3 | 1회기 | 실험 | 40 | 3.13 | .57 |
| | | 통제 | 35 | 2.68 | .62 |
| | 2회기 | 실험 | 35 | 2.92 | .52 |
| | | 통제 | 30 | 2.51 | .51 |
| | 3회기 | 실험 | 39 | 2.93 | .51 |
| | | 통제 | 37 | 2.78 | .62 |
| | 4회기 | 실험 | 41 | 3.02 | .70 |
| | | 통제 | 36 | 2.73 | .60 |
| | 5회기 | 실험 | 37 | 2.97 | .80 |
| | | 통제 | 35 | 2.73 | .48 |

| | | | | | |
|---|---|---|---|---|---|
| | 직후 검사 | 실험 | 37 | 3.07 | .93 |
| | | 통제 | 19 | 2.70 | .65 |
| | 지연 검사 | 실험 | 38 | 3.07 | .55 |
| | | 통제 | 39 | 2.71 | .52 |

단어 선택 요인에 대한 각 회기별 점수가 실험 처치 횟수가 증가함에 따라 통계적으로 유의한 차이가 있는지 살펴보기 위하여 이원변량분석을 [표 4-46]과 같이 실시하였다.

[표 4-46] 집단 유형별 및 회기별 단어 선택 요인에 대한 변량 분석

| 변량원 | 제곱합 | 자유도 | 평균제곱 | F | 유의확률 |
|---|---|---|---|---|---|
| 집단 유형 | 9.715 | 1 | 9.715 | 23.837 | .000 |
| 회기 | 9.301 | 7 | 1.329 | 3.260 | .002 |
| 집단 유형×회기 | 4.893 | 7 | .699 | 1.715 | .103 |
| 오차 | 227.020 | | | | |
| 합계 | 4825.889 | | | | |

[표 4-46]에 따르면, 단어 선택 요인에 대한 집단 유형별 차이 검증에서 집단에 따라 단어 선택 요인 점수의 차이는 유의한 것으로 나타났다($F=23.837$, $p<.05$). 또한 단어 선택 요인에 대한 회기별 차이 검증을 실시한 결과, 회기에 따라 단어 선택 요인 점수의 차이도 유의한 것으로 나타났다($F=3.260$, $p<.05$). 그러나 집단 유형과 회기별 상호작용에 따라 유의한 차이가 나타나지 않았다($F=1.715$, $p>.05$). 이를 통해 자기 평가 전략을 활용한 수정하기가 거듭됨에 따라 실험 집단의 단어 선택 점수가 점차 유의하게 향상되었음을 알 수 있다.

자기 평가 전략을 활용한 수정하기를 실시함으로써 단어 선택 능력에 변화가 나타나는 것은 사전 검사와 비교하여 몇 회기부터인지 알아보았

다. 실험집단을 대상으로 Dunnett 방법에 의한 다중비교를 실시한 결과는 [표 4-47]과 같다.

[표 4-47] 회기별 실험 집단의 단어 선택 능력의 변화

| 회기 | 검사 | 평균차 | 표준오차 | 유의확률 |
|---|---|---|---|---|
| 1회기 | 사전 | .55921 | .15454 | .002 |
| 2회기 | 사전 | .54612 | .15983 | .005 |
| 3회기 | 사전 | .42353 | .15550 | .039 |
| 4회기 | 사전 | .41998 | .15362 | .038 |
| 5회기 | 사전 | .35538 | .15756 | .125 |

[표 4-47]을 통해 실험 집단의 단어 선택 능력에 변화가 발생한 것은 1회기부터이지만 이러한 현상이 지속되지 못하고 5회기에서는 단어 선택 능력이 떨어지고 있다. 이는 중학생의 표현 능력 변화에 대한 결과 분석과 동일하다는 점에서 자기 평가 전략의 실험 효과를 표현 능력과 단어 선택 능력과의 연관성에서 찾아 볼 수 있다.

고등학교 2학년의 자기 평가를 활용한 수정하기에서 실험 처치 횟수가 늘어남에 따라 글의 단어 선택에서 학년별, 집단별로 각 회기에 걸쳐 어떠한 변화가 있는지 알아보기 위하여 단어 선택 요인의 평균 점수와 표준편차를 살펴보았다. 각 회기별 글의 단어 선택 요인에 대한 기술통계는 [표 4-48]과 같다.

[표 4-48] 각 회기별 글의 단어 선택 요인의 기술통계

| 학년 | 회기 | 집단 | 사례수 | 평균 | 표준편차 |
|---|---|---|---|---|---|
| 고2 | 1회기 | 실험 | 28 | 2.46 | .72 |
| | | 통제 | 23 | 2.47 | .73 |
| | 2회기 | 실험 | 28 | 2.90 | .82 |

| | | | | | |
|---|---|---|---|---|---|
| | | 통제 | 24 | 2.87 | .81 |
| | 3회기 | 실험 | 28 | 2.88 | .83 |
| | | 통제 | 23 | 2.56 | .65 |
| | 4회기 | 실험 | 28 | 3.03 | .79 |
| | | 통제 | 24 | 2.70 | .70 |
| | 5회기 | 실험 | 27 | 3.08 | .72 |
| | | 통제 | 24 | 2.54 | .67 |
| | 직후 검사 | 실험 | 28 | 3.11 | .74 |
| | | 통제 | 24 | 2.83 | .53 |
| | 지연 검사 | 실험 | 27 | 3.19 | .91 |
| | | 통제 | 24 | 2.80 | .64 |

단어 선택 요인에 대한 각 회기별 점수가 실험 처치 횟수가 증가함에 따라 통계적으로 유의한 차이가 있는지 살펴보기 위하여 이원변량분석을 [표 4-49]와 같이 실시하였다.

[표 4-49] 집단 유형별 및 회기별 단어 선택 요인에 대한 변량 분석

| 변량원 | 제곱합 | 자유도 | 평균제곱 | F | 유의확률 |
|---|---|---|---|---|---|
| 집단 유형 | 4.540 | 1 | 4.540 | 7.854 | .005 |
| 회기 | 19.590 | 7 | 2.799 | 4.841 | .000 |
| 집단 유형×회기 | 5.426 | 7 | .775 | 1.341 | .229 |
| 오차 | 228.911 | 396 | | | |
| 합계 | 3423.222 | 412 | | | |

[표 4-49]에 따르면, 단어 선택 요인에 대한 집단 유형별 차이 검증에서 집단에 따라 단어 선택 점수의 차이는 유의한 것으로 나타났다($F=7.854$, $p<.05$). 또한 단어 선택 요인에 대한 회기별 차이 검증을 실시한 결과, 회기에 따라 단어 선택 요인 점수의 차이도 유의한 것으로 나타났다($F=4.841$, $p<.05$). 그러나 집단 유형과 회기별 상호작용에 따라 유

의한 차이가 나타나지 않았다(F=1.341, p>.05). 이는 자기 평가 전략을 활용한 수정하기가 거듭됨에 따라 실험 집단의 단어 선택 요인의 점수가 점차 유의하게 향상되었음을 알 수 있다.

자기 평가 전략을 활용한 수정하기를 실시함으로써 단어 선택 능력에 변화가 나타나는 것은 사전 검사와 비교하여 몇 회기부터인지 알아보았다. 실험집단을 대상으로 Dunnett 방법에 의한 다중비교를 실시한 결과는 [표 4-50]과 같다.

[표 4-50] 회기별 실험 집단의 단어 선택 능력의 변화

| 회기 | 회기 | 평균차 | 표준오차 | 유의확률 |
|---|---|---|---|---|
| 1회기 | 사전 | .17857 | .22682 | .951 |
| 2회기 | 사전 | .60714 | .22682 | .045 |
| 3회기 | 사전 | .50000 | .22682 | .141 |
| 4회기 | 사전 | .73810 | .22682 | .008 |
| 5회기 | 사전 | .86023 | .22891 | .001 |

[표 4-50]을 통해 실험 집단의 단어 선택 능력에 변화가 발생한 것은 2회기부터이지만 3회기에서 다시 단어 선택 능력이 떨어졌음을 알 수 있다. 그러나 4회기부터는 점차 단어 선택 능력이 향상되어 5회기까지 지속되고 있다. 이는 고등학생의 표현 능력 변화에 대한 결과 분석과 동일하다. 중학생과 마찬가지로 자기 평가 전략의 실험 효과를 표현 능력과 단어 선택 능력과의 연관성에서 찾아 볼 수 있다.

다음은 학년에 따라 단어 선택 능력이 회기별로 어떻게 변화되었는지 그 양상을 살펴보기 위해 처치 횟수의 증가에 따라 단어 선택 능력 평균을 그래프로 나타낸 것이다.

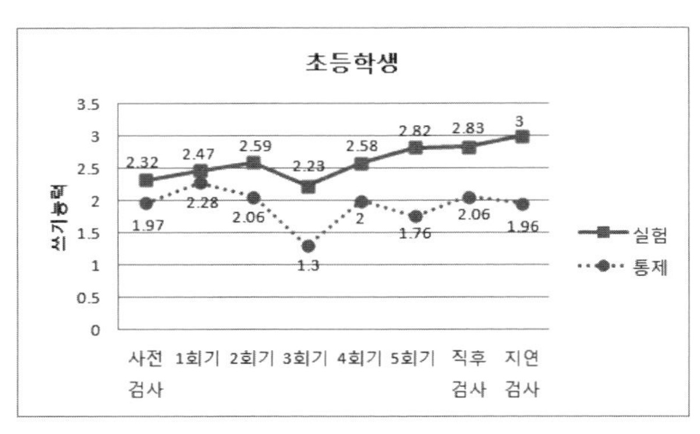


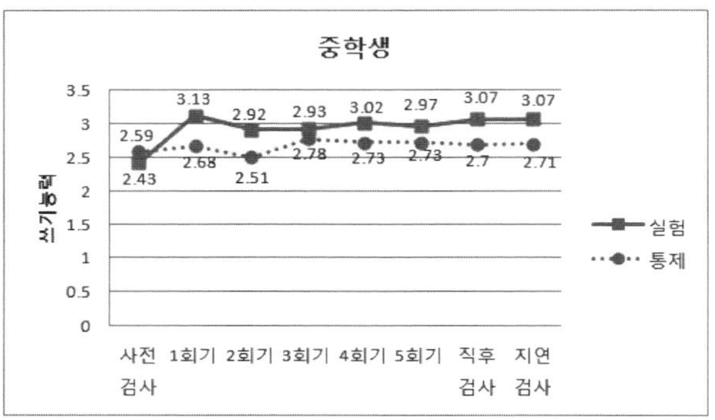


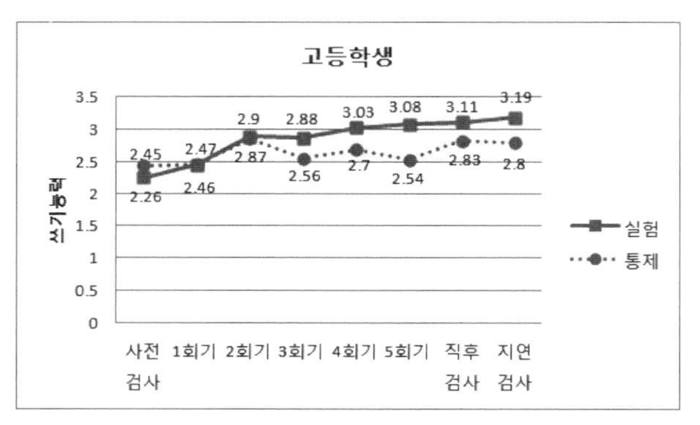


[그림 4-7] 회기별 단어 선택 능력의 변화

[그림 4-7]을 살펴보면, 실험 집단의 단어 선택 평균 점수가 통제 집단보다 실험 회기가 거듭될수록 점점 향상되고 있음을 알 수 있다. 단어

를 선택할 때에는 글의 내용을 독자에게 쉽고 정확하게 전달하기 위해 구체적이고 정확한 단어를 선택해야 한다.

초등학생은 3회기를 제외하고는 회기가 지날수록 통제 집단과의 점수 차이가 크게 벌어지면서 실험의 효과를 뚜렷하게 보여주고 있다. 중학생과 고등학생들보다 배경지식이나 읽기, 쓰기 경험이 부족한 초등학생들은 단어 선택의 평균 점수가 낮지만 동일한 연령의 학생들에 비해 실험 처치로 인한 효과로 점수가 높게 나타나고 있다.

중학생은 사전 검사에서 실험 집단의 단어 선택 요인의 점수가 통제 집단에 비해 낮았지만 1회기부터는 역전 현상이 시작되면서 3회기 이후부터는 그 차이가 점점 크게 벌어지고 있다. 그러나 5회기에서는 실험의 효과가 감소하고 있어 글의 내용에 적절한 단어를 선택하는 능력에 대한 지도 방안이 마련되어야 할 것이다.

고등학생들은 사전 검사에서 실험 집단의 단어 선택 요인의 점수가 통제 집단에 비해 낮았지만 2회기부터 근소한 차이를 보이다가 4회기부터 큰 차이로 실험 집단의 점수가 높아졌다. 그러나 3회기에 실험의 효과가 감소하는 현상을 보이는데 이는 표현 능력의 변화와 유사한 양상을 보이고 있다.

독자를 고려하여 내용을 분명하고 정확하게 표현해야 하는 능력과 이를 위해 단어를 선택하는 능력이 다른 쓰기와 관련된 능력보다 밀접한 관련이 있음을 알 수 있다. 이를 통해 표현 능력과 단어 선택 능력 간의 통합적 지도 방안에 대해 생각해 볼 수 있다.

초등학교 6학년은 사전 검사에서 실험 집단과 통제 집단 간의 동질성 검증에 유의한 차이가 드러났다. 따라서 여기에서는 실험 집단에 대하여 실험 처치 횟수가 늘어남에 따라 글의 형식 및 어법 요인에서 어떠한 변화가 있는지 알아보고자 한다. 이를 위해 형식 및 어법 요인의 평균 점수와 표준편차를 살펴보았다. 각 회기별 형식 및 어법 요인에 대한 기술통계는 [표 4-51]과 같다.

[표 4-51] 각 회기별 형식 및 어법 요인의 기술통계

| 학년 | 회기 | 집단 | 사례수 | 평균 | 표준편차 |
|---|---|---|---|---|---|
| 초6 | 1회기 | 실험 | 29 | 2.36 | .74 |
| | | 통제 | 27 | 2.38 | .70 |
| | 2회기 | 실험 | 24 | 2.38 | .87 |
| | | 통제 | 21 | 1.96 | .66 |
| | 3회기 | 실험 | 28 | 2.17 | .90 |
| | | 통제 | 24 | 1.90 | .51 |
| | 4회기 | 실험 | 28 | 2.38 | .85 |
| | | 통제 | 29 | 2.12 | .68 |
| | 5회기 | 실험 | 28 | 2.73 | .83 |
| | | 통제 | 25 | 1.80 | .79 |
| | 직후 검사 | 실험 | 27 | 2.70 | .76 |
| | | 통제 | 29 | 1.98 | .70 |
| | 지연 검사 | 실험 | 29 | 3.01 | .63 |
| | | 통제 | 26 | 1.94 | .64 |

자기 평가 전략을 활용한 수정하기를 실시함으로써 형식 및 어법 능력에 변화가 나타나는 것은 사전 검사와 비교하여 몇 회기부터인지 알아보았다. 실험집단을 대상으로 Dunnett 방법에 의한 다중비교를 실시한 결과는 [표 4-52]와 같다.

[표 4-52] 회기별 실험 집단의 형식 및 어법 능력의 변화

| 회기 | 검사 | 평균차 | 표준오차 | 유의확률 |
|---|---|---|---|---|
| 1회기 | 사전 | .3380 | .14250 | .095 |
| 2회기 | 사전 | .1556 | .15081 | .841 |
| 3회기 | 사전 | .0142 | .14516 | 1.000 |
| 4회기 | 사전 | .2144 | .14188 | .499 |
| 5회기 | 사전 | .2586 | .14447 | .319 |
| 직후 검사 | 사전 | .2963 | .14250 | .183 |
| 지연 검사 | 사전 | .4721 | .14313 | .007 |

[표 4-52]를 통해 실험 집단의 형식 및 어법 능력에 변화가 발생한 것은 실험 처치가 끝난 뒤 지연 검사에서 나타났다. 형식 및 어법 요인은 실험 효과 측면에서 가장 늦게 나타나 이에 대한 장기적인 지도가 필요하다.

중학교 3학년의 자기 평가 전략을 활용한 수정하기에서 실험 처치 횟수가 늘어남에 따라 글의 형식 및 어법에서 학년별, 집단별로 각 회기에 걸쳐 어떠한 변화가 있는지 알아보기 위하여 형식 및 어법 요인의 평균 점수와 표준편차를 살펴보았다. 각 회기별 형식 및 어법 요인에 대한 기술통계는 [표 4-53]과 같다.

[표 4-53] 각 회기별 형식 및 어법 요인의 기술통계

| 학년 | 회기 | 집단 | 사례수 | 평균 | 표준편차 |
|---|---|---|---|---|---|
| 중3 | 1회기 | 실험 | 40 | 2.91 | .52 |
| | | 통제 | 35 | 2.51 | .67 |
| | 2회기 | 실험 | 35 | 2.80 | .64 |
| | | 통제 | 30 | 2.38 | .63 |
| | 3회기 | 실험 | 39 | 2.71 | .58 |
| | | 통제 | 37 | 2.54 | .68 |
| | 4회기 | 실험 | 41 | 2.94 | .78 |

| | | 통제 | 36 | 2.72 | .66 |
|---|---|---|---|---|---|
| | 5회기 | 실험 | 37 | 2.83 | .73 |
| | | 통제 | 35 | 2.59 | .54 |
| | 직후 검사 | 실험 | 37 | 3.05 | .91 |
| | | 통제 | 19 | 2.71 | .56 |
| | 지연 검사 | 실험 | 38 | 2.93 | .52 |
| | | 통제 | 39 | 2.69 | .50 |

형식 및 어법 요인에 대한 각 회기별 점수가 실험 처치 횟수가 증가함에 따라 통계적으로 유의한 차이가 있는지 살펴보기 위하여 이원변량 분석을 [표 4-54]와 같이 실시하였다.

[표 4-54] 집단 유형별 및 회기별 형식 및 어법 요인에 대한 변량 분석

| 변량원 | 제곱합 | 자유도 | 평균제곱 | F | 유의확률 |
|---|---|---|---|---|---|
| 집단 유형 | 29.173 | 1 | 29.173 | 52.261 | .000 |
| 회기 | 9.492 | 7 | 1.356 | 2.429 | .019 |
| 집단 유형×회기 | 12.770 | 7 | 1.824 | 3.268 | .002 |
| 오차 | 229.990 | 412 | .558 | | |
| 합계 | 2466.556 | 428 | | | |

[표 4-54]에 따르면, 형식 및 어법 요인에 대한 집단 유형별 차이 검증에서 집단에 따라 형식 및 어법 요인 점수의 차이는 유의한 것으로 나타났다($F=52.261$, $p<.05$). 또한 형식 및 어법 요인에 대한 회기별 차이 검증을 실시한 결과, 회기에 따라 형식 및 어법 요인 점수의 차이도 유의한 것으로 나타났다($F=2.429$, $p<.05$). 집단 유형과 회기별 상호작용에 따라 유의한 차이가 나타났다($F=3.268$, $p<.05$). 이를 통해 자기 평가 전략을 활용한 수정하기가 거듭됨에 따라 실험 집단의 형식 및 어법 요인 점수가 통제 집단에 비해 점차 유의하게 향상되었음을 알 수 있다.

자기 평가 전략을 활용한 수정하기를 실시함으로써 형식 및 어법 능력에 변화가 나타나는 것은 사전 검사와 비교하여 몇 회기부터인지 알아보았다. 실험집단을 대상으로 Dunnett 방법에 의한 다중비교를 실시한 결과는 [표 4-55]와 같다.

[표 4-55] 회기별 실험 집단의 형식 및 어법 능력의 변화

| 회기 | 검사 | 평균차 | 표준오차 | 유의확률 |
|---|---|---|---|---|
| 1회기 | 사전 | .75000 | .15419 | .000 |
| 2회기 | 사전 | .64286 | .15947 | .000 |
| 3회기 | 사전 | .55128 | .15515 | .003 |
| 4회기 | 사전 | .77642 | .15327 | .000 |
| 5회기 | 사전 | .67117 | .15721 | .000 |

[표 4-55]를 통해 실험 집단의 형식 및 어법 능력에 변화가 발생한 것은 1회기부터이며 이후 실험의 효과가 5회기까지 지속되고 있음을 알 수 있다.

고등학교 2학년의 자기 평가 전략을 활용한 수정하기에서 실험 처치 횟수가 늘어남에 따라 글의 형식 및 어법에서 학년별, 집단별로 각 회기에 걸쳐 어떠한 변화가 있는지 알아보기 위하여 형식 및 어법 요인의 평균 점수와 표준편차를 살펴보았다. 각 회기별 형식 및 어법 요인에 대한 기술통계는 [표 4-56]과 같다.

[표 4-56] 각 회기별 형식 및 어법 요인의 기술통계

| 학년 | 회기 | 집단 | 사례수 | 평균 | 표준편차 |
|---|---|---|---|---|---|
| 고2 | 1회기 | 실험 | 28 | 2.44 | .78 |
| | | 통제 | 23 | 2.37 | .71 |
| | 2회기 | 실험 | 28 | 2.69 | .73 |

| | | | | | |
|---|---|---|---|---|---|
| | | 통제 | 24 | 2.83 | .52 |
| | 3회기 | 실험 | 28 | 2.66 | .73 |
| | | 통제 | 23 | 2.62 | 67 |
| | 4회기 | 실험 | 28 | 3.01 | .79 |
| | | 통제 | 24 | 2.73 | .54 |
| | 5회기 | 실험 | 27 | 3.04 | .76 |
| | | 통제 | 24 | 2.72 | .57 |
| | 직후 검사 | 실험 | 28 | 3.26 | .84 |
| | | 통제 | 24 | 2.77 | .67 |
| | 지연 검사 | 실험 | 27 | 3.17 | .90 |
| | | 통제 | 24 | 2.70 | .55 |

형식 및 어법 요인에 대한 각 회기별 점수가 실험 처치 횟수가 증가함에 따라 통계적으로 유의한 차이가 있는지 살펴보기 위하여 이원변량 분석을 [표 4-57]과 같이 실시하였다.

[표 4-57] 집단 유형별 및 회기별 형식 및 어법 요인에 대한 변량 분석

| 변량원 | 제곱합 | 자유도 | 평균제곱 | F | 유의확률 |
|---|---|---|---|---|---|
| 집단 유형 | 3.999 | 1 | 3.999 | 7.618 | .006 |
| 회기 | 19.831 | 7 | 2.833 | 5.396 | .000 |
| 집단 유형×회기 | 4.508 | 7 | .644 | 1.227 | .287 |
| 오차 | 207.888 | 396 | | | |
| 합계 | 3353.000 | 412 | | | |

[표 4-57]에 따르면, 형식 및 어법 요인에 대한 집단 유형별 차이 검증에서 집단에 따라 형식 및 어법 요인 점수의 차이는 유의한 것으로 나타났다(F=7.618, p<.05). 또한 형식 및 어법 요인에 대한 회기별 차이 검증을 실시한 결과, 회기에 따라 형식 및 어법 요인 점수의 차이도 유의한 것으로 나타났다(F=5.396, p<.05). 그러나 집단 유형과 회기별 상호

작용에 따라 유의한 차이가 나타나지 않았다(F=1.227, p>.05). 이는 자기 평가 전략을 활용한 수정하기가 거듭됨에 따라 실험 집단의 형식 및 어법 요인의 점수가 점차 유의하게 향상되었음을 알 수 있다.

자기 평가 전략을 활용한 수정하기를 실시함으로써 형식 및 어법 능력에 변화가 나타나는 것은 사전 검사와 비교하여 몇 회기부터인지 알아보았다. 실험집단을 대상으로 Dunnett 방법에 의한 다중비교를 실시한 결과는 [표 4-58]과 같다.

[표 4-58] 회기별 실험 집단의 형식 및 어법 능력의 변화

| 회기 | 검사 | 평균차 | 표준오차 | 유의확률 |
|---|---|---|---|---|
| 1회기 | 사전 | .00000 | .21270 | 1.000 |
| 2회기 | 사전 | .25000 | .21270 | .746 |
| 3회기 | 사전 | .22619 | .21270 | .821 |
| 4회기 | 사전 | .57143 | .21270 | .044 |
| 5회기 | 사전 | .60891 | .21466 | .029 |

[표 4-58]을 통해 실험 집단의 형식 및 어법 능력에 변화가 발생한 것은 4회기부터임을 알 수 있다. 5회기에서도 실험의 효과가 지속되고 있어 형식 및 어법 능력의 변화가 발생하기까지 4주 이상의 지도가 필요한 것으로 판단된다.

다음은 학년에 따라 형식 및 어법 능력이 회기별로 어떻게 변화되었는지 그 양상을 살펴보기 위해 처치 횟수의 증가에 따라 형식 및 어법 능력 평균을 그래프로 나타낸 것이다.

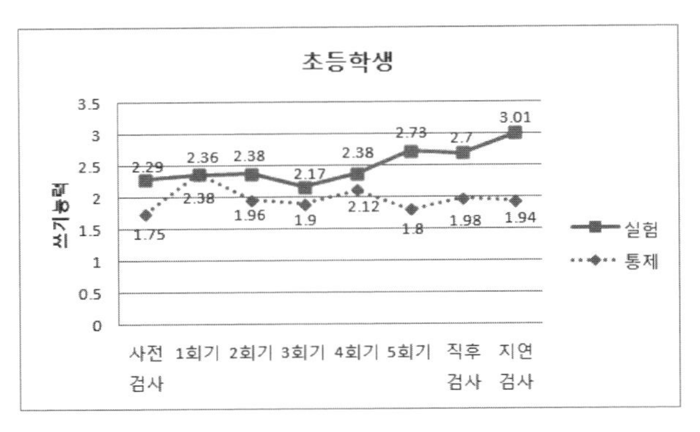


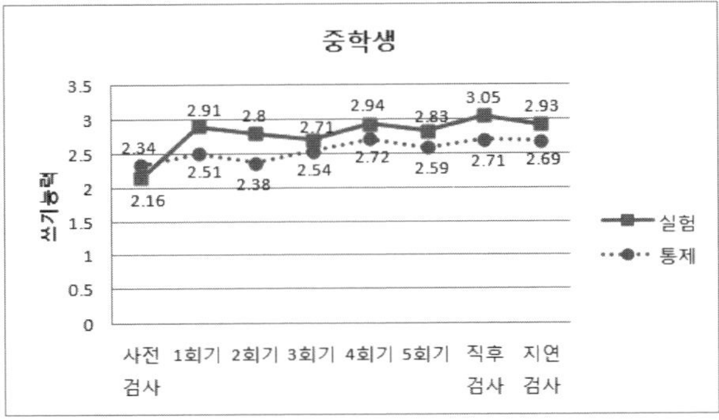


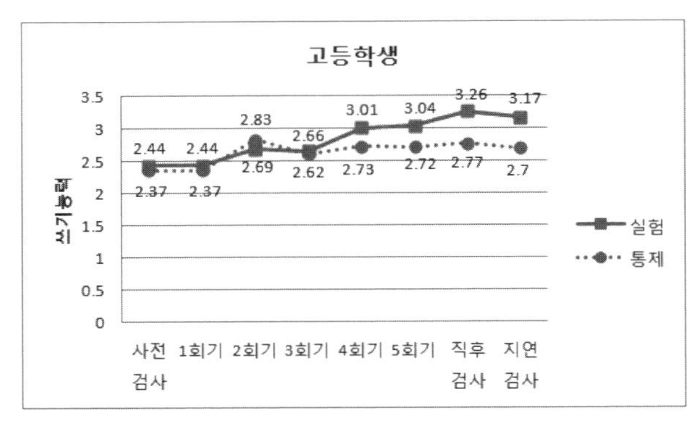


[그림 4-8] 회기별 형식 및 어법 능력의 변화

[그림 4-8]에서 볼 수 있듯이, 실험 집단의 평균 점수가 점차 상승 곡선을 그리고 있다. 자기 평가 전략을 통해 형식 및 어법 능력의 변화가

발생한 것은 학년별로 편차가 심하다. 초등학생은 지연검사에서, 중학생은 1회기부터, 고등학생은 4회기부터 실험의 효과가 나타난다. 초등학생은 철자나 구두점, 띄어쓰기와 맞춤법 등을 고려하며 자신의 생각을 문자 언어로 명확하게 표현해내는 데 인지적 부담으로 인해 어려움을 보일 수 있다. 그러나 4회기부터 능력의 변화가 일어나면서 자기 평가 전략의 효과를 뚜렷하게 보여주고 있다.

중학생은 실험 집단이 통제 집단에 비해 평균 점수가 낮았지만 그 현상이 1회기부터 역전되기 시작하여 2, 3, 4, 5회기까지 지속적으로 통제 집단보다 높은 점수를 유지하였다. 이는 실험이 거듭될수록 실험의 효과가 중학생의 형식 및 어법 능력 향상에 확실히 드러나고 있음을 알 수 있다.

고등학생은 2회기에서 실험 집단이 통제 집단보다 평균 점수가 떨어지는 현상을 보이지만 회기가 지날수록 꾸준한 상승 곡선을 그리는 것으로 보아 실험의 효과를 확인할 수 있다.

## 2. 상위 인지 및 쓰기 효능감의 변화

수정하기에서 자기 평가는 학생들이 자신의 글에 대해 부족한 부분을 스스로 판단하고 이를 개선해 나가는 과정에서 학생들의 상위 인지와 쓰기 효능감 향상을 기대할 수 있다. 이 절에서는 자기 평가를 활용한 수정하기의 효과를 상위 인지와 쓰기 효능감 측면에서 살펴보고자 한다. 이를 위해 실험 처치 전과 후에 실시한 상위 인지 및 쓰기 효능감 검사 자료를 수집하여 분석하고 검증한 결과를 학년별, 상위 인지 및 쓰기 효능감의 각 하위 요인별로 나누어 제시하고자 한다.

### (1) 상위 인지의 변화

#### ① 학년별 상위 인지 변화

수정하기 지도에 따른 상위 인지의 변화를 살펴보기 위하여 상위 인지에 대한 사전 검사를 실시하였으며, 학년별 실험 집단과 통제 집단의 평균 점수를 비교하였다. 두 집단의 평균 점수에 대해서는 독립표본 t검증을 사용하여 집단동질성 검증을 하였다. 그 결과는 [표 4-59]와 같다.

[표 4-59] 상위 인지에 대한 실험반과 통제반의 집단 동질성 검증

| 학년 | 집단 | 사례수 | 평균 | 표준편차 | 자유도 | t | 유의확률 |
|---|---|---|---|---|---|---|---|
| 초6 | 실험 | 28 | 3.59 | .40 | 52 | -1.151 | .255 |
| | 통제 | 26 | 3.74 | .52 | | | |
| 중3 | 실험 | 38 | 3.52 | .36 | 73 | 1.452 | .151 |
| | 통제 | 37 | 3.38 | .48 | | | |
| 고2 | 실험 | 28 | 3.56 | .30 | 50 | .465 | .644 |
| | 통제 | 24 | 3.51 | .35 | | | |

[표 4-59]에 따라 상위 인지 사전 검사에서 각 학년별 실험 집단과 통제 집단은 Levene의 등분산 검증 결과, 유의확률이 초등학교 6학년은 .416, 중학교 3학년은 .128, 고등학교 2학년은 .313으로 등분산 가정에 문제가 없다. 따라서 등분산 가정 하에 독립표본 t검증을 실시하였다. 그 결과 집단 간 상위 인지 수준 차이에서 초등학교 6학년은 t값이 -1.151, 유의확률은 .255, 중학교 3학년은 t값이 1.452, 유의확률은 .151, 고등학교 2학년은 t값이 .465, 유의확률은 .644로 통계적으로 유의한 차이가 발견되지 않았다. 각 학년별 실험 집단과 통제 집단의 상위 인지 수준에 대한 평균 점수는 통계적으로 유의한 차이가 있다고 볼 수 없으

므로 두 집단은 동질 집단임을 가정할 수 있다.

[표 4-59]에 나타나 있듯이 상위 인지 수준은 초등학교 6학년이 중학교 3학년보다 높게 나타났고 고등학교 2학년은 초등학교 6학년보다는 낮지만 중학교 3학년보다는 높게 나타났다. 선행 연구에 따르면(김유미, 1995), 쓰기 능력이 높은 집단이 상위 인지 수준이 높게 나타나는 경향이 있다는 결과와 일치하지 않는다. 이는 초등학생들이 상위 인지 수준이 중학교 3학년 학생들보다 높다는 것보다는 상위 인지에 대한 인식은 높으나 그것이 쓰기 능력에 미치는 영향이 중학교 3학년보다 크다고 볼 수 없을 것이다.

다음은 자기 평가 전략을 활용한 수정하기가 직후 검사에서 상위 인지 수준에 영향을 미쳤는지 알아보기 위하여 독립표본 t검증을 실시하였다. 그 결과는 [표 4-60]과 같다.

[표 4-60] 자기 평가를 활용한 수정하기 지도에 따른 상위 인지의 차이

| 학년 | 검사종류 | 집단 | 사례수 | 평균 | 표준편차 | 자유도 | t | 유의확률 |
|---|---|---|---|---|---|---|---|---|
| 초6 | 직후 검사 | 실험 | 27 | 3.71 | .28 | 42.790 | 1.257 | .216 |
| | | 통제 | 29 | 3.56 | .55 | | | |
| 중3 | 직후 검사 | 실험 | 37 | 3.63 | .28 | 54 | 1.158 | .252 |
| | | 통제 | 19 | 3.53 | .28 | | | |
| 고2 | 직후 검사 | 실험 | 28 | 3.74 | .19 | 50 | 2.918 | .005 |
| | | 통제 | 24 | 3.57 | .22 | | | |

[표 4-60]에 따라 직후 검사에서 각 학년별 실험 집단과 통제 집단은 Levene의 등분산 검증 결과, 유의확률이 초등학교 6학년은 .011로 등분산이 가정되지 않으며, 중학교 3학년은 .824, 고등학교 2학년은 .496으로 등분산 가정에 문제가 없다. 따라서 초등학교 6학년은 등분산이 가정

되지 않은 독립표본 t검증을 실시하였으며, 그 결과 집단 간 상위 인지 수준 차이에서 t값이 1.257, 유의확률은 .216으로 통계적으로 유의한 차이가 발견되지 않았다. 중학교 3학년과 고등학교 2학년은 등분산 가정하에 독립표본 t검증을 실시하였다. 그 결과 집단 간 상위 인지 수준 차이에서 중학교 3학년은 t값이 1.158, 유의확률은 .252로 통계적으로 유의한 차이가 발견되지 않았으며, 고등학교 2학년은 t값이 2.918, 유의확률은 .005로 통계적으로 유의한 차이가 발견되었다. 이러한 결과를 통해 자기 평가 전략을 활용한 수정하기가 고등학교 2학년 실험 집단 학생들의 상위 인지 수준 향상에 유의미한 영향을 미쳤음을 알 수 있다.

수정을 할 때 자기 평가 전략을 활용하면서 학생들은 자신의 인지 활동을 점검하고 조절하는 활동을 하게 된다. 이러한 활동은 상위 인지 수준 향상에 긍정적인 영향을 미칠 수 있다. 그러나 초등학교 6학년과 중학교 3학년 학생들은 실험 처치 이후 상위 인지의 평균 점수는 상승하였으나 통제 집단과 유의한 차이를 보이고 있지 않다. 이는 학생들이 글을 쓸 때 자신의 인지과정을 충분히 통제하고 점검할만한 인지적 능력이 부족한 데 기인한 것으로 보인다. 이를 통해 자기 평가 전략을 활용한 수정하기가 상위 인지를 향상 시키는 데 미치는 효과가 학교급별로 다름을 알 수 있다. 따라서 상위 인지 수준을 높이기 위하여 학교급별로 차별화 된 쓰기 지도 방법이 강구되어야 할 것이다.

이러한 결과를 바탕으로 전체 학년별 및 집단 유형별 상위 인지 수준의 차이를 살펴보기 위해 이원변량분석을 [표 4-61]과 같이 실시하였다.

[표 4-61] 전체 학년별 및 집단 유형별 상위 인지 수준에 대한 변량 분석

| 변량원 | 제곱합 | 자유도 | 평균제곱 | F | 유의확률 |
|---|---|---|---|---|---|
| 집단 유형 | .730 | 1 | .730 | 6.625 | .011 |
| 학년 | .167 | 2 | .083 | .755 | .472 |
| 집단 유형×학년 | .037 | 2 | .018 | .166 | .847 |
| 오차 | 17.415 | 158 | | | |
| 합계 | 2185.637 | 164 | | | |

[표 4-61]에 따르면, 상위 인지 수준에 대한 집단 유형별 차이 검증에서 집단에 따라 상위 인지 수준의 차이는 유의한 것으로 나타났다(F=6.625, p<.05). 그러나 상위 인지 수준에 대한 학년별 차이 검증을 실시한 결과, 학년에 따라 상위 인지 수준의 차이는 유의하지 않은 것으로 나타났다(F=.755, p>.05). 집단 유형과 학년별 상호작용은 상위 인지 수준에 유의한 영향을 미치지 못했다(F=.166, p>.05).

이러한 결과로 미루어 볼 때, 학년별로 실험 집단이 통제 집단보다 상위 인지 수준이 높다는 것을 알 수 있다. 초등학교 6학년과 중학교 3학년은 실험 집단과 통제 집단 간의 차이가 없었지만, 실험 집단은 상위 인지 수준에 대한 평균 점수가 사전 검사 때보다 향상되어 실험 효과에 대한 영향을 추정해 볼 수 있다. 고등학교 2학년은 실험 집단과 통제 집단간에 유의미한 차이를 보이고 있어 실험 효과가 고등학교 2학년 학생들에게 긍정적인 영향을 미쳤음을 알 수 있다.

상위 인지는 인지 과정을 통제하고 조절한다. 쓰기에서 상위 인지는 필자 자신의 쓰기 수행에 대해 스스로 계획하고 평가하여 쓰기 과정을 통제하고 조절할 수 있도록 해준다. 상위 인지 지식이 높은 필자들은 자신의 쓰기 과정, 글을 쓰는 목적, 예상 독자에 대한 지식을 적극적으로 활용하게 되고, 그 결과 쓰기 수행의 질적 수준이 높아지게 된다(신현숙,

2005; 문병상, 2010). 사전 상위 인지 검사에서 동질 집단이었던 고등학교 2학년의 실험 집단과 통제 집단이 직후 검사에서 유의미한 차이를 보인 것은 자기 평가 전략을 활용한 수정하기가 학생들에게 스스로 쓰기 과정을 조절하고 검토하게 함으로써 상위 인지 수준 향상에 긍정적인 역할을 한 것으로 판단된다.

### ② 상위 인지 하위 요인별 발달

학년별 및 집단 유형별로 상위 인지 하위 요인의 차이를 살펴보기 위하여 [표 4-62]와 같이 기술통계를 제시하였다.

[표 4-62] 상위 인지 하위 요인에 대한 기술통계

| 학년 | 검사 종류 | 집단 | 구조 및 절차 | | | 목적 및 대상 | | | 검토 및 수정 | | |
|---|---|---|---|---|---|---|---|---|---|---|---|
| | | | 사례수 | 평균 | 표준편차 | 사례수 | 평균 | 표준편차 | 사례수 | 평균 | 표준편차 |
| 초6 | 사전 검사 | 실험 | 28 | 3.65 | .41 | 28 | 3.52 | .39 | 28 | 3.59 | .50 |
| | | 통제 | 26 | 3.82 | .50 | 26 | 3.67 | .50 | 26 | 3.68 | .70 |
| | 직후 검사 | 실험 | 27 | 3.81 | .31 | 27 | 3.59 | .27 | 27 | 3.72 | .39 |
| | | 통제 | 29 | 3.59 | .66 | 29 | 3.56 | .45 | 29 | 3.51 | .66 |
| 중3 | 사전 검사 | 실험 | 38 | 3.53 | .42 | 38 | 3.50 | .33 | 38 | 3.54 | .51 |
| | | 통제 | 37 | 3.44 | .52 | 37 | 3.28 | .47 | 37 | 3.44 | .57 |
| | 직후 검사 | 실험 | 37 | 3.68 | .31 | 37 | 3.57 | .47 | 37 | 3.62 | .38 |
| | | 통제 | 19 | 3.58 | .34 | 19 | 3.42 | .33 | 19 | 3.64 | .27 |
| 고2 | 사전 검사 | 실험 | 28 | 3.61 | .36 | 28 | 3.52 | .26 | 28 | 3.52 | .42 |
| | | 통제 | 24 | 3.60 | .40 | 24 | 3.39 | .37 | 24 | 3.57 | .36 |
| | 직후 검사 | 실험 | 28 | 3.82 | .20 | 28 | 3.62 | .25 | 28 | 3.81 | 321 |
| | | 통제 | 24 | 3.68 | .21 | 24 | 3.44 | .33 | 24 | 3.61 | .32 |

[표 4-62]를 통해 학교급별 학생들의 상위 인지 하위 요인에 대한 수준을 살펴볼 수 있다.

자기 평가 전략을 활용한 수정하기가 학생들의 상위 인지 하위 요인인 구조 및 절차와 관련한 수준 향상에 학년별 그리고 집단 유형별로 영향을 미쳤는지 살펴보기 위하여 이원변량분석을 실시하였으며 그 결과 [표 4-63]과 같다.

[표 4-63] 구조 및 절차에 대한 학년과 집단 유형별 변량분석

| 변량원 | 제곱합 | 자유도 | 평균제곱 | F | 유의확률 |
|---|---|---|---|---|---|
| 학년 | .376 | 2 | .188 | 1.289 | .278 |
| 집단 유형 | .924 | 1 | .924 | 6.336 | .013 |
| 학년×집단 유형 | .093 | 2 | .047 | .320 | .727 |
| 오차 | 23.041 | 158 | .146 | | |
| 합계 | 2274.467 | 164 | | | |

[표 4-63]에 따르면, 구조 및 절차 요인에 대한 집단 유형별 차이 검증에서 집단에 따라 구조 및 절차 요인에 대한 점수의 차이는 유의한 것으로 나타났으나(F=6.590, p<.05), 학년에 따른 차이 검증에서는 유의하지 않은 것으로 나타났다(F=6.336, p>.05). 학년과 집단 유형별 상호작용에 따라서도 유의한 차이는 나타나지 않았다(F=.320, p>.05). 이를 통해 자기 평가 전략을 활용한 수정하기가 실험 집단의 구조 및 절차 요인에 대한 상위 인지 수준 향상에 긍정적인 영향을 미쳤음을 알 수 있다.

위의 결과로 미루어보아, 통제 집단과 실험 집단의 구조 및 절차 요인의 평균 점수가 직후 검사에서 실험 집단의 평균 점수가 더 높게 나타나고 있음을 알 수 있다. 초등학교는 사전 검사에서 통제 집단의 점수가 실험 집단의 점수보다 더 높게 나타났으나 직후 검사에서는 그와 반대의 결과를 보여주고 있다. 즉 실험 처치 후 실험 집단의 점수가 통제 집단의 점수보다 더 높게 나타나 실험의 효과를 추정해 볼 수 있다. 중학

교 3학년은 실험 집단과 통제 집단의 점수 차이가 사전 검사 때보다 직후 검사 때 더 크게 나타나며, 고등학교 2학년은 그 차이에 대해 유의미한 실험 효과를 확인할 수 있다. 고등학생은 논설문에 대한 텍스트 유형적 특성을 잘 알고 자기의 글에 내용을 첨삭하는 등 실험 처치 후 다른 학년에 비해 구조 및 절차에 관한 상위 인지 수준이 향상된 것으로 보인다.

자기 평가를 활용한 수정하기가 학생들의 상위 인지 하위 요인인 목적 및 대상과 관련한 수준 향상에 학년별 그리고 집단 유형별로 영향을 미쳤는지 살펴보기 위하여 이원변량분석을 실시하였으며 그 결과 [표 4-64]와 같다.

[표 4-64] 목적 및 대상에 대한 학년과 집단 유형별 변량분석

| 변량원 | 제곱합 | 자유도 | 평균제곱 | F | 유의확률 |
|---|---|---|---|---|---|
| 학년 | .176 | 2 | .088 | .620 | .539 |
| 집단 유형 | .583 | 1 | .583 | 4.102 | .045 |
| 학년×집단 유형 | .158 | 2 | .079 | .554 | .576 |
| 오차 | 22.452 | 158 | .142 | | |
| 합계 | 2088.653 | 163 | | | |

[표 4-64]에 따르면, 목적 및 대상 요인에 대한 집단 유형별 차이 검증에서 집단에 따라 목적 및 대상에 대한 점수의 차이는 유의한 것으로 나타났으나($F=4.102$, $p<.05$), 학년에 따른 차이 검증에서는 유의하지 않은 것으로 나타났다($F=.620$, $p>.05$). 학년과 집단 유형별 상호작용에 따라서도 유의한 차이는 나타나지 않았다($F=.554$, $p>.05$). 이를 통해 자기 평가 전략을 활용한 수정하기가 실험 집단의 목적 및 대상 요인에 대한 상위 인지 수준 향상에 긍정적인 영향을 미쳤음을 알 수 있다.

이러한 결과로 미루어 볼 때, 통제 집단과 실험 집단의 목적 및 대상 요인의 평균 점수가 직후 검사에서 실험 집단의 평균 점수가 더 높게 나타나고 있음을 알 수 있다. 초등학교는 사전 검사에서 통제 집단의 점수가 실험 집단의 점수보다 더 높게 나타났으나 직후 검사에서는 그와 반대의 결과를 보여주고 있다. 즉 실험 처치 후 실험 집단의 점수가 통제 집단의 점수보다 더 높게 나타나 실험의 효과를 추정해 볼 수 있다. 중학교 3학년과 고등학교 2학년은 실험 집단과 통제 집단의 점수 차이가 사전 검사 때보다 직후 검사 때 더 크게 나타나 실험 처치의 효과로 목적 및 대상 요인에 관한 상위 인지 수준이 향상된 것으로 보인다. 자기 평가를 활용한 수정하기가 필자에게 자신의 글의 목적이 무엇인지, 그리고 이 글을 읽을 예상 독자에 대한 인식을 지속적으로 할 수 있도록 유도함으로써 상위 인지 수준이 향상된 것으로 보인다.

자기 평가를 활용한 수정하기가 학생들의 상위 인지 하위 요인인 검토 및 수정과 관련한 수준 향상에 학년별 그리고 집단 유형별로 영향을 미쳤는지 살펴보기 위하여 이원변량분석을 실시하였으며 그 결과 [표 4-65]와 같다.

[표 4-65] 검토 및 수정에 대한 학년과 집단 유형별 변량분석

| 변량원 | 제곱합 | 자유도 | 평균제곱 | F | 유의확률 |
|---|---|---|---|---|---|
| 학년 | .248 | 2 | .124 | .729 | .484 |
| 집단 유형 | .660 | 1 | .660 | 3.886 | .050 |
| 학년×집단 유형 | .416 | 2 | .208 | 1.225 | .297 |
| 오차 | 26.845 | 158 | | | |
| 합계 | 2220.265 | 164 | | | |

[표 4-65]에 따르면, 목적 및 대상 요인에 대한 집단 유형별 차이 검

증에서 집단에 따라 목적 및 대상에 대한 점수의 차이는 유의한 것으로 나타났으나($F=3.886$, $p<.05$), 학년에 따른 차이 검증에서는 유의하지 않은 것으로 나타났다($F=.729$, $p>.05$). 학년과 집단 유형별 상호작용에 따라서도 유의한 차이는 나타나지 않았다($F=1.225$, $p>.05$). 이를 통해 자기 평가 전략을 활용한 수정하기가 실험 집단의 검토 및 수정 요인에 대한 상위 인지 수준 향상에 긍정적인 영향을 미쳤음을 알 수 있다.

이러한 결과로 미루어 볼 때, 통제 집단과 실험 집단의 검토 및 수정 요인의 평균 점수가 직후 검사에서 중학교 3학년을 제외한 실험 집단의 평균 점수가 더 높게 나타나고 있음을 알 수 있다. 초등학교 6학년과 고등학교 2학년은 사전 검사에서 통제 집단의 점수가 실험 집단의 점수보다 더 높게 나타났으나 직후 검사에서는 그와 반대의 결과를 보여주고 있다. 즉 실험 처치 후 실험 집단의 점수가 통제 집단의 점수보다 더 높게 나타나 실험의 효과를 추정해 볼 수 있다. 중학교 3학년은 실험 집단이 통제 집단보다 점수가 더 높았으나 직후 검사에서는 역전 현상이 일어났다. 그러나 실험 집단과 통제 집단의 점수 차이는 크지 않으며, 실험 집단은 사전 검사에 비해 점수가 더 높아져 실험의 효과를 추정할 수 있다. 이를 통해 볼 때 자기 평가 전략을 활용한 수정하기는 초등학생과 고등학생에게 검토 및 수정에 관한 상위 인지 수준 향상에 강하게 영향을 미치는 반면에 중학생에게는 그 영향의 수준이 미미하다고 볼 수 있다.

### (2) 쓰기 효능감의 변화

#### ① 학년별 쓰기 효능감 변화

수정하기 지도에 따른 쓰기 효능감의 변화를 살펴보기 위하여 쓰기 효능감에 대한 사전 검사를 실시하였으며, 학년별 실험 집단과 통제 집단의 평균 점수를 비교하였다. 두 집단의 평균 점수에 대해서는 독립표본 t검증을 사용하여 집단동질성 검증을 하였다. 그 결과는 [표 4-66]과 같다.

[표 4-66] 쓰기 효능감에 대한 실험반과 통제반의 집단 동질성 검증

| 학년 | 집단 | 사례수 | 평균 | 표준편차 | 자유도 | t | 유의확률 |
|---|---|---|---|---|---|---|---|
| 초6 | 실험 | 28 | 3.97 | .92 | 52 | -1.209 | .232 |
| | 통제 | 26 | 4.29 | 1.03 | | | |
| 중3 | 실험 | 38 | 3.87 | .59 | 73 | .276 | .783 |
| | 통제 | 37 | 3.83 | .77 | | | |
| 고2 | 실험 | 28 | 4.13 | .62 | 50 | 1.229 | .225 |
| | 통제 | 24 | 3.92 | .60 | | | |

[표 4-66]에 따라 쓰기 효능감 사전 검사에서 각 학년별 실험 집단과 통제 집단은 Levene의 등분산 검증 결과, 유의확률이 초등학교 6학년은 .652, 중학교 3학년은 .204, 고등학교 2학년은 .784로 등분산 가정에 문제가 없다. 따라서 등분산 가정 하에 독립표본 t검증을 실시하였다. 그 결과 집단 간 쓰기 효능감 차이에서 초등학교 6학년은 t값이 -1.209, 유의확률은 .232, 중학교 3학년은 t값이 .276, 유의확률은 .783, 고등학교 2학년은 t값이 1.229, 유의확률은 .225로 통계적으로 유의한 차이가 발견되지 않았다. 각 학년별 실험 집단과 통제 집단의 쓰기 효능감의 평균 점수는 통계적으로 유의한 차이가 있다고 볼 수 없으므로 두 집단은 동질 집단임을 가정할 수 있다.

[표 4-66]에 나타나 있듯이 쓰기 효능감 전체 점수는 고등학교가 가장 높고, 중학교에서 가장 낮다. 초등학교는 중학교와 비슷한 수준을 유지하고 있다. 이는 우리나라 학생들의 학교급별 쓰기 효능감 발달을 연

구한 박영민 · 최숙기(2009)의 연구에서 초등학교와 중학교의 쓰기 효능감 차이는 미미하다는 연구의 결과와 일치하나, 고등학교에서 가장 낮은 쓰기 효능감을 보인다는 결과와는 다른 양상을 보이고 있다. 이는 고등학교 2학년 학생들이 대학 입시 혹은 논술로 인한 쓰기의 필요성을 강하게 느끼게 되고 이와 함께 쓰기 효능감이 상승한 것으로 해석된다.

다음은 자기 평가를 활용한 수정하기가 직후 검사에서 쓰기 효능감에 영향을 미쳤는지 알아보기 위해 독립표본 t검증을 실시하였다. 그 결과는 [표 4-67]과 같다.

[표 4-67] 자기 평가를 활용한 수정하기 지도에 따른 쓰기 효능감의 차이

| 학년 | 검사종류 | 집단 | 사례수 | 평균 | 표준편차 | 자유도 | t | 유의확률 |
|---|---|---|---|---|---|---|---|---|
| 초6 | 직후 검사 | 실험 | 27 | 4.29 | .72 | 54 | .655 | .515 |
| | | 통제 | 29 | 4.14 | .93 | | | |
| 중3 | 직후 검사 | 실험 | 37 | 4.21 | .70 | 54 | 2.411 | .019 |
| | | 통제 | 19 | 3.75 | .64 | | | |
| 고2 | 직후 검사 | 실험 | 28 | 4.40 | .61 | 50 | 2.350 | .023 |
| | | 통제 | 24 | 4.00 | .63 | | | |

[표 4-67]에 따라 직후 검사에서 각 학년별 실험 집단과 통제 집단은 Levene의 등분산 검증 결과, 유의확률이 초등학교 6학년은 .298, 중학교 3학년은 .429, 고등학교 2학년은 .935로 등분산 가정에 문제가 없다. 따라서 등분산 가정 하에 독립표본 t검증을 실시하였다. 그 결과 초등학교 6학년은 집단 간 쓰기 효능감 차이에서 t값이 .655, 유의확률은 .515로 통계적으로 유의한 차이가 발견되지 않았다. 그러나 집단 간 쓰기 효능감 차이에서 중학교 3학년은 t값이 2.411, 유의확률은 .019, 고등학교 2학년은 t값이 2.350, 유의확률은 .023으로 통계적으로 유의한 차이가 발

견되었다. 이는 자기 평가 전략을 활용한 수정하기가 중학교 3학년과 고등학교 2학년 실험반 학생들의 쓰기 효능감 향상에 유의미한 영향을 미쳤음을 알 수 있다.

이러한 결과를 바탕으로 전체 학년별 및 집단 유형별 쓰기 효능감의 차이를 살펴보기 위해 이원변량분석을 [표 4-68]과 같이 실시하였다.

[표 4-68] 전체 학년별 및 집단 유형별 쓰기 효능감에 대한 변량 분석

| 변량원 | 제곱합 | 자유도 | 평균제곱 | F | 유의확률 |
|---|---|---|---|---|---|
| 집단 유형 | 4.563 | 1 | 4.563 | 8.672 | .004 |
| 학년 | 1.750 | 2 | .875 | 1.663 | .193 |
| 집단 유형×학년 | .774 | 2 | .387 | .735 | .481 |
| 오차 | 83.133 | 158 | | | |
| 합계 | 2932.830 | 164 | | | |

[표 4-68]에 따르면, 쓰기 효능감에 대한 집단 유형별 차이 검증에서 집단에 따라 쓰기 효능감 수준의 차이는 유의한 것으로 나타났다 ($F=8.672$, $p<.05$). 그러나 쓰기 효능감에 대한 학년별 차이 검증을 실시한 결과, 학년에 따라 쓰기 효능감 수준의 차이는 유의하지 않은 것으로 나타났다($F=1.663$, $p>.05$). 집단 유형과 학년별 상호작용은 상위 인지 수준에 유의한 영향을 미치지 못했다($F=.735$, $p>.05$).

이러한 결과로 미루어 볼 때, 학교급별로 실험 집단이 통제 집단보다 쓰기 효능감이 높게 나타나 있음을 알 수 있다. 특히 중학교와 고등학교는 그 차이가 크며, 이는 유의미한 효과를 가진다. 중학생과 고등학생들은 자신의 글을 스스로 점검하고 평가하여 수정함으로써 자신이 쓴 글을 개선시키고 더 나아진 글을 통해 잘 할 수 있다는 자신감을 가지게 되었고, 이러한 현상이 쓰기 효능감의 상승으로 이어진 것으로 보인다.

반면에 초등학생은 자기 평가를 어렵고 도전적인 과제로 여겨 인지적 부담을 크게 느낀 것으로 보인다. 이는 초등학생들과 다른 학년 학생들의 쓰기 능력 및 쓰기 하위 능력의 변화에서 초등학생들이 실험 효과의 발생 시기가 다른 학년에 비해 매우 늦다는 것에서 유추해 볼 수 있다.

### ② 쓰기 효능감의 하위 요인별 변화

학년별 및 집단 유형별로 쓰기 효능감의 하위 요인의 차이를 살펴보기 위하여 [표 4-69]와 같이 기술통계를 제시하였다.

[표 4-69] 쓰기 효능감의 하위 요인에 대한 기술통계

| 학년 | 검사종류 | 집단 | 문법 기능 효능감 | | | 표현 기능 효능감 | | |
|---|---|---|---|---|---|---|---|---|
| | | | 사례수 | 평균 | 표준편차 | 사례수 | 평균 | 표준편차 |
| 초6 | 사전 검사 | 실험 | 28 | 4.07 | .93 | 28 | 3.87 | .97 |
| | | 통제 | 26 | 4.42 | 1.10 | 26 | 4.16 | 1.06 |
| | 직후 검사 | 실험 | 27 | 4.16 | .96 | 27 | 4.42 | .69 |
| | | 통제 | 29 | 4.11 | .95 | 29 | 4.17 | 1.00 |
| 중3 | 사전 검사 | 실험 | 38 | 3.89 | .67 | 38 | 3.86 | .63 |
| | | 통제 | 37 | 3.90 | .86 | 37 | 3.76 | .79 |
| | 직후 검사 | 실험 | 37 | 4.26 | .75 | 37 | 4.17 | .79 |
| | | 통제 | 19 | 3.74 | .64 | 19 | 3.75 | .75 |
| 고2 | 사전 검사 | 실험 | 28 | 4.17 | .69 | 28 | 4.10 | .72 |
| | | 통제 | 24 | 3.80 | .76 | 24 | 4.05 | .70 |
| | 직후 검사 | 실험 | 28 | 4.47 | .72 | 28 | 4.33 | .70 |
| | | 통제 | 24 | 3.86 | .82 | 24 | 4.13 | .65 |

[표 4-69]를 통해 학교급별 학생들의 쓰기 효능감의 하위 요인에 대한 수준을 살펴볼 수 있다.

자기 평가 전략을 활용한 수정하기가 학생들의 쓰기 효능감의 하위

요인 중 문법 기능 효능감의 향상에 학년별 그리고 집단 유형별로 영향을 미치는지 살펴보기 위하여 이원변량분석을 실시하였으며 그 결과 [표 4-70]과 같다.

[표 4-70] 문법 기능 효능감에 대한 학년과 집단 유형별 변량분석

| 변량원 | 제곱합 | 자유도 | 평균제곱 | F | 유의확률 |
|---|---|---|---|---|---|
| 학년 | .795 | 2 | .397 | .582 | .560 |
| 집단 유형 | 6.042 | 1 | 6.042 | 8.856 | .003 |
| 학년×집단 유형 | 2.495 | 2 | 1.247 | 1.828 | .164 |
| 오차 | 107.797 | 158 | | | |
| 합계 | 2927.560 | 164 | | | |

[표 4-70]에 따르면, 문법 기능 효능감에 대한 집단 유형별 차이 검증에서 집단에 따라 문법 기능 효능감에 대한 점수의 차이는 유의한 것으로 나타났으나(F=8.856, p<.05), 학년에 따른 차이 검증에서는 유의하지 않은 것으로 나타났다(F=.582, p>.05). 학년과 집단 유형별 상호작용에 따라서도 유의한 차이는 나타나지 않았다(F=1.828, p>.05). 이를 통해 자기 평가 전략을 활용한 수정하기가 실험 집단의 문법 기능 효능감 향상에 영향을 미쳤음을 알 수 있다.

이러한 결과로 미루어 볼 때, 직후 검사에서 문법 기능 효능감에 대한 실험 집단의 점수가 통제 집단의 점수보다 높다는 것을 알 수 있다. 초등학생은 사전 검사에서는 통제 집단이 실험 집단보다 쓰기 효능감의 점수가 높았다. 그러나 직후 검사에서는 유의미한 차이는 나지 않았지만 실험 집단의 점수가 통제 집단의 점수보다 더 높게 나타났다. 그러나 다른 학년과 비교해 볼 때, 문법 요소에 대한 학습이 아직 숙달되지 않아 문법 기능 효능감에 대한 향상이 낮게 나타난 것으로 보인다. 그에

비해 중학교와 고등학교는 실험 집단과 통제 집단과의 점수 차이가 유의미한 것으로 나타나, 자기 평가를 활용한 수정하기가 문법 기능 효능감 향상에 긍정적인 영향을 미쳤음을 알 수 있다.

자기 평가 전략을 활용한 수정하기가 학생들의 쓰기 효능감의 하위 요인 중 표현 기능 효능감의 향상에 학년별 그리고 집단 유형별로 영향을 미치는지 살펴보기 위하여 이원변량분석을 실시하였으며, 그 결과 [표 4-71]과 같다.

[표 4-71] 표현 기능에 대한 학년과 집단 유형별 변량분석

| 변량원 | 제곱합 | 자유도 | 평균제곱 | F | 유의확률 |
|---|---|---|---|---|---|
| 학년 | 3.223 | 2 | 1.611 | 2.618 | .076 |
| 집단 유형 | 3.291 | 1 | 3.291 | 5.347 | .022 |
| 학년×집단 유형 | .318 | 2 | .159 | .258 | .773 |
| 오차 | 97.242 | 158 | | | |
| 합계 | 2979.120 | 164 | | | |

[표 4-71]에 따르면, 표현 기능 효능감에 대한 집단 유형별 차이 검증에서 집단에 따라 표현 기능 효능감에 대한 점수의 차이는 유의한 것으로 나타났으나($F=5.347$, $p<.05$), 학년에 따른 차이 검증에서는 유의하지 않은 것으로 나타났다($F=2.618$, $p>.05$). 학년과 집단 유형별 상호작용에 따라서도 유의한 차이는 나타나지 않았다($F=.258$, $p>.05$). 이를 통해 자기 평가 전략을 활용한 수정하기가 실험 집단의 표현 기능 효능감 향상에 영향을 미쳤음을 알 수 있다.

이러한 결과로 미루어 볼 때, 직후 검사에서 표현 기능 효능감에 대한 실험 집단의 점수가 통제 집단의 점수보다 높다는 것을 알 수 있다. 초등학생은 사전 검사에서는 통제 집단이 실험 집단보다 쓰기 효능감의

점수가 높았다. 그러나 직후 검사에서는 유의미한 차이는 나지 않았지만 실험 집단의 점수가 통제 집단의 점수보다 더 높게 나타났다. 그리고 다른 학년과 비교해 볼 때, 문법 기능 효능감과 달리 표현 기능 효능감에 가장 높은 점수를 보이고 있다. 이는 초등학생들이 문법 요소와 관련하여 힘들고 어려운 과제로 인식했다면, 그에 반해 표현 기능, 즉 통일성 있게 내용을 선정하거나 글을 조직하는 기능에서는 자기 평가를 통해 강한 자신감을 가지게 된 것으로 보인다.

중학교와 고등학교는 실험 집단과 통제 집단과의 점수 차이가 유의미한 것으로 나타나, 자기 평가 전략을 활용한 수정하기가 표현 기능 효능감 향상에 긍정적인 영향을 미쳤음을 알 수 있다.

## 3. 학생들의 쓰기 결과물 분석

이 절에서는 실제 학생들의 쓰기 산출물을 토대로 자기 평가를 활용한 수정하기의 양상을 살펴보고자 한다. 이를 위해 사전 검사 결과를 기준으로 상, 중, 하(30%, 40%, 30%) 세 집단으로 나누고, 각 집단에 해당하는 학생들 중 자기 평가가 쓰기 능력의 향상을 가져온 학생 한 명을 선별하여 회기에 따른 초고와 완성글을 비교 분석해 본다. 그리고 학생들의 글을 비교 분석하기 위해 6가지 쓰기 특성에 따른 자기 평가 내용이 완성글에 어떻게 반영되었는지 살펴보고자 한다. 학생들의 쓰기 능력 수준에 따라 1회기부터 5회기까지 수정하기에 따른 글의 변화를 살펴보기 위해 학생이 회기별로 쓴 초고와 완성글을 제시한다. 그리고 학생들이 자신의 초고에 대하여 어떻게 평가하였는지 자기 평가 내용을 제시하여 완성글에 반영된 변화를 살펴본다.

## (1) 초등학교

### ① 상수준

상수준에 해당하는 초등학생의 쓰기 능력 점수는 회기가 거듭됨에 따라 점점 향상되는 모습을 보였다. 다음은 1회기부터 5회기까지의 초고, 초고에 대한 자기 평가의 내용, 완성글을 순서대로 제시한 것이다.

**글번호 : 215011[6](1회기)**

**초고**

교내에서 휴대폰을 소지하는 것은 반대한다. 교내에 서휴대폰 소지하는 것에 반대하는이유는 3가지가 있다.

첫째, 교내에서 휴대폰을 소지를 하면 수업시간에 방해가 된다. 왜냐하면 휴대폰을 수업시간에 켜고있으면 문자나 전화가오면 신경이쓰여서 공부를 못하거나 그소리에 아이들의 관심이쏠려서 수업시간을 방해시킨다.

두번째 건강에 그리좋지않다. 휴대폰을 가지고있으면 전자파가 나와 머리에가면 뇌가 손상되고, 기억력도 그리좋아지지않는다.

세번째, 요금이 많이나온다. 휴대폰을 소지하고 있는 사람들은 거의 많이사용하는사람이 대부분이다 교내에서까지 휴대폰을 사용하면 요금을 많이내야한다. 그리고 빼떠리를 충전할때도 전기세가 나온다.

- **내용** : 관점이 드러나 있다. 근거가 맞지 않다.
- **조직** : 주제가 잘 드러나 있지만 논리적이고 효과적이지 않다.
- **목소리(어조)** : 예상독자에 대한 인식이 뚜렷하지 않다.
- **낱말선택** : 낱말이 정확하지 않다.
- **문장유창성** : 문장의 흐름이 자연스럽지 않다
- **관습** : 문장 부호 맞춤법 등이 맞지 않다.

---

6) 학생 분류 코드 : 첫째 자리는 성별(1 : 남자, 2 : 여자), 둘째 자리는 학교급(1 : 초등학교, 2 : 중학교, 3 : 고등학교), 셋째 자리와 넷째 자리는 학생의 출석번호, 다섯째 자리는 집단 유형(1 : 실험집단, 2 : 통제집단), 여섯째 자리는 회기(1 : 1회기, 2 : 2회기, 3 : 3회기, 4 : 4회기, 5 : 5회기)를 나타낸다.

**완성글**

요즘은 옛날보다 많이 발전하여 대부분 어린아이들은 휴대폰을 가지고 있다. 하지만 교내에서 휴대폰을 소지하는 것에는 반대합니다.

제가 반대하는 이유는 3가지가 있습니다.

첫째, 교내 수업시간에 휴대폰을 끄지않고 소지하고 있으면 수업시간에 방해가 됩니다. 왜냐하면 휴대폰을 끄지않고있으면 문자나 전화가 오면 신경이 쓰여 집중을 하지못합니다. 매너모드를 하고있지않았더라면 그소리에 아이들의관심이 다쏠려서 수업시간에 방해가 된다.

두번째, 건강에 좋지않습니다. 휴대폰이 크거나 작거나 가지고있으면 전자파가 많이나와서 건강에, 머리에 좋지않습니다. 두뇌가 손상 되고 기억력이 좋아지지 않습니다.

세번째, 요금이 많이 나옵니다. 휴대폰을 소지하고 있는 사람들은 대부분 많이 사용합니다. 교내에서까지 휴대폰을 사용하면 요금이 조금이라도 더 나옵니다. 그리고 빼떠리 충전을 할때에도 전기세가 나옵니다.

저는 휴대폰을 꼭 가져와야한다면 꼭 전원을 꺼놓고 신경쓰지 않고, 실외에서 적당히 사용한다면 휴대폰을 안전하고 편리하게 쓸수있을것입니다.

---

위 학생의 초고와 완성글을 비교해 보면, 전반적으로 초고에 비해 완성글의 내용이 풍부해지면서 글의 의미가 더욱 명확하게 드러났음을 알 수 있다. 자기 평가에서는 '교내 휴대폰 소지 반대'라는 주장의 근거가 알맞지 않다고 하였으나 완성글에서는 근거에 대한 세부 내용을 보충하는 방향으로 수정이 이루어졌다. 실제로 주장의 근거에 대한 세부 내용이 초고에는 간략하게 제시되었기 때문에 이에 대한 보충이 이루어짐으로써 글의 내용이 보다 분명해졌다. 이는 학생이 글을 수정해 나갈 때 자기 평가의 내용을 그대로 수용하기만 하는 것이 아니라 한 번 더 자기 평가 내용과 자신의 초고를 확인하면서 수정활동이 이루어지고 있음

을 유추해 볼 수 있다.

초고에는 서론의 내용이 간략하게 제시되어 있고, 본론으로 끝을 맺어 결론의 내용이 없다. 자신의 초고가 논리적이지 않고 효과적이지 않다고 판단한 학생은 서론의 내용을 보충하고 결론의 내용을 첨가하면서 전체적인 글의 구조가 명확하게 드러나도록 수정을 하였다. 이는 자기 평가 과정에서 논리성과 효과성의 문제를 전체 글의 구조와 연결짓고 이 문제를 수정하여 완성글 쓰기에 반영하였다. 그러나 완성글의 서론에서는 문제 제기를, 결론에서는 대안 제시를 하고 있으나 서론에서는 문제에 대한 명확한 확인, 결론에서는 본론 내용에 대한 요약 및 정리 부분이 좀더 추가 되어야 할 것이다.

완성글에서는 종결어미가 '~ㅂ니다'의 경어체를 사용하고 있는데 이는 예상독자에 대한 인식의 표현이 직접적으로 드러난 부분이라 할 수 있다. 그러나 '반대합니다', '방해된다' 등 존대를 나타내는 표현과 그렇지 않은 표현이 함께 쓰여 독자에 대한 인식이 명확하지 않음을 알 수 있다.

초고에 비해 완성글에서는 문장이 좀 더 매끄러워졌음을 알 수 있다. '휴대폰을 소지를 하면'을 '휴대폰을 끄지 않고 소지하면'으로 수정하여 문장이 자연스러워졌고 의미가 구체적으로 분명해졌다.

자신의 글을 평가하면서 띄어쓰기나 맞춤법이 잘못된 부분을 수정한 흔적이 보이나 여전히 완성글에서는 잘못된 부분이 많아 이에 대한 주의가 좀 더 필요하다 하겠다.

■ 글번호 : 215012(2회기)

**초고**

인터넷에서 게임을 하거나, 채팅을 할 때에 짧고 잘알수 없는말을 사용하는 경우가 있습니다. 이언어는 바로 통신어 입니다. 통신어는 많은 사람들이 쓰다보니 이제는 없으면 어색해질 말까지 된 것같습니다. 통신어는 우리말을 훼손하는것같지만 저는 통신어 사용에 찬성합니다. 통신어의 좋은점은많지만,. 저는 몇 가지만 들려드리겠습니다.

첫째, 통신어는 사용할수록 편리합니다. 우리말 안녕하세요 감사합니다. 등을 길게쓸필요없이 짧게 쓰면 모두들 거의 알아듣고 짧게 쓸수있어 시간도 절약됩니다. 통신어속에도 뜻이있어 편리하다고 생각합니다.

둘째, 빨리 퍼지게 됩니다. 통신어 ㅎㅇ, ㄱㅅ, ㅂ2 등은 누가만들었는지도 모르는데 많은 사람들이 많이 씁니다.

통신어는 벌써 우리들에게 필요하고 없으면 어색할것입니다. 그래서 일부로 못쓰게 할필요없을것같습니다. 없으면 사람들도 힘들어 할것입니다.

- **내용** : 글의 내용이 명백하지 않다.
- **조직** : 중심 생각이 잘 드러나 있다. 도입이 다음 내용을 암시하지 못한다.
- **목소리(어조)** : 예상독자에 대한 인식이 뚜렷하지 않다.
- **낱말선택** : 정확한 낱말이 아니다.
- **문장유창성** : 문장의 흐름이 자연스럽다. 문장의 의미 파악이 어렵다.
- **관습** : 문장부호 맞춤법 등이 맞지 않다.

**완성글**

인터넷상에서 통신어 사용의 모습은 참 익숙합니다. 그래서 안녕하세요보단 짧게 ㅎㅇ, 하이, 방가 등을 많이 사용합니다. 통신어는 우리말을 훼손하는 것이지만 저는 통신어 사용에 대해 찬성합니다. 제가 찬성하는 이유는 2가지가 있습니다.

첫째, 통신어를 사용하면 편리합니다. 왜냐하면 안녕하세요, 감사합니다, 수고하셨습니다. 등은 길고 쓰기가 귀찮은데 ㅎㅇ, ㄱㅅ 이렇게 짧게 쓰면 편리합니다. 그리고 사람들이 자기들끼리 뜻을 만들고 사용하기 때문에 그 통신어에 뜻이 있기는 있습니다. 그래서 짧으면서 그통신어속에 뜻이 있기 때문에 편리하다고 생각합니다.

둘째, 빨리 퍼져 알기 쉽습니다. 통신어 ㅎㅇ, ㄱㅅ, ㅂ2등 그런 통신어는 누가 만들었는지도 모릅니다. 하지만 요즘은 누구나 거의 이말을 알고 있습니다. 그래서 누가한번 만들어 쓰면 빨리빨리 인터넷상에서 퍼져 모두가 알게됩니다.

통신어라고 해서 모두 나쁜것은 아닙니다. 만약 우리말이 훼손된다면 한글만드는 곳에서 통신어 같이 짧고 뜻이 담겨있는 말을 만든다면 모두들 그말을 많이 쓸것입니다. 그래서 통신어에 부정적인 면만 보지말고 긍정적인 면도 보았으면 합니다.

---

위 학생의 초고와 완성글을 비교해 보면, 비교적 글의 길이가 길어졌고 구체적인 설명으로 내용이 늘어났다. 내용면에서 '통신어 사용 찬성'이라는 주장의 근거에 대한 세부 내용이 완성글에 첨가되었다. 이러한 수정은 위 학생이 1회기에서 보여줬던 수정의 양상과 비슷하다. 그리고 글의 내용이 명백하지 않다는 자기 평가의 내용을 수정에 반영한 결과이기도 하다. 다른 학생의 초고에서도 위 학생과 마찬가지로 쓰기 주제에 대해 머릿속에서 생각나는 대로 내용을 나열하기 때문에 하나의 근거에 대한 세부 설명이 부족한 경우가 많다. 그러나 위에 제시된 완성글을 통해 학생이 이러한 자신의 글에서 부족한 부분을 잘 파악하고 수정하였음을 알 수 있다.

1회기 초고에서는 볼 수 없었던 결론 부분이 2회기 초고에서는 제시되어 있다. 이는 학생이 1회기 완성글을 쓰면서 글의 조직에서 결론 부분에 대한 인식을 하게 되었음을 알 수 있다. 그리고 1회기 초고에서 간략하게 제시되었던 서론 부분이 2회기 초고에서는 문제에 대한 개념 정의를 첨가하면서 서론의 역할에 대한 인식이 조금씩 나타나기 시작했다.

그러나 자기 평가에 나타나 있듯이 서론에 대한 문제점을 파악하였고 이는 곧 수정에 반영하였다. 즉, 초고에서는 서론 첫부분부터 용어에 대한 개념을 제시하였지만 완성글에서는 '인터넷 사용'에 대한 현상으로 수정하였다. 결론에서도 생략으로 인한 내용의 불명료성을 해소하기 위해 내용을 바꾸거나 첨가하는 수정이 이루어졌다.

필자가 글을 쓸 때 구체적인 예를 들거나 내용 설명을 덧붙이는 것은 필자가 독자를 인식하여 독자의 이해를 돕기 위한 수정 활동의 일환이라 할 수 있다. 위 학생은 자기 평가에서 예상 독자에 대한 인식이 미흡했음을 깨닫고 완성글에서 두 가지 근거에 대한 세부 설명을 덧붙이는 수정활동을 하였다. 초고에 자주 드러났던 '~것 같다'라는 추측의 표현이 완성글에서는 사라지고 확신의 어조로 바뀌면서 주장하는 글의 목적이 명확하게 드러났다.

초고에 '몇 가지만'으로 표현된 것을 완성글에서는 '2가지가'로 수정하여 명확하게 나타내려 하였다. 생략된 문장 성분이 많아 문장의 의미 파악이 어려운 초고를 수정하여 문장의 의미 파악을 명료하게 하려고 노력한 흔적이 보인다. 맞춤법, 문장 부호에 대한 자기 평가의 내용이 있었으나 띄어쓰기에 대한 주의가 여전히 부족하며 간접인용에 대한 문장 부호 사용에 대한 인식이 부족하다. 초등학생은 다른 학년에 비해 쓰기 경험이 적기 때문에 수정하기에 대한 인지적 부담을 크게 느낄 수 있고, 내용이나 조직 등에 치중하다 보니 형식적 측면에까지 인지적인 노력을 기울이기 어려웠을 것으로 판단된다.

## 글번호 : 215013(3회기)

**초고**

저번달까지만 해도 뉴스에 주 5일 수업제로 뉴스가 떠들썩하였다. 우리들도 주 5일제 수업에 대해 이야기를 한적이 있다. 그런데 주 5일수업제를 만약에 한다고하면 평소에 수업을 더 많이하거나 방학이 줄어든다고 한다. 나는 토요일등교에 반대한다.

첫째, 토요일에 학교에 나오지 않으면 가족이나 친구랑 시간을 더 오래 보낼수 있다. 토요일에 학교를 나오지 않으면 일요일은 당연히 쉬는날이고 토요일도 쉬게되기 때문에 친구나 가족이랑 보내는시간이 더 많아진다.

둘째, 추억을 더 많이만들수 있다. 수업이 토요일은 무조건 쉬게되면 그만큼 친구나 가족과 놀게되기때문에 추억을 더 많이 만들수있다.

셋째, 주말내내 쉬면서 평일에 쌓였던 스트레스나피로를 풀수있다. 평일에 스트레스나 피로가 많이싸이는데 주말에 친구들과 놀면서 풀수도 있다. 그래서 건강에도 더 좋을수도있다.

이러한이유 3가지로 나는 주 5일수업제에 반대한다.

- **내용** : 관점이 분명하지 않다.
- **조직** : 주제가 잘 드러나 있지만 결론의 내용이 정확하지 않다.
- **목소리(어조)** : 예상 독자에 대한 인식이뚜렷하다. 글을 쓴 목적이 뚜렷함.
- **낱말선택** : 구체적인 낱말을 사용하지 않았다.
- **문장유창성** : 문장의 의미가 파악하기 쉽지만 흐름이 자연스럽지 않다.
- **관습** : 맞춤법이 잘못되었다.

**완성글**

저번달 11월까지만 해도 뉴스에서 주 5일수업제로 찬성과반대의견이 많았었다. 우리반애들끼리도 그런얘기를 한적이 있다. 그런데 만약 주 5일수업제를 한다고해도 방학이줄거나, 평일에 수업시간이 늘어난다고 했다. 그래도 나는 토요일등교에 반대한다.

첫째, 토요일 학교에 나오지 않으면 가족이나 친구와 시간을 더 많이 보낼수 있다. 주 5일수업제로 토요일에 학교를 나오지 않으면 토요일과 일요일 2일이 모두 쉬는날이 되기 때문에 가족이나 친구랑 시간을 더 오래 보낼수 있다.

둘째, 추억을 더 많이 쌓을수 있다. 앞에 얘기했던것과 비슷한 얘기지만, 주 5일수업제를 하면 토,일 모두 쉬게됨으로 친구나 가족과 시간을 오래 보내면서 추억을 더 많이 쌓을수 있다.

셋째, 주말에 쉬면서 평일에 쌓였던 피로나스트레스를 풀수도 있다. 평일에 회사생활이나 학교생활로 피로나 스트레스가 쌓일수도 있는데, 주말에 쉬거나 놀면서 스트레스나 피로를 많이 없앨수 있다. 그래서 건강에 더 좋을수도 있다.

가족이나 친구와 시간을 더 많이 보내고 추억을 쌓고 스트레스를 풀수 있기 때문에 나는 토요일 등교에 반대하고 주 5일수업제를 하면좋겠다고 생각한다.

---

위 학생의 초고와 완성글을 비교해 보면, 전반적으로 글의 분량은 크게 차이가 나지 않으나 접속 부사어 사용을 통해 문장 간의 연결에 대한 긴밀성이 더욱 높아졌다. 위 글은 '주 5일 수업 찬성'의 관점에서 서술되고 있으나 초고의 마지막 부분에서는 이와 반대되는 주장('주 5일 수업제에 반대한다')을 하고 있어 전체적인 글의 통일성이 떨어진다. 이 글을 쓴 학생은 관점이 분명하지 않다는 사실을 발견하고 완성글에서는 이를 수정('주 5일 수업제를 하면 좋겠다')하여 글의 통일성을 높이고 있다. 또한 완성글은 주장을 뒷받침하는 세부 내용의 범위 선정 차원이 학교(학교생활)에서 사회(사회생활)로 확대되어 자기 중심의 글쓰기에서 조금씩 벗어나고 있음을 알 수 있다.

자기 평가에서 결론의 내용을 언급하고 있으며, 이에 따라 수정의 방향도 결론에 초점을 두었다. 결론에 본론의 내용을 정리 및 요약하는 내용을 담고 있고 자신의 주장을 한 번 더 강조하는 내용으로 수정이 이루어졌다. 이를 통해 초고에 비해 자신의 주장을 좀 더 명확히 드러내고 있다.

'우리반애들', '쌓을 수' 등 구체적이고 정확한 낱말을 선택하여 수정하였고 서론의 마지막 부분에 '그래도'라는 접속어를 사용하여 문장 간 연결을 매끄럽게 수정하였다. 그리고 틀린 글자의 수정과 잘못된 띄어쓰기의 수정이 초고에 비해 많이 개선되었다. 이는 3회기까지 초고를 쓰고 수정을 하면서 띄어쓰기에 대한 인식이 많이 향상되었음을 알 수 있다.

### 글번호 : 215014(4회기)

**초고**

학생들이 잘못을 하면 선생님께서 때리는 경우가 있다. 선생님들께서 학생을 때린다면 잘못을 고칠수도 있겠지만 나는 교사의 학생체벌에 반대한다. 반대하는이유는 2가지나 있다.

첫째, 선생님들께서 학생을 때린다면 학생과 교사에 관계가 멀어질수있다. 선생님께서는 학생을 때린다면 학생들은 맞지않기위해 잘할것이다. 하지만 학생들은 이러한 때리는 일로 선생님을 않좋게 생각할수도 있다. 그렇게 된다면, 학생과교사의 사이는 조금식멀어질것이다.

둘째, 학생의 심리에 좋지않다. 잘못을 하며뉴 때리는데, 그걸로 아이들은 선생님은 '나를 싫어해서 나만 더 세게 때리는거 같아'. '왜? 저애는 살살 때려?' 이런식으로 생각할수있다. 잘못해서 맞는거지만, 이런 생각은 들수있다. 그리고 머리나 신체부위를 맞으면, 더욱 말하는게 심해질것이다.

나는 학생체벌은 않좋다고 생각한다. 선생님은 좋은뜻으로 할수있겠지만 아이들의 마음도 생각해야 할것같다. 말로하다 안되면 약간 때릴수있다. 말로 잘못을 고치는것도 선생님의 능력이 아닌가? 싶다.

- **내용** : 세부 내용이 중심 내용을 잘 뒷받침 안한다.
- **조직** : 내용의 순서가 논리적이지 않다.
- **목소리(어조)** : 글을 쓴 목적을 의식하고 있다.
- **낱말선택** : 낱말이 독자의 흥미를 끌지 못한다.
- **문장유창성** : 문장의 흐름이 자연스럽다.
- **관습** : 문장 부호와 맞춤법이 정확하지 않다.

**완성글**

학생들이 무슨잘못을 저지르면 선생님 들께서는 때리는 경우가 종종, 많이 있다. 때린다고 해서 잘못을 고칠수도 있겠지만, 마음의 상처를 입을 수도있다. 그래서 나는 교사의 학생 체벌에 반대한다. 반대하는 이유는 구체적으로 2가지가 있다.

첫째, 선생님들께서 학생을 때린다면 학생과 선생님들의 관계가 멀어질 수있다. 학생이 잘못을 하여 때렸다면 학생들도, 맞지않기위해 잘할것이다. 맞으면, 선생님에 대해 악감정이 생길수있다. 그래서 점점 선생님을 욕하고 않좋게말하고 그러다보면 사이가 점점 멀어지게 될것이다.

둘째, 아이들 마음에 상처를 입힐수도 있다. 맞아서 기분좋을사람한명도 없다. 하지만 그일때문에 '선생님은 나한테만 뭐라해' '나싫어해서 때리는거야' '저애는 살살때리는데 왜나는 세게때려?' 이렇게 생각해아이들은 마음의 상처를 입는다. 그리고 집에서도 안맞는 아이가 맞는다면 더욱 마음의 상처가 심할것이다.

나는 학생체벌은 않좋다고 생각한다. 선생님들 께서는 좋은뜻으로 때렸겠지만, 그걸 어떻게 받아드릴 아이들의 마음도 생각해 주었으면 한다. 말로안되면 때릴수도있지만, 무조건 때리는건 안된다본다. 말로 잘못을 고치는것도 선생님의 노력과 능력이지 않을까? 생각한다.

---

위 학생의 1회기 때의 글과 4회기 때의 글을 비교해보면, 서론, 본론, 결론이라는 전체적인 글의 구성에 대하여 명확한 인식을 지니고 있음을 알 수 있다. 위 글에서 두 번째 근거의 내용과 이를 뒷받침 하는 내용간

의 불일치 현상을 초고에서 보였지만 완성글에서는 뒷받침하는 내용을 포괄할 수 있는 내용으로 수정이 되어 글의 통일성을 높이고 있다.

초고와 완성글의 조직에 큰 변화가 없지만, 서론에서 체벌에 대한 심각한 상황을 표현하려는 학생의 의도가 완성글에서 분명하게 드러난다. 또한 '교사의 학생 체벌 반대'라는 주장을 논리적으로 제시하기 위해 '마음의 상처를 받을 수 있다'는 내용을 첨가하는 것으로 수정이 이루어졌다.

초고의 결론 부분에 '~싶다'라는 구어체적 표현이 완성글에서는 '~생각한다'로 문어체적 표현으로 수정이 되어 독자들이 정확하게 이해할 수 있도록 표현되었다. '심리에 좋지 않다'는 표현은 불명확한 표현으로 완성글에서는 '마음에 상처를 입힐 수도 있다'로 의미가 구체적으로 드러나도록 수정이 되었다. 위 글의 학생은 명확하고 구체적인 표현이 독자의 흥미를 끄는 것으로 여기고 이에 초점을 두고 수정이 이루어진 것으로 보인다.

2회기에서는 간접 인용의 부호가 글에서 나타나지 않았으나 위 글 속에서는 나타나고 있다. 그러나 결론 부분에서 필자의 생각을 말하는 부분에는 나타나지 않아 간접 인용의 문장 부호 사용에 대한 혼동 현상을 보이고 있다.

글번호 : 215015(5회기)

초고

미니홈피나 자신의 사이트에 욕글이 써져있던 경험은 한번씩 있을수있을 것입니다. 이렇게 사람들은 얼굴이 보이지 않는다고 막말을 하고 이름을 속여 글을 쓰는 경우가 있습니다. 그래서 나는 인터넷 실명제에 찬성합니다.

첫째, 욕글을 덜달수 있을것입니다. 댓글을 달때 이름을 속여 막말을 합니다. 그래서 그사람을 잡기도 어렵습니다. 자신의 이름을 밝히고 글을 쓴다면, 글을 함부로 쓰지 못할것입니다. 그래서 욕글을 듣는 사람들도 조금 덜 들을 수도 있을 것입니다.

둘째, 자신의 글의 책임을 질 수 있습니다. 그냥 가짜이름으로 '토끼' '바보' 그런걸로 글을 쓰면 그사람도 모르고 글을 쓴사람도 잘 모르고 자기가 쓴 글에 관심이 없을 것입니다. 만약 자기 이름으로 글을 쓴다면 자기이름이나 개인정보가 있으니 그 글에 책임을 다하고, 그 글에 대해 관심을 가질 것입니다. 욕글을 쓸때, 좀 힘들것입니다.

인터넷 실명제를 한다면 개인정보가 유출 될수 있겠지만, 그 보안을 철저히 하고 바이러스 검사를 자주하고 컴퓨터에 관심을 더 가진다면 인터넷 실명제를 하더라도 문제가 없을 것입니다. 인터넷 실명제가 필요없는 날까지 모두 노력하였으면 좋겠습니다.

- **내용** : 관점은 분명하나 내용이 부족하다.
- **조직** : 주제가 잘 드러난다. 도입이 잘 짜여져 있지 않다.
- **목소리(어조)** : 예상 독자에 대한 인식이 뚜렷하지 않다.
- **낱말선택** : 낱말이 독자의 흥미를 끌지 못했다.
- **문장유창성** : 문장의 흐름이 자연스럽지 않다.
- **관습** : 맞춤법을 정확히 사용하지 못했다.

**완성글**

자신의 미니홈피나 자신의 사이트의 욕글이 써져있었던적이 있었습니까? 이렇게 사람들은 얼굴이 보이지 않는다고 막말을 하고, 이름을 속여서 글을 쓰는 경우가 있습니다. 그래서 저는 인터넷 실명제에 찬성합니다.

첫째, 욕글을 적게 달수 있을것입니다. 댓글을 쓸때 이름을 속여 막말을 합니다. 그사람의 개인정보가 없다면, 그사람을 잡기도 어렵습니다. 자신의 이름을 밝히고 개인정보를 밝히고 글을 쓴다면, 글을 함부로 쓰지 못할 것입니다. 그래서 욕글을 적게 달수있을 것입니다.

둘째, 자신의 글의 책임을 질수있습니다. 가명으로 글을 쓰면 아무도 그사람의 정체를 모르고 자기도 자기이름으로 올리지 않아 자기글에 관심도 가지지 않을 것입니다. 실명으로한다면 자기가 쓴글에 이름이랑 개인정보가 있으니 그글에 관심을가지고 책임감있게 글을 쓸수있을것입니다.

셋째, 기분좋은 댓글을 쓸수도 있습니다. 아무래도 인터넷 실명제를 사용하면 악플보다는 좋은댓글을 많이 쓸것이기 때문에 인터넷상에서도 좋을것입니다.

개인정보 유출을 걱정한다면, 자신의 행동을 먼저 생각하고, 남의 마음을 조금이라도 생각하고 글을 쓰면, 좋은세상 만들 수있을것 입니다. 개인정보유출을 걱정한다면 자신의 컴퓨터에 관심을 가져 보십시오.

---

초고에 비해 완성글에서는 주장을 뒷받침하기 위한 근거가 새롭게 첨가되고 중심내용을 뒷받침하기에 적합하도록 내용 선정에서도 수정이 이루어졌다. 이처럼 내용이 보충됨에 따라 전반적인 글의 길이가 길어지고 내용이 풍부해졌다.

초고와 달리 완성글에서는 서론 부분에 독자들에게 질문을 던지는 방식으로 제시하면서 독자들의 호기심을 유발하고 있다. 또한 문제 확인 및 문제에 대한 실태가 명확하게 제시되어 있고 자신의 입장을 분명하게 밝히고 있어 논설문에서 서론의 역할을 분명히 인식하고 있다. 결론에서는 독자에 대한 행동촉구를 요구하면서 설득적 어조를 강렬하게 드러내고 있다. 자기 평가에 나타난 독자의 흥미 유발이라는 평가 내용을 낱말을 수정하여 반영한 것이 아니라 글의 조직이나 어조를 수정하여 반영한 것으로 보인다.

'욕글을 듣다'와 같은 잘못된 표현이 수정되었고, '욕글을 덜 달다'와 '욕글을 적게 달다'의 표현의 차이를 이해하고 완성글에서 올바르게 수정이 이루어졌다. 그리고 초고의 첫 번째 근거에서 '막말을 하는 것'과 '사람을 잡기 어렵다'는 것 사이에 논리적 비약이 있었는데, 완성글에서는 '개인정보'에 대한 내용이 첨가되면서 문장의 흐름이 자연스럽게 이어지도록 수정되었다. 1회기부터 4회기까지의 글에 비해 문장 부호, 철자, 띄어쓰기에서 향상된 모습을 보이고 있다.

### ② 중수준

다음 학생은 회기가 거듭될수록 글의 조직 능력 및 문단에 대한 인식이 향상되었다.

**글번호 : 111011(1회기)**

**초고**

요즘 휴대폰을 소지하는 학생들이 부쩍 많아져서 많은 문제가 되고있다. 그러므로 나는 교내에서 휴대폰을 소지하는 것에 반대한다.

첫째 휴대폰을 공부하는데 켜놓으면 휴대폰 때문에 집중이 안된다. 왜냐하면 공부하고있는데 문자가오면 바로 답장하는 사람들도 있습니다.

둘째 휴대폰은 건강을 나빠지게 한다. 전화를 하면 전자파가 몸에들어와서 몸이 해롭워 집니다.

셋째 휴대폰 요금이 많이 나온다. 밤에 친구랑 문자하느라 요금이 더 많이 나옵니다. 이러한 이유 때문에 교내에서 휴대폰을 소지하는 것을 반대합니다.

- **내용** : 세부 내용이 중심내용을 뒷받침 하지못한다.
- **조직** : 내용의 순서가 논리적이지 않다.
- **목소리(어조)** : 예상 독자에 대한 인식이 뚜렷하지 않다.
- **낱말선택** : 낱말이 구체적이지 않다.
- **문장유창성** : 문장의 의미파악이 어렵다.
- **관습** : 맞춤법이 정확하지 않다.

**완성글**

요즘 학생들과 어린아이들이 휴대폰을 많이 가지고 다닙니다. 하지만, 휴대폰을 가지고 있으면 여러가지 문제가 있습니다. 그러므로 나는 교내에서 휴대폰을 소지하는 것에 반대합니다.

첫째, 휴대폰을 수업시간에 켜놓으면 집중이 안됩니다. 왜냐하면 문자가 오면 신경이쓰여서 답장을 하다보면 수업에 집중되지 못합니다.

둘째, 시험때 문자로 답을 주고받을수 있습니다. 왜냐하면 시험때모르는 것을 친구한테 문자로 보내고 그친구가 답을 알려주면 컨닝이나 마찬가지 입니다.

셋째, 교내에서 통화를하면 다른반한테 피해를 줍니다. 왜냐하면 다른 반이 수업중인데 큰소리로 부모님과 통화를하면 수업중인 반은 시끄러워서 집중을 못합니다. 이러한 세가지이유로 교내에서 휴대폰사용을 반대합니다.

---

위 학생의 초고와 완성글을 비교해 보면, 주장의 근거에 대한 세부 내용이 첨가되어 글의 길이가 길어졌다. 위 학생은 자기 평가를 통해 '교내 휴대폰 소지 반대'라는 주장의 근거로 '건강'과 '사용 요금'에 대한 내용이 부적절하다고 판단하여 좀더 타당한 근거로 교체하여 수정하였다. 새로 교체된 근거는 초고에 제시된 근거에 비해 주장을 뒷받침하기에 좀더 적절한 내용으로 구성되어 있어 완성글에서는 글의 통일성이 향상되었다.

초고의 첫 문장을 두 개의 문장으로 나누고 접속부사어로 연결함으로써 서론에서의 문제 제기를 설득력 있게 제시하였다. 그러나 초고와 마찬가지로 완성글에서도 결론에 대한 내용이 없어 전체적인 글의 조직에 대한 인식이 부족해 보인다.

초고에서는 존대를 나타내는 종결어미와 비존대의 종결어미가 함께 사용되어 독자를 분명하게 인식하지 못하는 듯 하였으나 완성글에서는 종결어미가 존대를 나타내는 표현으로 일관되게 수정이 이루어져 있어 독자에 대한 인식이 뚜렷해 보인다.

'공부하는데'를 '수업시간'으로 수정하면서 문맥상 글의 의미를 구체적이고 명확하게 드러났다. 또한 '집중이 되지 않는다'에 대한 원인 진술이 초고에서는 불명확하였지만 완성글에서는 내용을 첨가하면서 논리적으로 설명하고 있다.

초고에서는 '교내 휴대폰 소지 반대'라는 주장이 일관되게 유지되었다면 완성글에서는 '교내 휴대폰 사용 반대'라는 주장으로 변화되었다. 이는 새로 교체된 근거의 내용이 실제 휴대폰 사용의 측면에서 진술이 집중되면서 주장의 내용이 좀더 포괄적으로 수정되었음을 유추해 볼 수 있다. 또한 '소지'와 '사용'이라는 낱말을 유사한 것으로 여기고 동일한 낱말의 반복 대신 글의 변화를 시도하고자 한 의도로 수정을 한 것으로 보인다.

글번호 : 111012(2회기)

**초고**

인터넷에서 통신어를 사용하는 사람이 많습니다. 통신어를 사용하는 것은 안좋지만 저는 찬성합니다. 제가 찬성하는 이유는 세 가지 있습니다.

첫째, 통신어를 쓰면 시간절약이 됩니다. 왜냐하면 통신어의 뜻을 다 알기때문에 길게 쓸 필요가 없다고 생각하기 때문입니다.

둘째, 타자가 느린 사람도 쉽게 쓸수있습니다. 타자가 느린사람은 안녕하세요같은 글을 길어서 늦게 씁니다. 하지만 통신어로 짧게 쓰면 타자가 느린사람도 빨리 쓸 수 있습니다.

셋째, 성격이 급한사람에게 알맞다. 채팅을하는데 시간이 없어서 나가야되는데 타자가느린사람이 치고있는데 성격이급한사람은 답답하고 짜증이 난다.

통신어를 나쁘게만 보지말고 장점이더 많다.

사람들이 통신어를 쓰면 좋겠다. 왜냐하면 시간도절약되고 나도좋고 그 사람도 좋기때문입니다.

- **내용** : 세부 내용이 중심내용을 잘 뒷받침하고 있지 못하다.
- **조직** : 중심생각이 잘 드러나 있지 않다. 도입이 다음 내용을 암시할 만큼 잘 짜여 있지 않다.
- **목소리(어조)** : 글을 쓴 목적을 의식하지 못한다.
- **낱말선택** : 정확하고 구체적인 낱말을 사용하고 있지 않다.
- **문장유창성** : 문장의 의미 파악이 어렵지 않다.
- **관습** : 문단 나누기를 정확하게 사용하고 있지 않다.

**완성글**

인터넷에서 통신어를 사용하는 사람이 많습니다.

통신어를 사용하는 것은 안좋지만 저는 찬성합니다.

제가 찬성하는 이유는 세가지가 있습니다.

첫째. 통신어를 쓰면 시간이 절약 됩니다. 왜냐하면 통신어의 뜻을 사람들은 대부분 알고 있기때문에 길게 쓸 필요는 없다고 생각하기 때문입니다.

둘째, 타자가 느린사람도 쉽게 쓸수있습니다. 타자가 느린사람은 '안녕하세요'같은 글을 길어서 늦게 씁니다. 하지만 통신어로 짧게 쓰면 타자가 느린사람도 빨리 쓸수있습니다.

셋째. 성격이 급한사람에게 알맞다. 채팅을 하는데 시간이 없어서 나가야 되는데 타자가 느린사람이 치고 있는데 성격이 급한 사람은 답답하고 짜증이 난다.

통신어를 나쁘게만 보지말고 장점도 봐야 된다.

사람들이통신어를 쓰면 좋겠다. 왜냐하면 시간절약이 되고 편리하기 때문이다.

---

위 학생의 초고와 완성글을 비교해 보면, 전반적으로 큰 변화는 보이고 있지 않다. 그러나 1회기 때 글과 비교해 보면, 띄어쓰기가 향상되었고 '안녕하세요'라는 간접 인용 표시를 통해 문장 부호에 대한 인식을 보이고 있다.

글의 전체 조직에 대한 인식은 초고와 완성글 모두에서 보이지만 서론, 본론, 결론에서 진술되어야 할 내용이 충분히 생성되지 않았다. 이는 자기 평가에서도 학생 스스로가 평가한 내용이지만 실제 수정에서 자기 평가에 대한 내용의 반영이 제대로 이루어지지 않았음을 알 수 있다.

근거에 대한 세부 진술 중에서 '나도 좋다', '좋겠다'와 같은 주관적 진술이 초고에서는 많이 나타나 설득적인 글의 성격에 어긋나 있지만, 완성글에서는 주관적 진술이 일부 수정되고 객관적 진술로 글이 다듬어져 있다. 이는 자기 평가 내용에 포함되어 있지 않지만 학생이 실제로 글을 수정하면서 새롭게 발견하고 이를 수정한 것으로 보인다.

그러나 완성글의 서론에서 한 문장이 끝날 때마다 문단을 나누고 이를 나열하여 쓰고 있어 문단에 대한 인식이 여전히 부족하다.

**글번호 : 111013(3회기)**

**초고**

토요일이랑 일요일은 주말이다. 근데 토요일은 학교 갈때도있고 안갈때도 있다. 우리에게 휴일은 2일이 있으면 더욱 좋겠다. 그래서 나는 주5일제 수업제에 반대한다. 토요일 등교에 반대하는 이유는 2~3가지 정도 있다.

첫째, 토요일과 일요일에 쉬면 피로를 회복할 수 있다. 토요일에학교를 가면 일요일 하루밖에 못놀고 못쉬어서 피로가 더 쌓일수도 있다.

둘째, 토요일과 일요일에 쉬면 가족과 친구들이랑 더 많은 시간을 보낼 수 있다. 가족들과 1박2일로 여행을 갈수있고 친구들과 더 많이 놀수있다.

토요일에 쉰다면 일요일에 더 편하게 일어날수 있다.

우리에게 놀시간이 줄어들어서 힘들어 질꺼 같다.

수업시간을 늘리거나 방학을 줄이는게 좋을꺼같다.

- **내용** : 글의 내용이 명백하지 않고 관점이 분명하지 않다.
- **조직** : 주제가 잘 드러나 있다.
- **목소리(어조)** : 뚜렷이 드러나 있다.
- **낱말선택** : 낱말이 독자의 흥미를 끌지 못한다.
- **문장유창성** : 문장의 의미 파악이 어렵다.
- **관습** : 정확하게 사용하고 있지 않았다.

**완성글**

토요일과 일요일은 주말이다. 근데 토요일은 학교 갈때도 있고 안갈때도 있다. 우리에게 휴일이 2일이 있으면 더욱 좋겠다. 그래서 나는 주5일제 수업에 반대한다. 토요일 등교에 반대하는 이유는 2~3가지 이유가 있다.

첫째. 토요일과 일요일에 쉬면 피로를 회복할 수 있다. 토요일에 학교를 가면 일요일 하루밖에 못놀고 못쉬어서 피로가 더 쌓일수도 있다.

둘째. 토요일과 일요일에 쉬면 가족과 친구들이랑 더 많은시간을 보낼 수 있다. 가족들과 1박2일로 여행을 갈수있는데 토요일에 학교를 간다면 시간이 부족하여 여행을 갈수가 없다. 그래서 친구들과 더 많이 놀 수 없다.

셋째, 토요일에 쉰다면, 일요일에 더 편하게 일어날수있다.

우리에게 휴일은 2일정도가 있는데 그거 마저 없어지면 우리에게 자유가 줄어들어서 힘들어 질꺼같다. 그래서 수업시간을 늘리거나 방학을 줄이는게 더 좋을꺼 같다.

---

위 학생의 초고와 완성글을 비교해 보면, 문단에 대한 인식이 향상되었음을 알 수 있다. 위 글의 내용을 살펴보면, '주 5일 수업 찬성'의 입장을 취하고 있으나 서론에서는 이와 반대되는 진술의 주장을 하고 있어 관점 오류에 대한 자기 평가가 제대로 반영되지 못했음을 알 수 있다. 한 편의 글을 쓰면서 글의 전체적인 구조를 고려하였으나 내용을 풍

부히 생성하여 중심 내용을 명확히 드러내는 데는 미흡하다.

초고에서는 '놀시간'으로 표현하였지만 완성글에서는 '자유시간'으로 수정하여 객관적이며 세련된 표현을 사용하고 있다. 그리고 초고에서는 주요 문장 성분이 생략되어 문장의 의미 파악이 어려웠지만 완성글에서는 문장의 내용을 보충하여 문장의 의미를 명확하게 파악하도록 수정이 이루어졌다. 결론 부분에 있는 문장의 연결은 접속부사어 '그래서'를 통해 매끄럽게 연결되고 있다.

초고에서는 글을 생각나는 대로 문단에 대한 인식 없이 그냥 써 내려갔지만 완성글을 보면 문단에 대한 인식이 나타나고 있음을 알 수 있다. 띄어쓰기에 대한 수정도 빈번하게 일어났다.

글번호 : 111014(4회기)

**초고**

요즘 선생님들께서 학생들에게 말로 하지만! 조용히해!

이렇게해도 학생들은 선생님말씀을 어기고 또 떠드는 아이들이 많다. 이러한 이유로 나는 찬성한다. 찬성하는 이유는 2~3가지 이유가 있다.

첫째, 선생님께서 학생들을 때리면 이유가있다. 학생들은 안맞기위해 맞을짓을 안하면 된다. 선생님들도 학생들을 때리면 기분이 좋지는 않을것이다.

둘째, 선생님들께서 때리면 학생의 잘못을 고칠수 있을꺼같다.

쎄게 때리면 학생들이 마음이 다치기 때문에 장난스럽게 때리면 학생들의 잘못을 고칠수 있을꺼같다.

나는 잘못을하면 때릴수는 있지만 이유없이 때리면 학생은 어이없을꺼같다. 교사도 이유가 있어서 때리는 것이니까 괜찮다.

학생을 폭행, 너무 쎄게 상처받게 때리면 체벌을 반대하겠지만 잘못이 있고 적당히 때리는것이니까 학생체벌에 대해 찬성한다.

- **내용** : 세부 내용이 중심 내용을 잘 뒷받침하지 못했다.
- **조직** : 도입이 잘 짜여져 있지 않고 결말이 전체 내용 요약을 잘 하지 못했다
- **목소리(어조)** : 예상독자에 대한 인식이 뚜렷하다.
- **낱말선택** : 정확하고 구체적인 낱말을 사용하진 않았다
- **문장유창성** : 문장의 의미파악이 어렵다.
- **관습** : 정확하게 사용하지 않았다.

**완성글**

요즘 선생님들께서 학생들에게 말로 하지마! 조용히해! 이렇게해도 학생들은 선생님말씀을 어기고 또 떠드는 아이들이 많다. 이러한 이유로 나는 찬성한다. 찬성하는 이유는 2~3가지가 있다.

첫째, 선생님께서 학생들을 때리면 이유가 있다. 학생들은 안맞기위해 맞을짓을 안하면 되는걸 아는데 계속 하기 때문에 선생님들도 때리는 것이다. 그런데 학생을 때리는 선생님들도 기분이 좋지는 않을것이다.

둘째, 선생님들께서 때리면 학생의 잘못을 고칠수 있을꺼 같다. 학생의 잘못에 대해 선생님이 때리지 않으면 학생들은 잘못을 고치려 하지 않을꺼 같다. 쎄게 때리면 학생들의 마음이 다치기 때문에 장난스럽게 때리면 학생들의 잘못을 고칠수 있을꺼 같다.

나의 생각은 잘못을하면 때릴수는 있겠지만 이유없이 때리면 학생은 어이가 없을꺼 같다. 교사도 이유가 있어서 때리는 것이니 학생들 부터 잘해야 된다고 생각한다. 학생을 폭행, 너무 쎄게 상처받게 때리면 학생체벌에 반대하겠지만 잘못이 있고 적당히 때리는것으로 생각하기때문에 학생체벌에 대해 찬성한다.

---

위 학생의 초고와 완성글을 비교해 보면, 전반적으로 글의 조직이 체계화 되었다. 완성글에서는 교사의 체벌 이유에 대한 내용이 첨가되면서 글의 의미가 보다 선명해졌으며, 결론의 내용이 보강되면서 설득의 어조가 더욱 강력하게 드러난다.

당위적 표현과 행동을 촉구하는 표현이 빈번하게 나타나면서 예상 독자에 대한 강한 인식을 드러내고 있다. 이는 초고에 대한 자기 평가에서 긍정적으로 평가를 받았지만 글을 수정하면서 더욱 명확해졌음을 알 수 있다.

초고에서 어색하게 반복되었던 낱말이 완성글에서는 삭제되어 문장이 깔끔하게 다듬어졌으며 3회기의 글과 달리 문단 단위에 대한 인식이 높아졌다.

글번호 : 111015(5회기)

**초고**

요즘들어 사람들이 연예인이나 모르는사람에게 악플을 답니다. 악플을 보고 악플받는사람이 마음에 상처를 받는다. 심지어 자살을 하는 사람도 있습니다. 이러한 이유로 찬성합니다. 찬성하는 이유는 2~3가지 이유가 있습니다.

첫째, 연예인들은 잘못이 없는데 욕을먹는 연예인도 있다. 연예인들은 자기일을하는것인데하기싫어도 돈을벌수있기 때문에 하는것인데 사람들은 연예인의 마음을 생각을 하지 않고 막말을하는 경우가 있다. 나는 저번에 어떤 연예인 사진을 보았다. 댓글을 보았는데 어떤 사람이 악플을 써놓았다. 이름은 가명이였다. 그래서 연예인이 불쌍하였다.

둘째, 자신의 글의 책임을 질수있다. 가명으로 하면 악플을 많이 달수있어서 나는 인터넷 실명제를 하는게 좋다.

- **내용** : 세부 내용이 중심 내용을 잘 뒷받침하고 있지 못하다.
- **조직** : 주제가 잘 드러나지 않는다.
- **목소리(어조)** : 예상독자에 대한 인식이 뚜렷하지 않다.
- **낱말선택** : 구체적인 낱말을 사용하지 않았다.
- **문장유창성** : 문장의 흐름이 자연스러비 않다.
- **관습** : 맞춤법을 잘 사용하고 있다.

**완성글**

요즘들어 사람들이 연예인이나 모르는 사람에게 악플을 답니다. 실제로 악픔을 받은 사람은 마음에 상처를 받는다. 심지어 자살을 하는 사람도 있습니다. 이러한 이유로 인터네 실명제를 찬성합니다 찬성하는 이유는 2~3가지 이유가 있습니다.

첫째. 연예인들은 잘못이 없는데 욕을먹는 연예인도 있다. 연예인들은 자기일을 하는것인데 하기싫어도 돈을 벌수 있기 때문에 하는것인데 사람들은 연예인의 마음을 생각을 하지 않고 악플을 하는 경우가 있다. 나는 저번에 어떤 연예인 사진을 보았다. 댓글을 보았는데 어떤 사람이 악플을 써놓았다. 이름은 가명이었다. 그래서 연예인이 불쌍하였다.

둘째. 자신의 글의 책임을 질수있다. 가명으로 하면 악플을 많이 달수있지만 실제로 자기 이름을 밝힌다면 악플을 달 수 없다. 그래서 나는 인터넷 실명제를 하는게 좋다. 실명제로 한다면 자기의 개인정보가 유출될수 있지만, 자기가 컴퓨터에 관심을 가진다면 개인정보유출도 막을수 있을꺼 같다.

---

위 학생의 초고와 완성글을 비교해 보면, 문장들이 좀 더 긴밀하게 연결되어 있음을 알 수 있다. 자기 평가의 내용에서처럼 초고의 두 번째 근거에 대한 내용이 많이 부족했는데 완성글에서는 중심 내용을 뒷받침하기에 적절한 내용이 첨가되었다. 그리고 끝 부분에 반론에 대한 반박의 내용을 첨가함으로써 주장의 설득력을 높이고 있다. 서론과 본론의 내용을 균형 있게 제시하여 글의 중심 내용이 잘 드러나도록 수정이 되었지만 글을 마무리하는 부분이 없어 이에 대한 수정이 이루어져야 할 것이다. 이는 자기 평가의 과정에서 필자가 간과한 부분이기도 하다.

완성글의 첫째 근거 내용에서 학생이 머릿속에 떠오르는 생각들을 나열하는 데 급급하여 문장의 의미 연결이 부자연스러워 보이며 이에 대해서도 추가 수정이 필요하다. 그러나 '막말'을 '악플'로 수정하면서 용어상의 통일성을 유지하려 하였다.

### ③ 하수준

다음 학생의 1회기와 3회기, 5회기의 초고와 완성글이 거의 유사하여 변화 양상을 살펴볼 수 있는 2회기와 4회기의 글을 제시하였다.

**글번호 : 110512(2회기)**

**초고**

요즘에 발전하면서 인터넷을 사용하는 사용자가 늘어났다. 인터넷은 편리하다. 인터넷으로 채팅 정보는 물론이고 게임까지 할수있다 하지만 게임하는사람의수가 늘어나면서 통신어 사용도 높아지고 통신어가 그전보다 훨씬 짧아지고 많아질 것이다. 그러므로 나는 통신어 사용에 대하여 반대를 한다.

이유는 첫째 통신어의 뜻을 이해하기 어렵다. 그런데 계속게임을 하면서 알게된 통신어가 많다. ㅅㄱ ㄱㅅ ㅊㅋ등 통신어가 많았다. 하지만 통신어를 모르는 사람한테 통신어를 쓰면 어리둥절하다 그리고 통신어를 모르면 정보가 잘못전달될수도 있다. 그래서 싸움이 일어날수있다.

나도 이제부터 채팅용어 사용을 줄이고 한글을 써야겠다. 그리고 채팅용어 사용을 줄이면 좋겠다.

- **내용** : 내용이 독창적이다.
- **조직** : 주장을 잘 알 수 있다.
- **목소리(어조)** : 글을 쓴 목적이 잘 드러나지 않은 것 같다.
- **낱말선택** : 낱말이 독자의 흥미를 끌고 구체적이다.
- **문장유창성** : 문장의 흐름이 자연스럽다.
- **관습** : 맞춤법을 잘 사용하였다.

**완성글**

요즘 정보통신의 발달로 인터넷을 사용하는 사용자수가 많이늘어났다 인터넷은 편리합니다 인터넷으로 채팅과 정보는 물론이고 게임등 많은것들이있습니다. 하지만 인터넷의 많은 사용자수처럼 통신어도 그만큼늘어났습니다. 그리고 그전보다는 짧아지고 많아질것입니다 그러므로나는 인터넷 통신어 사용에 대하여 반대를 합니다.

이유는 첫째 통신어의 뜻을 이해하기 어렵다. ㅅㄱ ㅊㅋ ㄱㅅ 등 많은 것이 있지만 추음듣는사람들은 무슨말을 하는지도 모릅니다.

이유둘째 한글사용도 줄어질수도 있다. 인터넷 통신어를 계속쓰다가 현실 세상에서까지 쓰면 한글 사용보다 통신어 사용이 늘어날것이다.

나도 이제부터 통신어 사용을 줄이고 한글을 써야겠다.

---

위 학생글의 초고와 완성글을 비교해 보면, 글의 분량상 차이는 없지만 완성글에서 내용이 의미 구성 단락으로 잘 구분되어 있다. 내용이 빈약하지만 초고에 비해 완성글에서는 서론, 본론, 결론의 형태를 갖추고 있어 글의 조직에 대한 인식이 보인다. 초고에 비해 조직면에서는 문단의 구분이 잘 되어 있고 표현면에서는 '발전'을 '정보 통신의 발달'로 구체적이고 분명하게 수정하였다. '싸움이 일어날 수 있다', '사용을 줄이면 좋겠다' 등과 같은 감정적이고 주관적인 표현을 수정하여 설득적인 어조를 유지하려고 하였다. 전반적인 띄어쓰기와 문장 부호의 사용에 대한 추가 수정이 있어야 한다.

**글번호 : 110514(4회기)**

**초고**

요즘 교사의 학생체벌에 대한 관심이 늘어나고있다. 나는 교사의 학생체벌이 약간은 필요하다고 생각한다. 외냐하면 장난치면 선생님 말을잘않들어서 공부시간이 줄어들것이다. 그러므로 교사의 학생체벌이 필요하다고 생각한다.

이유첫째 바른생활을 하지않게된다. 선생님 말을 잘않듣고 숙제 않하고 태도가 않좋아진다.

이유둘째 장난이심해질것이다. 그래서 공부시간이 줄어들것이다. 장난을치면 공부를 않하고 그러면 학교시험 성적이 확내려갈것이다.

그러므로 교사의 학생체벌에 찬성한다.

- **내용** : 관점이 분명하다.
- **조직** : 주제가 잘 드러났다.
- **목소리(어조)** : 글을 쓴 목적이 있다.
- **낱말선택** : 흥미를 끌진 않는다.
- **문장유창성** : 흐름이 자연스럽다.
- **관습** : 정확하게 사용했다.

**완성글**

요즘 교사의 학생체벌에 대하여 관심이 많아졌다. 나는 교사의 학생 체벌이 필요한다고 생각한다.

이유첫째 바른 생활을 하지 않게될것이다. 선생님 말도잘않듣고 선생님이 내주는 숙제도 않하고 공부하는 태도까지도 않좋아질것이다.

이유둘째 장난이심해질것이다. 그래서 공부시간이 줄어들고 혼나는 시간이늘어나게 될것이다. 장난을 치면 공부시간에 떠들어서 선생님의 말을 못듣고 그렇게되면 학교시험 성적이 내려갈것이다.

그러므로 교사의 학생체벌에 찬성한다.

위 학생의 초고와 완성글을 비교해 보면, 문장이 짧고 단순하게 나열되어 있지만 종결어미를 일관되게 사용하고 있다. 초고에 나타난 주장의 근거에 대한 세부 내용을 첨가하여 주제를 명료하게 드러내려고 하였다. 기본적인 문단 구분을 하고 있으며 중복되는 내용을 삭제하여 글의 내용이 초고에 비해 분명해졌다. 그러나 맞춤법과 띄어쓰기에 대한 추가 수정이 더 필요하다.

## (2) 중학교

### ① 상수준

상수준에 해당하는 고등학생의 쓰기 능력 점수는 회기가 거듭됨에 따라 점점 향상되는 모습을 보였다.

글번호 : 221311(1회기)

초고

교내에서의 휴대폰 소지를 반대한다. 수업시간에는 사용하지 않고 소지만 하고 있는다고 해도 견물생심이라는 말이 있듯이 '엄지족'을 비롯한 문자 중독증에 걸린 학생들은 수업시간에까지도 휴대폰을 사용하여 옆에서 공부하는 친구들을 방해할 수 있기 때문이다. 그리고 일부 회사의 휴대폰은 사진을 찍을 때 나는 소리를 없앨 수 없게 휴대폰을 만들어 놓았기 때문에 기기의 음향효과가 또한 옆의 친구들을 방해할 수 있기 때문이다. 우리 학교은, 아침 일찍 휴대폰을 걷어서 집에 갈 때나 야자가 끝나고 휴대폰을 다시 받을 수 있다. 하지만 선생님 중에서 몇 몇 분은 수업시간에 휴대폰을 가지고 들어오신다. 물론, 업무상의 이유로 어쩔 수 없는 이유이실수도 있지만 수업중에 전화가 오는 소리를 듣는 것은 수업의 흐름과 집중도의 흐름을 끊는 일이다. 두번째 이유로는 건강상의 이유이다. 휴대폰을 켜놓은 경우 상당한 양의 전자파가 나오기 때문에 신체에 손상을 준다. 전화를 걸기 위해 '전화'버튼을 누르면 신호를 잡아주는 데 이때, 특히 많은 양의 전자파가 사람의 뇌를 공격하게 되고, 그로인해 알츠하이며 병 즉, 치매에 걸릴 확률이 높다는 연구결과가 있다.

이처럼, 교내 휴대폰의 소지는 나 혹은 친구의 학업뿐만 아니라 본인의 신체에도 나쁜 영향을 준다. 때문에 교내에서의 휴대폰 소지는 자제해야만 할 문제이다.

- **내용** : 중심 내용을 세부 내용이 잘 뒷받침하지 못한다.
- **조직** : 결말이 전체 내용을 잘 요약하였지만 주제는 잘 드러나 있지 않다.
- **목소리(어조)** : 예상 독자에 대한 인식이 잘 드러나 있다.
- **낱말선택** : 중·고등 학생이 매우 흥미있게 볼 것이다.
- **문장유창성** : 문장 흐름이 아주 자연스럽지는 않다.
- **관습** : 문단 나누기를 정확하게 사용하고 있지 않다.

**완성글**

교내 휴대폰 소지 여부에 대한 논제에 대해 나는 반대의 입장이다.

수업시간에는 사용하지 않고 소지만 하고 있는다고 해도 견물생심이라는 말이 있듯이 '엄지족'을 비롯한 문자 중독증에 걸린 학생들은 수업시간에까지도 휴대폰을 사용하여 옆에서 공부하는 친구들을 방해할 수 있기 때문이다. 이것은 학업에 지장을 끼칠 수 있는 환경이 하나생긴 것이다. 의도하지 않더라도 수업시간에 문자를 받게되고 전화벨소리가 들린다면 수업을 받던 또 다른 학생들, 교사에게도 집중력을 흩뜨릴 수 있기 때문이다.

'스마트폰'의 시대에 최근 학생들의 교실풍경은 삭막하기 그지없다. 대화시간이 폰게임시간으로 변하고 책을 한번 더 훑어볼 수 있는 시간이 음악을 듣는 시간으로 바뀌면서 '함께' 할 수 있는 시간이 '혼자' 할 수 있는 시간으로 바뀌어 쉬는시간마다 삭막하게되기때문이다.

휴대폰 소지 반대에 대한 또다른 이유는 건강상의 문제이다. 휴대폰을 켜놓은 경우 상당한 양의 전자파가 나오기 때문에 신체에 손상을 준다. 전화를 걸기 위해 '통화'버튼을 누르면 신호를 잡아주는 데 이때, 특히 많은 양의 전자파가 사람의 뇌를 공격하게 되고, 그로인해 알츠하이머 병 즉, 치매에 걸릴 확률이 높다는 연구결과가 나왔다.

수업시간 혹은 교내에 휴대폰을 소지함으로써 여러 문제가 일어나게 된다. 주위 사람들에게 피해를 주지않는 깨끗한 사람으로, 자신의 건강에 자신감을 가지고 건강을 더 잘 지킬 수 있는 '우리'가 되도록 하자.

위 학생의 초고와 완성글을 비교해 보면, 전반적인 글의 분량은 크게 차이는 없으나 내용상 수정이 많이 이루어졌으며 문단에 대한 인식이 명확하게 드러나 있다. '교내 휴대폰 소지로 인해 교실이 삭막해진다'는 주장에 대한 근거의 내용이 첨가되었고, '교사의 휴대폰 소지'에 대한 내용이 삭제되어 글의 통일성이 향상되었다.

초고에서는 주장에 대한 근거의 내용이 모두 하나의 문단으로 구성되어 있었으나 완성글에서는 주요 근거 내용을 중심으로 문단 나누기가 되어 있다. 그러나 서론 부분에서 필자의 입장만을 드러내고 본론의 내용이 바로 시작됨으로써 서론의 역할에 대한 인식이 부족함을 알 수 있다.

결론의 문장 종결을 청유형으로 수정함으로써 설득적 어조를 강하게 드러내고 있으며, 문맥을 고려하여 '전화' 대신 '통화'라는 낱말을 적절하게 사용하였다. '집중도의 흐름을 끊는 일이다'와 같은 어색한 표현을 삭제하고 간접 인용의 문장 부호 사용을 통해 '함께', '혼자'와 같은 낱말을 강조하여 필자의 의도를 명확하게 드러내었다.

글번호 : 221312(2회기)

**초고**

요즈음 학생들은 문자나 채팅을 할때 'ㅅㄱ'나 'ㄱㅅ'처럼 초성만을 써넣는 경우가 많다. 이로인해 학생들의 국어생활은 망가지고 있다.

일단 이런 통신어를 사용할경우 의사소통에 문제가 생긴다. 통신어는 초성만을 쓰는 단어나 줄임말을 쓰는 경우가 있다. 아니면 아예 새로운 단어를 만들어내기도 한다. 이런 단어들은 모두 의사소통의 장애를 초래한다. 통신어를 사용하지 않는 이들은 알아들을수 없기 때문이다. 이러한 의사소통의 단절은 사람들간의 오해를 불러오며 사람들 간에 벽을 만들어낸다.

또한 이러한 통신어는 우리의 한글을 오염시키기도 한다. 통신어는 국어사전에 나와 없다. 통신어가 많이 이용되면 될수록 우리의 한글을 망가져간다. 만약 통신어를 이용하는 사람이 대다수가 된다면 한글과 우리말이 사라져가게 될것은 뻔한일이다.

마지막으로 통신어를 사용하는 사람들은 통신어가 빠르고 재미있기 때문에 사용한다고 한다. 하지만 우리의 한글을 위해 통신어 대신 우리말을 사용할 수도 있을 것이다. 통신어를 쓰는 시간과 우리말을 쓰는 시간은 몇초밖에 차이나지 않는다. 겨우 몇초의 절약과 재미를 위해 우리말을 망가뜨리는 것은 좋지 않다. 언어는 같은 말을 쓰는 사람들 간의 약속이다. 사소한 이유로 약속을 깨뜨리는 것은 자신에게도 다른 이에게도 좋지 않다는 것을 알아야 한다.

- **내용 :** 내용이 독창적이지 않지만 글의 관점이 분명하다.
- **조직 :** 내용의 순서가 효과적이지 않다.
- **목소리(어조) :** 글을 쓴 목적 의식이 약하다.
- **낱말선택 :** 낱말이 독자의 흥미를 끌지만 정확하고 구체적이지 않다.
- **문장유창성 :** 문장의 흐름이 자연스럽다.
- **관습 :** 문장 부호, 맞춤법을 정확하게 사용하고 있다. 문단을 정확히 나누어 사용한다.

**완성글**

통신어는 10대들이라면 너나할 것 없이 쓰는 언어이다. 요즈음 학생들은 문자나 인터넷 채팅을 할때 'ㅅㄱ'나 'ㄱㅅ'처럼 초성만을 써넣는 경우가 많다. 이로인해 학생들의 국어생활은 망가지고 있다.

만약 통신어를 사용할 경우 의사소통에 문제가 생긴다. 통신어는 'ㅅㄱ'처럼 초성만을 쓰는 단어나 '친추→친구추가'처럼 줄임말을 쓰는 경우가 있다. 아니면 아예 새로운 단어를 만들어내기도 한다. 이런 단어들은 모두 의사소통의 장애를 초래한다. 통신어를 모르는 사람이 자신이 모르는 단어들을 사용하면 다른 사람들의 의사소통을 알아들을 수 없기 때문이다. 이러한 의사소통의 단절은 사람들간의 오해를 불러오며 사람들 간에 벽을 만들어 낸다.

또한 이러한 통신어는 우리의 한글을 오염시키기도 한다. 대부분의 통신어는 국어사전에 나와 있지도 않고, 맞춤법도 모두 틀리게 사용한다. 통신어를 많이 쓰면 쓸수록 우리의 한글을 점점 훼손될 것이다. 만약 통신어를 사용하는 사람이 대다수가 된다면 우리의 한글은 사라져가게 될 것은 뻔한 일이다.

마지막으로 통신어를 사용하는 사람들은 통신어가 빠르고 재미있기 때문에 사용한다고 한다. 하지만 우리의 한글을 위해 통신어 대신 우리말을 사용할 수도 있을 것이다. 통신어를 쓰는 시간과 우리말을 쓰는 시간은 몇 초밖에 차이나지 않는다. 겨우 몇초의 절약과 재미를 위해 우리말을 망가뜨리는 것은 좋지 않다.

언어는 같은 말을 쓰는 사람들 간의 약속이다. 사소한 이유로 약속을 깨뜨리는 것은 자신에게도 다른 이에게도 좋지 않다는 것을 알아야 한다. 이러한 이유로 우리는 통신어 사용을 줄여 나가야 할 것이다.

---

위 학생의 초고와 완성글을 비교한 결과, 근거에 대한 자신의 생각을 논리적으로 연결하고 있으며 비교적 전체 글의 조직이 완결된 형태를 갖추고 있다. 초고와 달리 완성글에서 결론의 내용이 없음을 생각하여 결론에 해당하는 부분을 찾아 제시하여 글의 조직 체계가 제대로 갖추어졌다.

초고의 서론에 문제 실태에 대한 내용과 두 번째 문단의 내용에 구체적인 예를 첨가함으로써 독자의 이해를 돕고 있다. 글의 마지막 부분에 필자의 주장에 대한 행동 유발을 촉구하는 어조를 분명하게 드러내면서 필자의 주장을 명확하게 표현하고 있다. '망가지다'를 '훼손되다'로, 세 번째 문단에서 '한글'과 '우리말'의 중복으로 인해 '우리말'을 삭제함으로써 문장의 의미를 자연스럽게 전달하고 있다.

글번호 : 221313(3회기)

**초고**

최근 정부의 '주 5일 수업제'의 전면적 시행 발표에 대해서 국민들의 찬반 논란의 여지가 뜨겁다. 시범학교로 선정된 학교에서는 이미 실행하고 있다. 이 학생들은 5일만 학교에 등교하여 수업활동을 한다.

'주 5일 수업제'는 위에서 언급했듯이 일주일에 학교를 5일 나오는 제도이다. '주5일 수업제'를 실행하게 되면 주말에 가족끼리 여행을 떠나기도 하고 자신이 평소에 관심이 있거나 흥미로웠던 분야의 동아리 활동을 할 수 있게 될 것이다. 쉼터,학교,교육청 등 여러 기관에서 실시하는 동아리 활동 등에 가입하여 토요일을 즐겁게 보낼 수 있다고 생각한다.

또한 학교에서 공부했지만 잘 이해하지 못해 어려웠던 부분들을 토요일날에 집에서 복습할수 있게 될것이다. 이렇게 집에서 복습을 하다 보면 학력 저하 현상이 아닌 학력 향상 현상이 생길 수 있다고 생각 한다.

따라서, 정부가 '주5일 수업제'를 전면적으로 시행하기로 결정한 것은 좋은 결정이었다고 생각 한다. 하지만 역효과가 나지 않도록 학교,교육청 등 교육기관에서는 동아리 활동을 활성화 시키는 모든의 노력이 필요하다고 생각한다.

- **내용** : 세부 내용이 부족하다.
- **조직** : 내용 암시가 어렵고 내용 순서가 논리적이지 않다.
- **목소리(어조)** : 글을 쓴 목적이 약간 희미해진다.
- **낱말선택** : 일반적이고 보편적인 언어를 썼다.
- **문장유창성** : 흐름이나 의미파악은 괜찮다.
- **관습** : 내용이 바뀜에 따라 문단 나누기가 잘 안되었다.

**완성글**

최근에 어떤 학교에 다니는 학생들은 '주 5일 수업제'시범학교로 1주일에 5일만 학교에 등교하여 수업활동에 임한다. 정부가 '주 5일 수업제'의 전면적 시행을 발표 하면서 몇몇 학교들이 시범학교로 선정되 실행하고 있는 것이다.

'주 5일 수업제'는 위에서 언급했듯이 일주일에 학교를 5일 나오는 제도이다. '주5일 수업제'를 실행하게 되면 가족,친구 등 다른 사람들과 함께 할 수 있는 시간이 많아지게 될것이다. 예를 들면, 가족들과 함께 놀러 가면서 가족 간의 대화가 늘어나게 될것이라고 생각한다.

또한 자신이 평소에 관심이 있거나 흥미로웠던 분야의 동아리 활동을 할 수 있게 될 것이다. '주5일 수업제'를 시작하면 맞벌이 가정의 아이들이 혼자 있게되 좋지 않다고 한다. 하지만 쉼터, 학교, 교육청 등 여러 기관에서 실시하는 동아리 활동 등에 가입하여 토요일을 알차게 보내게 될 수 있다고 생각한다.

마지막으로 학교에서 공부했지만 잘 이해하지 못해 어려웠던 부분들을 토요일에 집에서 복습할수 있게 될것이다. 이렇게 집에서 자기 주도적 학습을 하다 보면 학력 저하 현상이 아닌 학력 향상 현상이 생길 수 있다고 생각 한다.

따라서, 정부가 '주5일 수업제'를 전면적으로 시행하기로 결정한 것은 좋은 결정이었다고 생각 한다. 하지만 역효과가 나지 않도록 학교, 교육청 등 교육기관에서는 동아리 활동을 활성화 시키도록 모든 노력이 필요하다고 생각한다.

---

위 학생의 초고와 완성글을 비교해 보면, 전체적으로 글의 조직이 체계적으로 짜여 있으며 주장을 뒷받침하는 내용이 풍부해졌다. 초고에서 첫 번째 근거로 함께 다루어졌던 '다른 사람과 함께 하는 시간'과 '동아리 활동'내용이 완성글에서는 문단을 나누어 각각 독립된 근거로 수정되었다. 그리고 근거에 대한 내용이 첨가되면서 글의 내용이 풍부해지고 글의 의미 또한 구체적으로 드러났다. 이를 통해 논의의 핵심이 더욱 부각되면서 주장에 대한 설득력을 높여 주고 있다.

초고에 비해 서론, 본론, 결론의 내용이 유기적으로 연결되도록 수정되었다. 문장 간 유기적인 연결 부분이 향상되었으나 '~고 생각한다'의 서술어 반복은 설득의 어조를 약화시키고 있어 글을 쓴 목적에 대한 점검이 추가적으로 필요하다. '자기 주도적 학습', '학력 저하 현상', '학력 향상 현상' 등 문맥에 맞는 적절한 낱말이 선택되었다. '토요일날'이라는 단어에 '일'과 '날'이 중복되어 어법상 삭제를 통한 수정이 일어났다.

**글번호 : 221314(4회기)**

**초고**

요즘 학교에서 교사 또는 학생들을 심하게 체벌 하거나 폭력을 휘둘러 논란이 된 사례들이 종종 있다. 나는 체벌이 인성발달이나, 체벌의 목적인 생활지도에 도움이 되지 않는 다고 생각한다. 교사의 학생체벌은 금지되어야 한다고 생각한다.

체벌은 학생들이 교칙을 어겼을때 교사들이 때리거나 물리적인 고통을 가하는 것이다. 그런데 체벌은 '무슨 잘못을 했을때는 어떻게 한다'라고 정해져 있는 것이 아니기 때문에 애매한 면이 있다. 종종 같은 잘못을 했는데 나만더 맞은 것 같다던가 교사의 기분에 따라 체벌의 강도가 달라진다던가 하는 것이 그것이다. 이런 경우 때문에 학생과 교사의 마음의 벽이 높아진다고 생각한다.

체벌은 인성 발달이나 생활지도에도 도움이 되지 않는다. 학생들은 자신이 잘못해서 맞았다 할지라도 교사에게 반발하여 더 어긋나는 경우가 많이 있다. 영화나 드라마에서 나오는 것처럼 때리면서 훈계한다고 바른길로 들어오는 학생은 소수라는 것이다. 교사의 학생 체벌은 점점 줄여 나가야 한다고 생각한다. 왜냐하면 체벌은 학생과 교사의 사이를 멀게하고 오히려 탈선한 학생이 교사를 불신하게되어 돌아올 장소를 잃게 만드는 것이기 때문이다.

- **내용 :** 중심 내용을 잘 뒷받침하고 있지만 내용이 단순하다.
- **조직 :** 내용의 순서가 논리적이지 않다.
- **목소리(어조) :** 학생을 예상독자로 했지만 큰 목적을 의식하기 어려움.
- **낱말선택 :** 낱말을 잘 사용했지만 흥미 유발이 안 된다.
- **문장유창성 :** 의미 파악이 어렵다.
- **관습 :** 문장 부호, 맞춤법, 문단 나누기를 잘 했다.

**완성글**

학교에서는 학생들의 생활지도를 위해 훈계, 체벌, 징계등을 이용한다. 그런데 여기서 학생들과의 갈등이 유발되는 것이 체벌인데 교사들마다 기준이 다르고 또 그 정도도 달라서 학생들과 교사들사이의 갈등이 생기게 된다. 나는 체벌이 인성발달이나, 체벌의 목적인 생활지도에 도움이 되지 않는 다고 생각한다. 그래서 교사의 학생체벌은 금지되어야 한다고 생각한다.

체벌은 학생들이 교칙을 어겼을때 교사들이 때리거나 물리적인 고통을 가하는 것이다. 그런데 체벌은 '무슨 잘못을 했을때는 어떻게 한다'라고 정해져 있는 것이 아니기 때문에 애매한 면이 있다. 종종 같은 잘못을 했는데 나만 더 맞은 것 같다던가 교사의 기분에 따라 체벌의 강도가 달라진다던가 하는 것이 그것이다. 이런 경우에 학생과 교사의 마음의 벽은 높아진다고 생각한다.

체벌은 인성 발달이나 생활지도에도 도움이 되지 않는다. 학생들은 청소년이고 청소년들은 어른에비해 감정적인 면이 강하다. 그렇기 때문에 자신이 잘못해서 맞았다 할지라도 교사에게 반발하여 더 어긋나는 경우가 많다. 영화나 드라마에서 나오는 것처럼 때리면서 훈계한다고 바른 길로 들어오는 학생은 소수라는 것이다. 이처럼 체벌은 학생과 교사의 사이를 멀게하고 오히려 탈선한 학생이 교사를 불신하게되어 돌아올 장소를 잃게 만드는 것이다.

따라서 교사의 학생 체벌은 금지되어야 한다. 잘못했을 때 체벌 대신 학생을 진심으로 걱정하는 마음으로 대화로 문제를 해결하고, 칭찬 받아야 될 때는 칭찬을 해주면 학생들은 더 잘할 것이다. 그러면 체벌할 일이 사라질 수 있을 것이다.

---

위 학생의 초고와 완성글을 비교해 보면, 초고에는 서론의 문제 제기가 빈약하였으나 완성글에서는 문제 제기나 동기 유발이 구체적으로 드러났으며 글의 조직이 안정적이다. 초고에 비해 완성글에서는 서론과 결론의 내용이 첨가되었다. 서론에서는 논제에 대한 자신의 입장을 논

리적으로 제시하고 있으며, 결론 부분에서는 초고에서 '학생 체벌을 줄여 나가야 한다'를 완성글에서는 '학생 체벌은 금지되어야 한다'로 수정하면서 주장의 일관성을 높여주고 있다.

초고에 없던 결론이 완성글에서는 제시되었고 이를 통해 자신의 주장을 더욱 분명하게 드러내고 있다. 3회기를 거치면서 글의 조직에 대한 인식이 명확해져 완성글에서 안정적인 완결된 형태를 유지하고 있다.

내용 이해를 위해 '훈계', '체벌', '징계', '마음의 벽' 등과 같은 낱말들이 내용을 정확히 흥미롭게 전달하고 있다. 문장의 연결이 매끄럽지 못한 부분에 대해 완성글에서는 일부 내용의 삭제와 연결어를 통해 표현을 쉽고 정확하게 수정하였다. '그래서', '따라서' 등의 접속부사어를 통해 앞뒤 문맥이 매끄럽게 연결되고 있다.

글번호 : 221315(5회기)

**초고**

인터넷의 악성댓글과 루머로 인해 발생하는 문제를 해결하기 위해 요즈음 언급되는 것이 '인터넷실명제'이다. 인터넷 실명제가 자유나 사생활을 침범한다는 목소리도 있다. 하지만 나는 이제도에 찬성한다.

인터넷 실명제가 실행되게 되면 자신의 이름을 밝혀야 하기 때문에 악성댓글이나 루머가 줄어들 것이다. 게다가 네티즌들이 네티켓을 지키지 않는 것도 줄어들 것이다. 실명제로 인한 자유의 침해에 대한 목소리가 있다. 하지만 자신이 떳떳하다면 자신의 이름을 걸고 글을 올리는 것에 반대할이는 없다고 생각한다.

인터넷 실명제의 실행에 따라 사생활이 침해된다는 말도 있다. 하지만 악성댓글이나 루머로 상처입고 괴로워하는 사람들이 주위에 많다. 그들을 생각한다면 사생활이 조금쯤 침해 당하는 것도 참을 수 있을 거라 생각한다. 그 사람들이 자신이 될수도 있고 그 제도로 인해 도움을 받을수 있다. 예를들어 악성루머를 퍼뜨리는 사람을 잡을수도 있다.

이러한 장점이 있고 인터넷이 깨끗해질수 있는 인터넷 실명제를 실행해야 한다고 생각한다.

- **내용** : 관점은 분명하나 내용이 독창적이지 않다.
- **조직** : 도입이 다음 내용을 암시할만큼 잘 짜여 있지 않지만 주제는 잘 드러나 있다.
- **목소리(어조)** : 글을 쓴 목적을 의식하고 있다.
- **낱말선택** : 사용한 낱말이 독자의 흥미를 끌지 않는다.
- **문장유창성** : 문장의 흐름이 아주 자연스럽지 않다.
- **관습** : 맞춤법이 완벽하지 않지만 거의 문법에 맞게 사용하고 있다.

**완성글**

요즈음 인터넷에는 악성댓글과 악성루머가 문제가 되고 있다. 예전부터도 악성루머는 문제 였지만 익명성이 보장되는 인터넷이 생기면서 더욱 문제가 되는 것이다. 그러한 문제를 해결하기 위해 요즈음 언급되는 것이 '인터넷 실명제'이다. 이것은 인터넷을 사용하는 이의 실명과 주민등록 번호가 확인되어야만 인터넷 게시판이 글을 올릴수 있게 하는 제도 이다. 인터넷 실명제가 자유나 사생활을 침범한다는 목소리도 있지만 나는 이 제도에 찬성한다.

인터넷 실명제가 실행되면 자신의 이름을 밝혀야 하기 때문에 글을 올릴 때 좀더 신중하고 조심하게 된다. 결국 악성댓글이나 루머가 줄어들 것이다. 게다가 네티즌들이 네티켓을 지키지 않는 것도 줄어들 것이다.

인터넷 실명제로 인한 표현의 자유를 침해 한다는 목소리가 있다. 만약 어떤 사람이 인터네시 실명제로 인하여 다른 사람들에게 악성댓글을 달려는 것을 멈췄다면 그것은 좋은 결과이다. 자신이 떳떳하다면 자신의 이름을 걸고 글을 올리는 것에 반대할이는 없다고 생각한다.

인터넷 실명제의 실행에 따라 사생활이 침해된다는 말도 있다. 하지만 악성댓글이나 루머로 상처입고 괴로워하는 사람들을 생각한다면 사생활이 조금쯤 침해 당하는 것도 참을 수 있을 거라 생각한다. 그 사람들이 자신이 될수도 있고 그 제도로 인해 도움을 받을수 있다. 예를들어 악성루머를 퍼뜨리는 사람을 잡을수도 있다.

이러한 장점이 있고 인터넷이 깨끗해질수 있는 인터넷 실명제를 실행해야 한다고 생각한다. 이것은 분명 좋은 결과를 가져다 줄 것이다.

---

위 학생의 초고와 완성글을 비교해 보면, 글의 내용과 조직 부분에서 좀더 명확하고 구체적인 수정이 이루어졌음을 알 수 있다. 초고와 달리 완성글에서는 '표현의 자유 침해'에 대한 근거의 뒷받침 내용이 첨가되어 글의 의미를 더욱 명확하게 전달하고 있다. 또한 반론을 예상하고 이에 대한 비판적 의견을 제시함으로써 글의 흐름에 대한 논리적 타당성을 높이고 있다.

초고에 비해 완성글을 보면 서론에서 문제에 대한 논점을 분명히 밝히고 있으며 본론에서 주장에 대한 근거와 반론에 대한 반박의 근거를 순차적으로 정리해 놓았다. 완성글에서 문장의 연결이 부자연스런 부분을 수정하여 문장 호응 등 연결이 조금 더 자연스러워졌으며, '루머'를 '악성루머'로 수정하여 구체적인 의미를 전달하고 있다.

### ② 중수준

다음 학생은 초고를 수정하는 과정에서 자신의 관점 변화가 일어나 의미 수정이 빈번하게 일어난 반면 표면적인 형식적 측면에 대한 변화가 적게 일어 났다.

글번호 : 122411(1회기)

**초고**

우리 학교에서는 교내 휴대폰 소지가 금지되어 있기 때문에 우리 학교는 매일 아침 휴대폰을 걷는다. 난 이처럼 걷는 것에 찬성한다. 즉 교내에서 휴대폰을 소지한는 것을 반대한다. 나도 물론 내진 않지만 수업시간에 꺼내거나 문자를 하거나 게임을 하진 않는다.

하지만 몇 몇 아이들은 게임을 하고 수업에 집중하지 않는다. 지난주에는 어떤친구가 수업시간 도중에 택배기사로부터 전화가 왔다며 전화좀 받고 온다는 말을 아주 당당하게 하는 것을 보고 신기하게도 여기고 수업의 흐름이 끊겨 얼굴이 찡그려 진적이 있었다.

소수의 학생 때문에 다수의 학생이 피해를 본다는 그런 생각 때문에 나는 교내에서 휴대폰 소지를 반대한다.

- **내용** : 내용이 독창적이지 않다.
- **조직** : 주제가 잘 드러나지 않는다.
- **목소리(어조)** : 예상 독자에 대한 인식이 드러난다.
- **낱말선택** : 구체적인 낱말을 사용하였다.
- **문장유창성** : 문장의 흐름이 자연스럽다.
- **관습** : 문장 부호를 잘 사용하고 있다.

**완성글**

교내 휴대폰 소지는 학교를 다니는 나에게 가장 밀접한 내용이다. 나는 이 주제에 대해 반대한다. 교내에서 휴대폰을 소지하는 것은 자신의 학업에 치명적일 수 밖에 없다. 휴대폰을 가지고 있으면 난 수시로 확인하게 된다. 하지만 나는 되도록이면 수업시간 이외의 시간을 이용해 휴대폰을 만지곤 하는데 하지만 이것도 쉽지 만은 않다. 종이 칠 때까지 가지고 있다가 선생님 오셔야 그때야 집어 넣곤 하는데.. 몇 몇 학생들은 그 조차 어길 때가 많다

내가 이렇게 겪은 경험으로 미루어보아 교내 휴대폰 소지는 다소 문제가 있다고 보지만 각자 학생들의 의지로 조절이 된다면 학교에서의 휴대폰 소지는 좋은의견이라고 생각한다.

---

위 학생의 초고와 완성글을 비교해 보면, 문제에 대한 필자의 주장이 바뀌었음을 알 수 있다. 즉 '교내 휴대폰 소지 반대'에서 '교내 휴대폰 소지 찬성'으로 논제에 대한 학생의 입장이 바뀌었다. 따라서 자신의 주

장에 대한 근거를 뒷받침하는 내용 대부분이 삭제되거나 교체되었다. 이는 필자가 자기 평가를 통해 자신의 주장에 대한 관점을 다시 점검해 보고 미처 생각지 못한 부분에 대해서 발견하고 다시 자신의 글을 수정한 것으로 판단할 수 있다.

### 글번호 : 122412(2회기)

**초고**

요즘 10대들의 통신언어가 자주 수면 위로 올라오는 것 같다. 10대들의 통신언어가 통신이 더 발달하면서 속도는 빨라지고 자신이 전하고 싶은 말이나 감정은 길어지기만 하는데 그런 불편한 점에서 보면 어쩌면 통신언어는 긍정적 측면이다. 대부분이 알고있는 통신어는 우리의 의사소통에 도움을 줄 수 있다 하지만 무차별적으로 쓰인다면 그것은 인상을 찌푸릴 수 밖에 없다.

자신이 쓰고 있는 통신어가 실제로는 어떻게 쓰이는지 내가 쓰는 통신어는 바르지 않는 표현 인 것을 알고 격식있는 자리에서는 올바른 단어를 쓸 줄 안다면 나는 통신어 사용에 찬성한다. 그리고 나는 통신어가 잠깐의 은어이지 우리의 언어를 파괴한다거나 해친다고 생각하지 않는다.

- **내용** : 중심 내용을 세부 내용이 잘 뒷받침하지 못하고 있다.
- **조직** : 내용 순서가 잘 나타나 있지만 중심 생각이 잘 드러나지 않는다.
- **목소리(어조)** : 독자의 인식이 안 드러나 있다.
- **낱말선택** : 흥미를 끌고 있다.
- **문장유창성** : 문장의 흐름이 자연스럽다.
- **관습** : 문단 나누기가 잘 되어 있다.

**완성글**

요즘들어 10대들의 통신언어가 수면 위로 자주 올라오는 것을 볼 수 있다. 우리 10대들의 통신어는 통신이 더 발달하면서 속도는 빨라지고 자신이 전하고 싶은 말은 길어졌다. 이러한 상황에서 10대들의 통신언어 사용은 당연한 결과일지도 모른다. 우리 10대들의 통신어는 대부분 컴퓨터, 스마트폰 등 통신기기를 자주 사용하는 10대들의 또 하나의 문화라 생각한다. 우리가 이런 언어를 쓰고 일상 생활에도 자주 나오곤 한다. 그런데 통신 상에서는 어색하지 않지만 일상 생활에서는 때로 어색할 때도 있어 통신언어는 정말 통신 상에서만 사용해야한다.

자신이 쓰고 있는 통신어가 실제로는 어떻게 쓰이는지 알고 격식있는 자리에서는 올바른 단어를 쓸 줄 안다면 나는 통신어 사용에 찬성한다. 그리고 나는 통신어가 잠깐의 은어이지 우리의 언어를 파괴한다거나 해친다고 생각하지 않는다. 통신어를 제대로 알고 올바르게 쓴다면 나는 통신어 사용에 적극찬성이다.

---

위 학생의 초고와 완성글을 비교해 보면, 문단에 대한 인식은 부족하나 내용의 첨가와 문장 간의 유기적인 연결을 통해 글의 의미가 구체화되었다. '통신어 사용 찬성'에 대한 내용이 자기 평가를 통해 풍부하게 생성되었다. 초고의 문장들을 살펴보면 한 문장의 길이가 지나치게 길고, 문장의 호응 또한 어색한 부분이 많다. 완성글에서는 이러한 부분들에 대한 수정이 이루어졌다. 그러나 문제에 대한 실태와 필자의 주장 및 근거, 필자의 주장에 대한 강조의 내용 등이 초고에 비해 완성글에서 추가 되었으나 이에 대한 순차적인 내용 정리가 부족하다.

**글번호 : 122413(3회기)**

**초고**

2012년 부터는 주 5일제가 전면시행된다는데, 내가 중학교 이후로 나는 2주, 4주는 쉬면서 학교를 다녔다. 힘든 학교생활에 쉼표가 될수 있는 중요하고 편한 시간이다. 일주일간 하지 못했던 부족한 공부나, 문화생활, 다양한 체험, 종교활동을 할 수 있는 아주 좋은 제도라 생각한다. 나는 2주 4주에만 학교를 나가지 않았지만 초등학교에 다니는 내 동생은 2011년 주 5일 수업제의 시범학교였다. 맞벌이 부모님은 동생이 혼자 집에 있으면 걱정을 하시곤 했다. 고등학생이나 중학생은 괜찮은 제도이지만 어린 초등학생에겐 위험할 수도 있다고 생각이 들었다. 그래서인지 내동생 학교는 평소에 나가지 않던 2주, 4주 빼고는 1주 3주에 학교로 독서논술교실이나 도자기 공예방을 신청해 다니곤 했다.

이렇게 보람차게 보내는 것도 좋지만 일찍 학교가 일찍 집에 들어와 쉬는 것 보단 계속 집에 있는 것이 안전하단 생각이 든다. 토요일 등교를 찬성하는 부모님들은 아이들의 걱정 돼서란 이유가 클 것인데, 일찍 끝나 집 주위를 돌아다닌 것보단 집에서 안전하게 있는 것이 더 부모님의 걱정을 덜 것이다.

- **내용** : 세부 내용이 중심 내용을 잘 받쳐준다.
- **조직** : 내용의 순서가 논리적이다.
- **목소리(어조)** : 글을 쓴 목적을 의식하고 있다.
- **낱말선택** : 사용한 낱말들이 독자의 흥미를 끌지 않는다.
- **문장유창성** : 문장의 흐름이 자연스럽지 않다.
- **관습** : 문단 나누기를 정확하게 사용하고 있지 않다.

**완성글**

2012년 부터는 '주 5일 수업제'가 전면 시행 된다고 하는데, 내가 중학생이후로 나는 2주, 4주는 쉬면서 학교를 다녔다. 힘든 학교생활에 쉼표가 될수도 있는 중요하고 편한 시간이다.

일주일간 하지 못했던 밀린 공부나, 문화생활, 다양한 체험, 가족과의 여행, 종교생활 등을 할 수 있는 아주 좋은 제도라 생각한다

나는 2주, 4주에만 학교를 등교하지 않았지만 초등학교에 다니는 내동생은 2011년 주 5일 수업제의 시범 학교 였다. 맞벌이를 하시는 부모님은 동생이 혼자 집에 있으면 걱정하시고 했다. 고등학생이나 중학생에게는 괜찮은 제도이지만 내동생 같이 어린 초등학생들이나 유치원생들에게는 위험하단 생각이든다.

이렇게 위험한 상황에 대비해 내동생 학교처럼 토요일에 독서논술교실이나 도자기공예방 종일반을 만들어 아이들을 지도한다면 아이들을 걱정하는 부모님들 역시 걱정은 더실 것이다. 이렇게 좋은 제도와 보람찬 프로

그램이라면 굳이 학교를 다니지 않아도 좋은 토요일이 될수 있을 것이다.

---

위 학생의 초고와 완성글을 비교해 보면, 문단에 대한 인식이 엿보이며 글의 조직이 체계적으로 변화하고 있음을 알 수 있다. 전반적으로 글의 내용은 바뀌지 않았지만 '동생의 토요일 등교'와 관련한 내용에서 필자의 관점이 바뀌어 내용 수정이 이루어졌다. 그리고 초고의 마지막 문단 첫 문장의 내용을 완성글에서는 앞의 내용과 연결하여 자연스럽게 이어지게 만들고 있다. 완성글에서는 마지막에 하나의 문장을 통해 논의의 핵심을 잘 드러내고 있어 주장에 대한 설득력을 높여 주고 있다.

초고의 첫 문단을 완성글에서는 서론의 내용과 첫 번째 근거의 내용으로 나누어 글의 조직 체계를 분명히 드러내고 있다. 이는 자기 평가에도 나타났듯이 문단을 명확하게 구분하지 못했지만 자신의 생각을 의미 구성 단락으로 나누고자 하는 의도를 보이고 있다. 제도의 명칭에 간접 인용의 문장 부호를 첨가하여 문장 부호 사용에도 향상된 모습을 보이고 있다.

**글번호 : 222414(4회기)**

**초고**

내가 중학교에 입학하고 나서 학생들의 인권, 교사들의 교권, 교사의 체벌 등이 더 자주 눈에 띈다. 중학생이 되기 전에는 내가 학생으로써의 인권을 침해 당한 적도 친구은도 본 적이 없었다. 뉴스에서나 보는 정도, 교권 또한 아주 듣기 어려운 단어였다. 그래서 요즘 인권, 교권 등의 단어를 들으면 세상이 너무 각박하지 않은가라는 생각 든다.

예전 같지 않은 아이들, 이런 아이들의 행동으로 인한 교사의 체벌 이 체벌을 이기지 못하고 신고를 하는등 나의 상상의 범위를 벗어나는 행동이 자주 등장하는 세상이 되었다. 사실 나의 교사의 학생 체벌에 대해 찬성한다. 아주 자연스러운 생각에서 나온다. 학교생활에서 말로는 해결되지 않을 때 체벌이 필요한 경우가 있기 때문에 단지 학생의 인권만을 생각하여 체벌이 금지 되어야 한다는 것에 반대한다.

물론 여기에는 과한 체벌, 이유없는 체벌, 개인의 감정이 섞인 체벌은 당연히 반대이다. 학생들의 잘못에 대해서만 체벌을 하여야 된다고 생각한다.

- **내용** : 관점이 분명하다.
- **조직** : 내용 순서가 잘 나타나 있다.
- **목소리(어조)** : 예상 독자를 인식하고 있다.
- **낱말선택** : 낱말이 독자의 흥미를 끈다.
- **문장유창성** : 문장 흐름이 자연스럽다.
- **관습** : 문장부호, 맞춤법 사용이 정확하지 않다.

**완성글**

내가 중학교에 입학하고 난 뒤로 학생들의 인권, 교사들의 교권, 교사의 체벌 등이 더 자주 눈에 띈다. 중학생이 되기 전에는 내가 학생으로서의 인권을 침해 당한 적도 또한 친구은도 본 적이 없었다. 뉴스에서나 보는 정도, 교권 또한 아주 듣기 어려운 단어 였다. 그래서 요즘 인권, 교권 등의 단어를 들으면 '세상이 너무 각박해 지지 않았나'라는 생각을 한다.

예전 같지 않은 아이들, 이런 아이들의 행동으로 인한 교사의 체벌, 이 체벌을 이기지 못하고 신고를 하는등 나의 상상의 범위를 벗어나는 행동이 자주 등장하는 세상이 되었다. 사실 나의 교사의 학생 체벌에 대해 찬성한다. 아주 자연스러운 생각에서 나온다. 학교생활에서 말로는 해결되지 않을 때 체벌이 필요한 경우가 있기 때문에 단지 학생의 인권만을 생각하여 체벌이 금지 되어야 한다는 것에 반대한다.

물론 여기에는 과한 체벌, 이유없는 체벌, 개인의 감정이 섞인 체벌은 당연히 반대이다. 학생들의 잘못에 대해서만 체벌을 하여야 된다고 생각한다.

위 학생의 초고와 완성글을 비교하면, 전반적으로 큰 변화는 나타나지 않았으나 문장이 어색한 부분에 대한 수정이 일어났다. 자신의 생각을 나타내는 부분에 간접 인용의 문장 부호를 사용한다든지, 쉼표의 사용, '학생으로써'를 '학생으로서'로 수정하는 등 맞춤법과 문장 부호 사용에 향상된 모습을 보이고 있다.

### 글번호 : 122415(5회기)

**초고**

학교 국어선생님으로 부터 인터넷 실명제에 대한 기사를 보았다. SM엔터테이먼트의 이수만 회장이 말한 "인터넷 실명제 없이는 불법 다운로드 근절 안 된다" 라는 글을 읽었다. 맞는 말이다라는 생각은 했지만 나는 인터넷 실명제에 반대한다. 불법다운로드나 악플 등은 근절되기 힘들지만 자신의 개인적인 생각이나 비평들을 구애받지 않고 기재할 수 있다. 우리나라에서 실명대신 아이디로 대신해서 자신의 의사를 나타낸다. 실명대신 아이디를 사용하는 것임에도 불구하고 개인정보 유출이 심각한데 인터넷 실명제를 시행한다면 개인정보유출사고는 걷잡을 수 없게 커질것이다. 영화, 가수의 공연이나 음악 연예인의 일거수 일투족, 정부의 제도 등 개인의 사소한것이 모두 있는 인터넷 시장에서 이런 모든 것에 대한 누리꾼의 평가는 다양하다. 이런 다양함 속에 있는 소수의 특별함이 다수의 의견과 같지 않다해서 소수의 '마녀사냥'으로 이루어 질 수 있는, 인터넷 실명제에 반대한다.

- **내용** : 중심 내용을 세부 내용이 뒷받침해 주지 못한다.
- **조직** : 내용의 순서가 논리적이지 않다.
- **목소리(어조)** : 예상 독자에 대한 인식이 뚜렷하지 않다.
- **낱말선택** : 낱말이 독자의 흥미를 끈다.
- **문장유창성** : 문장의 의미 파악이 어렵다.
- **관습** : 문단 나누기가 필요하다.

완성글

학교 국어선생님으로 부터 인터넷 실명제에 대한 기사를 보았다.

SM엔터테이먼트의 이수만 회장이 말한 "인터넷 실명제 없이는 불법 다운로드 근절 안 된다" 라는 제목의 기사였다. 공감은 가지만 나는 인터넷 실명제에 대해 반대한다. 불법 다운로드의 근절, 악플 감소에 효과는 있겠지만 인터넷 실명제에는 더 많은 단점이 있다고 생각한다.

첫째, 인터넷 실명제가 아닌 우리나라에서는 누리꾼들의 영화, 가수의 음악이나 공연, 연예인의 일거수 일투족, 정부의 제도 등 개인의 사소한 것들에대한 셀 수도 없이 많은 개인적 생각, 비평등이 인터넷 시장에 있다. 이런 생각, 비평들이 셀 수도 없을 만큼 많은 이유는 자신의 의견을 다른 사람의 구애 없이 올릴 수 있기 때문이다. 인터넷 실명제가 있다면 이전과는 다르게 다양한 의견은 나오지 않을 것이다.

둘째, 실명 대신에 아이디를 쓰면서도 개인정보유출에서 자유로 울 수도 없는데 더 심각한 개인정보 유출을 인터넷 실명제는 감당할 수 없을 것이다.

이러한 단점들 때문에 인터넷실명제를 몇 몇 사이트에서 시도해 볼 수는 있으나 전면적으로 시행하는 것은 이르다 본다.

---

위 학생의 초고와 완성글을 비교하면, 전반적인 내용의 재구성이 이루어졌으며 문단에 대한 인식의 향상이 잘 드러났다. 완성글에서 '인터넷 실명제 반대'에 대한 두 가지 근거의 내용을 뒷받침 내용과 함께 제시하여 주장에 대한 설득력이 높아졌다.

초고와 달리 완성글에서는 서론의 문제 실태 제시와 흥미 유발이 드러났고 결론에서는 자신의 주장을 한 번 언급하고 있어 글의 조직이 완결된 형태를 유지하고 있다. '마녀사냥'과 같은 비유적 표현을 삭제하고 인터넷실명제 실시에 대한 심각한 문제상황을 제시하여 글의 표현에서 구체성을 보여준다. '글을 읽었다'를 '제목의 기사'라고 내용을 명확하게 밝히고 있어 내용이 좀 더 구체적으로 표현 되었다.

### ③ 하수준

다음 학생은 1회기부터 3회기까지 초고에 대한 수정이 거의 없었지만 4회기부터 자신의 글에 대한 적극적인 수정의 모습을 보인다.

**글번호 : 121514(4회기)**

**초고**

나는 '교사의 학생 체벌'에 대해 찬성한다.

요즘의 학생들은 스승을 존경하기는 커녕 선생님의 말에 반항하고, 대들며 심지어는 욕과 폭력까지 행사한다. 아니 이게 무슨 제자와 스승의 관계인가? 정부에서는 학생들의 인권존중을 이유로 '교사의 학생 체벌 금지'를 선언했지만 후에 문제가 된 '교사의 인권침해'에 대해서는 별다른 도움되는 대안을 제시해주지 않았다.

질서를 바로 잡기 위해 나는 '교사의 학생 체벌'을 찬성한다.

- **내용** : 저번에 했던 것보다 더 잘한 것 같다.
- **조직** : 내용의 순서가 논리적이다.
- **목소리(어조)** : 예상 독자에 대한 인식이 뚜렷하다.
- **낱말선택** : 정확한 낱말을 사용하고 있다.
- **문장유창성** : 문장의 흐름이 많이 자연스럽지는 않다.
- **관습** : 맞춤법은 정확하게 사용했다.

**완성글**

나는 '교사의 학생 체벌'에 대해 찬성한다.

정부에서는 '학생들의 인권존중'을 이유로 '교사의 학생 체벌 금지'를 선언했지만 그렇게 됨으로써 오히려 교사의 인권이 침해 되는 현상이 발생하였다. 교사가 학생을 때릴 수 없게 되자 학생들은 교사의 말에 반항하고 대들며 심지어는 욕을하고 폭력까지 행사하는 지경에 이르렀다. 그래서 정부는 '벌점제도'라는 대안을 제시했지만, 정말 개념 없는 일부의 학생들은 '그깟 벌점 그냥 줘요'라는 식으로 벌점 제도를 의미 없게 만들기까지 한다.

질서를 바로 잡기 위해 나는 '교사의 학생 체벌'을 찬성한다.

---

위 학생글의 초고와 완성글을 비교해 보면, 전체 내용에 대한 수정이 일어났으며, 주장에 대한 근거의 내용을 좀더 구체화하여 제시하였다. 다분히 감정적이고 주관적인 표현을 삭제하고 객관적인 내용 제시를 통해 논설문이라는 장르적 특성을 유지하려고 하였다. 서론, 본론, 결론과 같은 글의 체계적인 조직은 빈약하나 처음과 마지막 부분의 단락 구분을 통해 어느 정도 내용의 순차적인 짜임은 드러난다.

글번호 : 121515(5회기)

**초고**

나는 인터넷 실명제에 대해 찬성한다.

요즘의 네티즌들은 익명성을 이용해서 다른 사람들을 무시하고 심지어 욕까지 하며 상대방을 비난한다. 그로 인해 상처를 받고 마음의 병이 생겨 심한 경우 자살을 하는 사람들도 있다. 만약 실명제를 시행한다면, 자신의 신상이 공개 되어서라도 사람들을 좀 더 바른 언어를 사용할 것이다.

실제로 내가 본 인터넷 사이트 중에는 실명제를 사용하는 곳이 있었는데, 그 사이트는 사람들이 서로 물건을 사고 파는 매매사이트였다. 실명제를 사용하니 확실히 사람들이 바른 언어를 쓰고 사기 피해도 거의 없었다. 이것을 보고 나는 '아, 역시 요즘 네티즌들에게는 실명제가 필요하구나'라고 생각했다. 따라서 나는 인터넷 실명제를 찬성한다.

- **내용** : 관점이 분명하다.
- **조직** : 내용 순서가 효과적이다.
- **목소리(어조)** : 목적 의식이 뚜렷하다.
- **낱말선택** : 낱말이 구체적이지 않다.
- **문장유창성** : 문장의 흐름이 자연스럽지 않다.
- **관습** : 문단 나누기를 잘 했다.

**완성글**

나는 인터넷 실명제에 대해 찬성한다.

요즘의 네티즌들은 익명성을 악용하여 다른 사람들에게 비난과 욕을 하며 함부로 막말을 해댄다. 그로 인해 상처를 받고 마음의 병이 생겨 심한 경우 자살을 하는 사람들도 있다. 만약 실명제를 시행한다면, 사람들은 자신의 신상이 공개되기 때문에 좀 더 바른 언어를 사용할 것이다.

실제로 내가 본 인터넷 사이트 중에 실명제를 시행하고 있는 곳이 있었는데, 그 사이트는 사람들이 서로 물건을 사고 파는 매매사이트였다. 실명제를 사용하니 확실히 사람들이 바른 언어를 사용했고, 매매사기 피해는 거의 없었다. 이것을 보고 나는 '아, 역시 요즘 네티즌들에게는 실명제가 필요하구나'라고 생각했다. 따라서 나는 인터넷 실명제를 찬성한다.

---

위 학생글의 초고와 완성글을 비교해 보면, 전반적인 내용의 추가, 삭제는 없으나 낱말 사용에서 향상을 보이고 있다. '신상이 공개되어서라도'를 앞뒤 문장의 인과관계에 맞게 '신상이 공개되기 때문에'로 수정이 되어 문장의 흐름이 자연스러워졌다. 또한 '이용'을 '악용'으로 표현하여 문장을 분명하게 표현하였으며, '실명제 사용'을 '실명제 시행'으로 수정하여 정확한 문장 표현을 구사하고 있다.

### (3) 고등학교

#### ① 상수준

다음 학생은 쓰기 과제의 장르 특성을 회기가 거듭될수록 명확히 인식해가고 있으며 이에 따라 글의 내용 표현이 명확해지고 있다.

**글번호 : 230411(1회기)**

**초고**

저는 교내에서 휴대폰을 소지하면 안된다고 생각합니다. 휴대폰을 가지고 있으면 수업시간에 문자나 게임을 하기 때문에 학업에 방해가 됩니다. 그리고 꼭 문자나 게임을 하지 않아도 가지고 있으면 괜히 한번, 두번 만지게 되는 게 휴대폰 입니다. 게다가 요즘에는 스마트폰이 인기있고, 매일 새로운 기능과 디자인의 스마트폰이 터져 나오는 것처럼 스마트폰을 사용하는 사람이 늘어나 이제는 대부분이 스마트폰을 사용하고 있습니다. 그만큼 휴대폰은 우리에게 없으면 안 될, 없으면 불안한 존재가 되었습니다. 휴대폰으로 할 수 있는 것들도 많아졌으니 소지하고 있는 것만으로도 수업시간에 집중도가 떨어지는 것입니다.

우리친구들만 해도 그렇습니다. 방학 중 보충학습을 하는데 정규수업이 아니라서 휴대폰을 걷지 않았더니 반이상이 휴대폰을 만지고 있었습니다. 어떤 아이는 휴대폰을 만지지 말라는 선생님의 말씀을 무시하기까지 했습니다. 자유를 주면 자율적으로 잘 행동해야하는데 그러지 못하니까 교내에서 휴대폰을 소지하는 것에 대해 반대합니다.

- **내용** : 관점이 불분명하고 세부 내용이 중심 내용을 뒷받침하고 있지 않다.
- **조직** : 중심 생각은 잘 드러나나 결론이 전체내용을 잘 요약하고 있지 않다.
- **목소리(어조)** : 글을 쓴 목적이 분명하다.
- **낱말선택** : 구체적인 낱말을 사용하고 있다.
- **문장유창성** : 문장 간 의미 파악이 쉽다.
- **관습** : 문단 나누기가 필요하다.

**완성글**

저는 교내에서 휴대폰을 소지하는 것을 반대합니다.

휴대폰을 가지고 있으면 수업시간에 친구들과 문자를 하거나, 게임을 하기 때문에 학업에 방해가 됩니다. 그리고 문자나 게임을 하지 않아도 괜히 한번, 두번 만지게 되는 것이 휴대폰 입니다. 소지하고 있는 것 만으로도 수업의 집중도가 떨어질 수 밖에 없습니다.

게다가 요즘에는 스마트폰이 인기가 있어서 매일 새로운 기능과 디자인의 스마트폰이 출시되는 것처럼 스마트폰 사용자가 더욱 증가하고 있습니다. 스마트폰으로 할 수 있는 것이 많아졌기 때문에 그 만큼 휴대폰은 우리에게 없으면 불편함을 넘어서 불안함을 느끼게 하는, 없어서는 안 될 존재가 되어버렸습니다. 그래서 학생들은 이런저런 핑계를 대면서 휴대폰을 소지하려고 합니다.

우리 학교 친구들만 해도 그렇습니다. 친구들 역시 대부분 스마트폰을 가지고 있는데 반장이 휴대폰을 걷어도 내지 않고, 수업시간에 몰래 사용합니다. 어떤 친구는 선생님께 걸려도 무시하고 게임만 하다가 혼이 난 적도 있습니다. 또, 방학 보충학습 때는 아이들의 반발로 방학이라고 휴대폰을 걷지 않았는데 수업시간에 휴대폰을 만지는 친구들이 반 이상이였습니다. 이렇게 자유를 줘도 자율적으로 잘 행동하지 못하는데 교내에서 휴대폰 소지하는 것을 허용 한다면 어떻게 될까요?

학업에 시간을 빼앗기지 않고, 학교에서는 학생으로서의 할 일을 하기 위해서는 교내에서 휴대폰을 소지하면 안 된다고 생각합니다.

---

위 학생은 초고에 비해 완성글에서는 글의 분량이 많이 늘어 났으며 문단에 대한 인식이 잘 드러나 있다. '학업에 방해가 된다'는 막연한 내용을 구체적인 예를 첨가하여 글의 내용을 보다 명확하게 드러내고 있다.

초고에서는 문단에 대한 인식 없이 생각나는대로 내용을 기술하고 있어 주장에 대한 근거와 뒷받침 내용의 관계가 불명확하게 드러나 있다.

그러나 완성글에서는 글의 중심 내용에 따라 문단이 적절하게 나뉘어져 있다. 다만 세 번째 문단의 내용이 문제에 대한 실태 파악으로 서론의 내용으로 적절하나 이를 본론의 내용에 포함시킴으로써 전체 내용의 순서를 조정하는 수정이 한 번 더 이루어져야 할 필요가 있다. 결론에서 교내 휴대폰 소지에 대한 반대의 의견을 제시하고 있어 이 글의 주장을 일관성 있게 정리, 요약하고자 하였으나 결론의 내용이 좀더 첨가되어야 할 필요가 있다.

본론 마지막 부분에 초고에서는 평서형으로 의견이 나열되어 있지만 완성글에서는 독자에게 질문을 던지는 의문형으로 되어 있어 독자의 관심과 흥미를 유도하고 있다. 다만 본론의 맺음이 제대로 이루어지지 않은 문제점이 있다.

### 글번호 : 230412(2회기)

**초고**

요즘 10대, 20대 사이에서 통신어 사용량이 많아지고 있습니다. 뿐만 아니라 자녀를 둔 젊은 학부모들까지 아이들과 장난스레 통신어를 주고 받는 것을 본 적도 있습니다. 그래서인지 온라인 상을 떠나 우리생활 속에서도 사용되고 있는 통신어를 아예 없애버린다는 것은 거의 불가능하다고 생각합니다. 하지만 앞으로 더 이상의 통신어는 만들어 내지 않고, 온라인에서만 통신어를 사용하면서 점차 그 사용량을 줄여나가야 합니다.

수많은 통신어들을 보면 우리는 정말 아무렇지 않게 한글을 훼손하고 있었구나 라는 생각이 듭니다. 우리의 한글이 얼마나 아름답고, 과학적인지 외국사람들도 아는데 정작 우리만 모르는 것 같기도합니다. 편리함 때문에 통신어를 쓴다고 하는데 몇 글자 쓰는데 시간이 얼마나 절약될까요?

우리가 편리함과 한글을 바꾸는 일은 없어야 합니다. 어른들은 아이들이 통신어를 쓸 때 바로 잡아줘야 하고, 모두와 의사소통할 수 있는 말을 사용해야 하며 우리의 한글을 소중히 여겨 이제부터 통신어보다는 올바른 우리말을 사용해야 합니다.

- **내용** : 글의 내용이 명백하나 내용이 독창적이지 않다.
- **조직** : 내용의 순서가 논리적이다.
- **목소리(어조)** : 글을 쓴 목적을 의식하고 있다.
- **낱말선택** : 낱말을 잘 사용했지만 흥미 유발이 안된다.
- **문장유창성** : 문장의 흐름은 자연스럽지만 의미 파악이 어렵다.
- **관습** : 문단 나누기가 정확하지 않다.

**완성글**

요즘 10대는 물론 20대, 30대 사이에서도 통신어 사용량이 많아지고 있습니다. 뿐만 아니라 자녀를 둔 젊은 학부모들까지 아이들과 장난스레 통신어를 주고 받는 것도 본 적이 있습니다. 그래서인지 온라인 상을 떠나 우리생활 속에서도 사용되고 있는 통신어를 아예 없애버린다는 것은 거의 불가능하다고 생각합니다. 하지만 앞으로 더 이상의 통신어는 만들어 내지 않고, 온라인상에서만 통신어를 사용하면서 점차 그 사용량을 줄여나가야 합니다.

통신어를 사용하면서 의사소통의 불편함도 문제겠지만 가장 큰 문제는 한글을 올바르게 쓰지 않는다는 것입니다. 수 많은 통신어들을 보면 우리가 정말 아무렇지도 않게 한글을 훼손하고 있었구나... 라고 새삼 느낍니다. 그리고 우리의 한글이 얼마나 아름답고, 과학적인지 외국인들도 아는 사실을 정작 그 주인인 우리는 모르고 있는 것 같아 부끄러워 집니다.

편리하기 위해 통신어를 사용한다고 얼마나 시간이 절약될까요? 재미로 통신어를 사용했다가 우스워지는 것은 아닐까요? 우리가 편리함과 재미를 한글과 바꾸는 일은 없어야 합니다.

아이들이 통신어를 쓸 때, 바로 잡아줘야 하고, 소외감 없이 모두가 의사소통 할 수 있는 말을 사용해야 하며 우리 한글의 우수성을 자랑스럽게 생각해서, 올바른 우리말을 사용해야 합니다.

---

초고에 비해 완성글에서는 글의 통일성이 향상되었다. 초고에서는 첫

번째 근거에 대한 내용의 구체성이 떨어졌으나 완성글에서는 근거에 부합하는 내용의 첨가로 글의 내용이 구체적이면서 글의 설득력을 높여주고 있다. 다만 예상 반론에 대한 충분한 반박의 내용이 빈약하여 이에 대한 내용 첨가로 수정이 이루어져야 한다. 또한 본론과 결론의 중심 내용이 잘 드러나도록 내용의 첨가가 이루어져야 할 것이다.

초고에 비해 완성글에서는 서론, 본론, 결론의 형식은 잘 짜여져 있다. 특히 본론의 내용 전체를 고려할 때 글의 통일성을 위해 초고에 나뉘어지지 않았던 내용간의 문단 구분이 이루어져 좀더 짜임새 있는 글로 수정이 되었다. '~해야 한다'라는 당위적 표현이 자주 등장하면서 설득적인 어조를 강하게 드러내고 있다. 평이한 낱말 선택을 보이며 문장의 흐름이 매끄럽게 이어지고 있다.

글번호 : 230413(3회기)

**초고**

올해부터 '주 5일 수업제'가 시행된다. 내 의견을 말하자면 나는 토요일 등교에 대해 반대한다.

'학업 성적이 떨어질것이다, 학교수업이 줄어들었으니 학원을 보내는 사교육비가 더 든다' 라며 반대하는 사람도 있지만 꼭 그렇지는 않다. 공부하는 시간이 많아야 좋은 성적을 얻을 수 있는 게 아니라 공부할 때 얼만큼 집중하느냐에 따라 성적이 결정되기 때문이다. 그리고 요즘들어 가족과 함께 할 수 있는 시간이 점점 더 줄어들고 있는데 이번 기회를 통해 가족과 여행을 가거나 대화하는 시간이 많아질 것이다. 뿐만아니라 학업에 지쳐있는 중·고등학생들이 여가생활이나 자기계발활동을 함으로써 공부에 대한 스트레스를 풀 수도 있다. 그렇게 공부 스트레스와 부담감을 줄이고, 자기 공부하는 시간을 더 가지면 오히려 더 성적이 오를 수도 있다.

- **내용** : 관점이 분명하지만 보충해야 할 부분이 있다.
- **조직** : 주제는 잘 드러나지만 내용의 순서가 논리적이지 않음
- **목소리(어조)** : 예상 독자의 인식은 조금 되지만, 목적이 뚜렷하지 않다.
- **낱말선택** : 낱말이 구체적이다.
- **문장유창성** : 문자의 흐름이 자연스럽지 않다.
- **관습** : 문장 부호, 맞춤법을 잘 사용한다.

**완성글**

올해부터 '주 5일 수업제'가 시행된다는 소식에 반응이 다들 의견이 분분하다. 먼저 내 의견을 말하자면 나는 토요일 등교에 대해 반대한다.

'학업 성적이 떨어질것이다.', '학교 수업이 줄어들었으니 학원을 보내는 사교육비가 더 든다' 라며 학부모들이 부담감을 느끼고, 걱정하겠지만 내 생각에는 학업성적에 영향을 끼치는 것은 토요일 등교와 아무 상관이 없다. 공부하는 시간이 많아야 좋은 성적을 얻을 수 있는 것이 아니라 공부할 때 얼만큼 집중하느냐에 따라 성적이 좌우되기 때문이다.

그리고 부모님께서는 일하시느라, 아이들은 공부하느라 바쁜 생활 속에서 가족들이 모여 함께하는 시간이 점점 줄어 들고 있다. 가족 모두 모여 식사하는 모습조차 보기 힘든 요즘, 이번 기회를 통해 가족들과 대화하고, 여행가는 시간이 많아질 것 이다.

뿐만아니라 학업에 지쳐있는 중・고등학생들이 토요일과 일요일에는 여가생활이나 자기계발활동을 함으로써 공부에 대한 스트레스를 조금이나마 줄일 수 있다.

그렇게 공부에 대한 스트레스와 부담감을 줄이고, 자율적으로 관리하는 시간을 더 가지면 성적이 떨어질 일도 없고, 학교 생활 하는데 여유가 조금 생길 것 이다.

---

위 학생의 초고와 완성글을 비교한 결과, 초고에 비해 완성글에서는 문단 나누기가 중심내용에 따라 잘 나뉘어져 있으며 글의 내용이 첨가되어 분량이 늘어났다. 전반적으로 서론, 본론, 결론 부분의 내용이 첨가

되어 내용의 구체성이 향상되었다. 그리고 초고의 내용과 비교하여 완성글의 결론 부분의 첨가내용을 보면, 문제 해결의 효과에 대한 기대가 거시적인 안목에서 다루어져 있음을 알 수 있다.

'공부 스트레스'와 같은 표현을 '공부에 대한 스트레스'로 수정하여 표현의 명확성을 높이고 있으며 첨가된 내용의 흐름도 자연스럽게 연결되어 독자들의 내용 이해에 도움이 되고 있다. 초고와 달리 완성글에서는 평이한 낱말 선택과 맞춤법 상의 오류에 대한 수정이 빈번하게 이루어졌다. 또한 주장에 대한 근거의 논점을 적절한 문단 구분을 통해 명확하게 드러내려고 하였다.

### 글번호 : 230414(4회기)

**초고**

국어시간에 선생님께서 나눠주신 자료를 읽었는데 서울 학생인권조례가 시행되면 모든 초중고 학교에서는 체벌이 금지되고, 두발 규정 같은 규제가 사라진다는 내용이 있었다. 나도 논란이 되는 교사의 학생 체벌 동영상을 가끔 본 적이 있는데, 체벌을 금지하자는 원성이 왜 점점 높아지는지 그 이유를 알 정도로 정말 심각했다.

교사의 학생 체벌은 금지 되어야 한다. 내가 학생이어서가 아니다. 학생이 교사의 말을 듣지 않고, 올바르지 못한 행동을 했을 때, 왜 굳이 체벌을 하는가? 말로 잘 타이를 수도 있고, 봉사활동을 시킬 수도 있고, 부모님께 연락드리는 방법도 있다. 학생 체벌로 동영상에 뜬 교사들은 단순한 사랑의 매가 아닌 자신의 감정을 절제하지 못하고 분풀이를 하는 것처럼 보였다. 예전에는 면학분위기를 해치고, 학생통제가 안 될수도 있으니 적절한 목적에 적당한 체벌은 당연히 있어야 한다고 생각했다. 그리고 내 주위에서 심각한 체벌은 본 적이 없기 때문에 관심 밖이였다. 하지만 이제 더 이상 남의 문제로 끝내서는 안 된다. 그리고 '적당한' 의 기준도 명확하지 않기 때문에 사랑의 매로 둔갑한 체벌을 막기 위해서는 아예 체벌을 금지시켜야 한다. 그래서 앞으로는 교사의 학생 체벌이 논란이 되는 일이 없고, 체벌 없이도 좋은 면학 분위기를 만들기 위해 노력해야 한다.

- **내용** : 세부 내용이 중심 내용을 잘 뒷받침 하고 있다.
- **조직** : 내용의 순서가 논리적이지 않다.
- **목소리(어조)** : 예상 독자에 대한 인식이 잘 드러나 있지는 않다.
- **낱말선택** : 독자의 흥미를 끄는 구체적인 낱말이 필요하다.
- **문장유창성** : 문장의 흐름이 자연스럽다.
- **관습** : 문단 나누기가 필요하다.

**완성글**

국어시간에 선생님께서 나눠주신 자료를 읽었는데, 서울 학생인권조례가 시행되면 모든 초중고 학교에서는 체벌이 금지되고, 두발 규정 같은 규제가 사라진다는 기사가 있었다. 나도 논란이 되는 교사의 학생 체벌 동영상을 가끔 본 적이 있는데, 체벌을 금지하자는 원성이 왜 점점 높아지는지 그 이유를 알 정도로 정말 심각했다.

나는 교사의 학생 체벌은 금지 되어야 한다고 생각한다. 내가 학생이어서가 아니다. 학생이 교사의 말을 듣지 않고, 올바르지 못한 행동을 했을 때, 벌을 주기 위해 왜 굳이 체벌을 선택하는가?

학생과 대화를 통해 풀 수도 있고, 봉사활동을 시킬 수도 있으며 정 안 되면 부모님께 연락드리는 방법도 있다. 그러나 학생 체벌로 동영상에 뜬 교사들은 다른 방법을 생각해보지도 않았고, 단순한 사랑의 매가 아닌 자신의 감정을 절제하지 못하고 그저 학생에게 분풀이 하는 것처럼 보였다.

예전에는 면학분위기를 해치고, 학생통제가 안 될수도 있으니 적절한 목적에 적당한 체벌은 필요하다고 생각했다. 그리고 내 주위에서 심각한 체벌은 본 적이 없기 때문에 관심 밖이였다. 하지만 이제 더 이상 남의 문제로 끝내서는 안 된다. 그리고 '적당한 체벌' 의 기준도 명확하지 않기 때문에 사랑의 매로 둔갑한 체벌을 막기 위해서는 아예 체벌을 금지시켜야 한다.

앞으로는 교사의 학생 체벌이 논란이 되는 일도 없어야 하고, 체벌 없이도 좋은 면학 분위기를 만들기 위해 노력해야 한다.

위 학생의 초고와 완성글의 비교 결과, 내용상의 큰 변화는 없으나 문단 나누기가 명확하게 일어났다. '교사의 학생 체벌 금지'와 관련하여 초고에서는 한 문단으로 제시하였던 것을 완성글에서는 문단을 나누어 제시하였으며, 결론의 내용도 한 문단으로 제시했던 것을 새로운 문단으로 나누어 내용 조직의 짜임을 체계적으로 수정하였다. 그리고 '적당한'을 '적당한 체벌'이라고 수정하면서 내용을 구체적으로 표현하였고 초고에 빠진 반점(,)을 첨가하여 문장의 긴 호흡을 완성글에서는 알맞게 끊어주고 있다.

글번호 : 230415(5회기)

**초고**

요즘 같은 정보화시대에는 컴퓨터 뿐만 아니라 페이스 북과 유튜브 같은 뉴미디어를 통해 세계화가 빠르게 진행되고 있다. 그만큼 세계사람들과 공유하고 있는 것이 많은데 문제는 대부분이 불법적으로 공유를 하고 있다는 것이다.

불법적인 다운로드 때문에 생산자가 피해를 보지 않도록 인터넷 실명제 꼭 실행해야 한다. 그냥 다운만 받는 사람이야 편하겠지만, 노력해서 만든 생산자는 정말 허무하고, 기분이 나쁠 것이다. 그리고 또 다른 문제는 자신을 밝히지 않음으로써 악플과 같은 인터넷 범죄가 증가한다는 것이다. 악플 때문에 자살하는 연예인들도 있고, 중·고등학생들의 악플 경험도 63%나 된다고 한다. 연예인들 뿐만 아니라 청소년들의 생활에도 영향을 끼칠 만큼 큰 문제가 되었다.

제도적으로 강제하기보다는 스스로 건전한 문화를 만들어가면 좋겠지만 이미 많은 피해가 나타나고 있고, 모든 사람들이 자율적으로 하긴 힘드니 인터넷 실명제를 실시해야 한다.

- **내용** : 내용이 독창적이지는 않지만 글의 관점이 분명하다.
- **조직** : 주제가 잘 드러나 있다.
- **목소리(어조)** : 예상 독자에 대한 인식이 어느 정도 드러난다.
- **낱말선택** : 낱말이 독자의 흥미를 끌지 않는다.
- **문장유창성** : 문장의 흐름이 자연스럽지 않다.
- **관습** : 문단 나누기가 정확하게 사용되지 않았다.

**완성글**

요즘 같은 정보화시대에는 컴퓨터 뿐만 아니라 페이스 북과 유튜브 같은 뉴미디어를 통해 세계화가 빠르게 진행되고 있다. 그만큼 세계 사람들과 공유하고 있는 것이 많은데, 문제는 대부분이 불법적으로 공유를 하고 있다는 것이다.

우리는 불법적인 다운로드 때문에 생산자가 피해를 보지 않도록 인터넷 실명제를 실행해야 한다. 그냥 다운만 받는 사람이야 편하겠지만, 노력해서 만든 생산자는 정말 허무하고, 기분이 나쁠 것이다. 뿐만 아니라 나 역시 그 피해자가 될 수도 있기 때문에 저작권을 보호해야 한다.

그리고 인터넷 실명제를 실시하지 않으면, 지금처럼 인터넷에 글을 쓸 때 자신을 밝히지 않아도 되기 때문에 악플과 같은 인터넷 범죄가 증가할 것이다. 악플 때문에 자살하는 연예인도 적지 않고, 중·고등학생들의 악플 경험도 63%나 된다고 한다. 이제는 연예인들 뿐만 아니라 청소년들의 생활에도 영향을 끼칠 만큼 큰 문제가 되었다.

익명 표현의 자유를 존중해야 한다는 사람들도 있지만 그 자유 때문에 사람들이 피해를 보는 것을 넘어 죽을 수도 있다는 것을 명심해야 한다.

무엇보다 중요한 것은 제도적으로 강제하기 보다는 스스로 올바른 문화를 만들어가는 것이 좋다. 그러나 이미 많은 사람들이 걷잡을 수도없이 불법다운로드와 악플사용을 하고 있다. 따라서 인터넷 실명제와 같은 제도적인 규제 장치가 꼭 필요하다.

위 학생의 초고와 완성글을 비교해 보면, 전반적으로 글의 분량이 늘어났으며 문장의 흐름도 매끄럽게 수정이 되었다. 완성글에서는 초고에 없던 반론에 대한 의견을 예상하고 이에 대한 반박의 의견을 첨부하여 필자의 주장에 대한 설득력을 높이고 있다.

인터넷 실명제 미실시에 대한 구체적인 상황을 문단으로 나누고 첫 문장을 구체화시켜 수정함으로써 주장에 대한 근거를 명확하게 제시하고 있다. 초고에 나타난 결론 부분의 어색한 문장의 흐름과 호응을 접속부사어를 통해 문장을 유기적으로 연결시켰다. 필자는 초고에 누락된 조사나 문장 부호를 첨가하여 글의 의미를 분명하게 드러내고 있다.

### ② 중수준

다음 학생은 전반적으로 중심 내용을 뒷받침하는 세부 내용 생성과 글의 조직 능력이 눈에 띄게 향상되는 모습을 보인다.

**글번호 : 131711(1회기)**

**초고**

교내에서 휴대폰을 소지하는 것을 반대한다. 학생 스스로가 휴대폰을 소지하면 수업시간에 사용하는 경우가 많다. 수업시간에 휴대폰을 꺼두는 것이 원칙이지만 대부분의 학생들은 그렇지 못하다. 이렇게 학생들이 수업시간에 휴대폰을 사용하다보면 수업분위기는 엉망이 될 것이다. 그러면 자연스럽게 학생들의 성적은 떨어질 것이다.

또한 교내에서 휴대폰을 소지하면 선생님과 학생, 학생과 학생 사이에 불미스러운 일이 발생할 수도 있다. 예를 들어 선생님이 처벌하시는 것을 학생이 휴대폰 카메라로 찍어 인터넷에 올리면 그 선생님이 정당한 체벌을 했다 하더라도 카메라에 찍힌 그 모습만 보고 비난을 받을 수 있다. 또, 친구들 사이에서 휴대폰으로 한 친구를 욕하며 왕따를 시킬 수도 있다.

교내에서 휴대폰을 소지하지않는다면 학교분위기는 더 좋아질 것이다.

- **내용** : 관점이 분명하지 않다.
- **조직** : 주제가 잘 드러나 있지 않다.
- **목소리(어조)** : 글을 쓴 목적을 의식하고 있다.
- **낱말선택** : 낱말이 독자의 흥미를 많이 끌지 않는다.
- **문장유창성** : 문장의 흐름이 약간 엉켜 있다.
- **관습** : 문단 나누기를 정확하게 사용하지 않았다.

**완성글**

교내에서 휴대폰을 소지하는 것에 반대한다. 학교는 학생이 공부하기 위해 좋은 분위기를 만들어 주는 곳이다. 하지만 학생이 교내에서 휴대폰을 소지한 채 수업시간에 사용한다면 수업분위기는 엉망이 될 것이다. 그러면 학생의 성적은 자연스레 떨어지게 된다. 원래 학교의 본분을 잊게 되는 것이다.

또한, 교내에서 휴대폰을 소지하면 불미스러운 일이 일어날 수 있다. 예를 들어 시험볼 때, 학생이 휴대폰을 이용해 문자로 친구들과 답을 공유할 수 있다. 또한, 스마트폰이 발달한 요즘, 인터넷으로 답을 찾을 수도 있다. 이렇게 교내에서 휴대폰을 소지하면 부정행위가 발생할 수도 있다.

이렇게 교내에서 휴대폰을 소지하지 않음으로써 더 좋은 학교분위기를 만들 수 있을 것이다.

---

위 학생글의 초고와 완성글을 비교해 보면, 근거에 대한 뒷받침 내용이 군더더기 없이 정리되었고 앞뒤 문맥의 흐름을 잘 고려하여 내용이 순차적으로 이어지고 있다. 휴대폰 소지와 관련한 불미스러운 일에 대한 구체적인 예를 다른 적절한 예로 교체하여 제시함으로써 중심내용을 명확하게 드러내고 있으며 예상 독자의 글에 대한 이해를 돕는다.

글의 앞부분에 제시된 '좋은 학교 분위기'에 대한 이야기가 마지막 부분에 다시 언급되면서 주장의 핵심 근거를 분명히 드러내고 있다. 결론에 대한 내용이 앞부분의 내용과 유기적으로 연결되게 수정이 되었으나 내용이 빈약하여 이에 대한 내용 첨가가 필요하다.

글번호 : 131712(2회기)

**초고**

통신어 사용에 부분 찬성한다. 통신어는 표준어만으로는 표현할 수 없는 감정이나 느낌 등을 표현 해 줄 수 있다. 통신어를 사용하면서 더 풍부한 의사전달이 되는 것이다. 예를 들면 웃기거나 기분 좋을 때 쓰는 'ㅋㅋ', 'ㅎㅎ' 등을 사용함으로써 표준어가 가지지 못하는 의미를 표현할 수 있다.

통신어를 사용하면 경제적인 효과도 누릴 수 있다. 예를 들면 '수고하세요'를 '수고', '디지털 카메라'를 '디카' 등으로 표현함으로써 말하는 데 시간을 단축할 수 있다. 모든 게 빨리 진행되고 간단한 것을 좋아하는 현대사회에서 통신어의 사용은 불가피하다.

- **내용** : 글의 관점이 불분명하다.
- **조직** : 주제가 잘 드러나 있다.
- **목소리(어조)** : 예상 독자에 대한 인식이 드러난다.
- **낱말선택** : 낱말이 구체적이지 않다.
- **문장유창성** : 문장의 흐름이 자연스럽다.
- **관습** : 문장부호, 맞춤법은 완벽하지 않다.

**완성글**

통신어 사용에 찬성한다. 통신어는 표준어만으로는 표현할 수 없는 의미를 전달해준다. 통신어를 사용하면 더 풍부한 느낌이나 감정등을 표현할 수 있다. 예를 들어, 웃기거나 기분 좋을 때 쓰이는 통신어, 'ㅋㅋ', 'ㅎㅎ', 슬플 때 쓰이는 통신어 'ㅠㅠ', 'ㅜㅜ' 등을 사용하면 표준어에서는 나타내기 힘든 표정을 표현할 수 있다.

통신어를 사용하면 경제적인 효과도 누릴 수 있다. 예를 들면 '수고하세요.'를 '수고', '디지털카메라'를 '디카' 등으로 표현하면 말하는데 시간을 단축할 수 있다. 모든 게 빠르고 간단하게 흘러가는 현대 사회에서 통신어의 사용은 좋은 수단이 될 수 있다.

남들이 알아듣지 못하는 통신어를 계속 사용하다보면 우리말이 자꾸 사리질 것이다. 그러므로 통신어는 적정선 안에서 모두가 쉽게 알아들을 수 있게 사용해야 한다.

---

위 학생글의 초고와 완성글을 비교해 보면, 글의 조직과 표현면에서 향상된 모습을 보이고 있다. 초고에서는 필자의 주장이 분명하게 드러나 있지 않으나 완성글에서는 '통신어 사용 찬성'이라는 명확한 관점을 밝히고 있다. 그리고 결론의 내용을 보충하여 필자의 주장에 대한 당부의 이야기를 전하고 있다.

초고에 없었던 결론을 완성글에서 새롭게 생성하여 글의 조직에 대한 인식을 드러낸다.

**글번호 : 131713(3회기)**

**초고**

토요일 등교에 반대한다. 건강한 삶을 위해선 충분한 휴식이 중요하다. 충분한 휴식을 취하지 못하면 사람은 지칠 수 밖에 없다. 그러므로 토요일엔 집에서 쉼으로써 주중에 쌓인 스트레스를 풀 수 있다.

또한, 토요일은 자기계발의 시간으로 쓰일 수도 있다. 학교공부에 열중하다보면 자기 계발의 시간이 부족하다. 토요일에 자신의 취미를 개발하면 스트레스도 풀 수 있고 특기도 생길 수 있다.

토요일에 등교하지 않으면 자기 시간이 많아진다. 자기 시간이 많이 부족한 우리나라 학생들에겐 정말 좋은 기회이다. 현대 사회는 공부만 잘 하는 학생보다 창의적인 학생을 원한다. 토요일에 많은 체험활동을 해봄으로써 학생들은 창의성을 키울 수 있다.

학생들에게 더 많은 자유와 더 큰 꿈을 키워주기 위해서 토요일에 등교하면 안 된다.

- **내용** : 세부 내용이 부족하다.
- **조직** : 내용의 순서를 정확하게 쓴다.
- **목소리(어조)** : 글을 쓴 목저을 의식한다.
- **낱말선택** : 구체적인 낱말을 사용하지 않았다.
- **문장유창성** : 문장의 의미 파악이 어렵다.
- **관습** : 문단 나누기를 정확하게 사용하고 있지 않다.

**완성글**

토요일 등교에 반대한다. 우리나라 학생들은 학업에 열중하느라 휴식시간이 부족하다. 주말에도 학교에 등교하면서 학생들은 쉬어야 할 시간에도 제대로 쉬지 못 하고 있다. 한창 막 자랄 나이인 학생들에게 휴식은 꼭 필요한 것이다. 휴식을 충분히 취하지 못하면 학생들은 지칠 수 밖에 없다. 그러므로 토요일은 가족이나 친구들과 지친 몸을 풀어주는 즐거운 주말이 되어야 한다.

또한, 토요일에 쉬게 된다면 그 시간에 자기계발을 할 수 있다. 학교 정규교과에서 벗어난 다양한 활동을 해봄으로써 자신의 적성과 소질을 계발할 수 있다. 취미활동으로 남들과 공유도 할 수 있다. 그러면 더 넓은 인간관계를 가질 수 있을 것이다.

토요일에 등교하지 않으면 자기 시간이 더 많아진다. 하루에 가족 얼굴 볼 틈 없이 바쁜 요즘에 자기 시간을 갖는 것은 중요하다. 학교에서만의 시간이 아닌 다양한 활동을 해볼 시간을 가지면서 청소년들은 더욱 바람직하고 창의적인 사람으로 성장할 것이다.

그러므로 학생들에게 더 큰 꿈과 자유를 키워주기 위해서 토요일 등교에 반대한다.

---

위 학생글의 초고와 완성글을 비교해 보면, 전반적으로 내용의 분량이 늘어났으며 문단의 내용 또한 중심내용을 토대로 긴밀하게 연결되었다. 완성글에서는 근거에 대한 뒷받침 내용이 첨가되어 글의 의미를 구체화 시켜주고 있다.

초고에 비해 서론의 내용이 늘어났으나 서론 부분에 주장에 대한 근거의 내용 구분이 애매하게 진술되어 있어 이를 좀더 분명하게 해주는 추가 수정이 필요하다.

초고에서 '토요일에 등교하면 안 된다'가 완성글에서 '토요일 등교에 반대한다'로 수정되면서 객관적인 어조를 유지하고자 한 모습을 볼 수 있다. 단어 선택면에서 '자기계발', '적성', '소질', '교과과정' 등 다양한 낱말들이 근거를 잘 뒷받침하고 있다.

글번호 : 131714(4회기)

**초고**

교사의 학생 체벌에 찬성한다. 최근 학생 체벌, 학교폭력 등 학교 관련 문제로 언론이 떠들썩하다. 학생들은 선생님이 자신들을 체벌하는 것은 자유를 침해하는 것이라며 반박하고 있다.

학생이 잘못을 하면 그에 마땅한 벌을 받아야 한다. 작은 잘못을 했으면 체벌없이 상담이나 반성문 쓰기로 벌을 받아야 한다. 하지만 큰 잘못을 하고도 잘못을 뉘우치는 태도를 보이지 않는다면 체벌은 불가피하다. 하지만 체벌도 어느 적당선까지만 해야 진짜 체벌이다. 적당한 세기를 넘으면 그것은 폭력이 되고 말 것이다. 그러므로 체벌은 개인적인 감정을 표출하는 벌이 아닌 학생 스스로 잘못을 뉘우치게 하는 강도의 벌이 되어야 한다.

적당한 체벌로 학생의 잘못을 뉘우치게 하면 학생은 사회인이 되는 길에 한발 더 다가서게 될 것이다. 자신만 생각하는 행동을 하지 않고 더 철이 들어 더 바람직한 어른의 모습으로 성장할 수 있을 것이다. 그러므로 적당한 선 만의 교사의 학생 체벌은 필요하다.

- **내용** : 세부 내용이 중심 내용을 뒷받침하고 있지 않다.
- **조직** : 내용의 순서가 논리적이지 않다.
- **목소리(어조)** : 예상 독자 인식이 뚜렷하지 않다.
- **낱말선택** : 낱말이 독자의 흥미를 많이 끌진 않는다.
- **문장유창성** : 문장이 간결하다.
- **관습** : 맞춤법이 정확하게 사용되었다.

**완성글**

최근 학생체벌, 학교 폭력 등 학교와 학생 관련 문제로 사회가 떠들썩하다. 그 중 교사의 학생 처벌이란 주제로 분분한 의견이 제기되고 있고, 전국의 많은 학교들은 학생 체벌을 금지하고 있다.

나는 학생 체벌에 찬성한다. 사람이 잘못을 하면 그에 마땅한 벌을 받아야한다. 작은 잘못을 하면 체벌없이 상담 등으로 벌을 받는다. 하지만 큰 잘못을 하고 같은 방법으로 학생이 잘못을 뉘우치지 않는다면 얘기는 달라진다.

하지만 체벌의 강도가 적당선을 넘어서는 안 된다. 자신의 감정을 표출하면서 때리는 것은 체벌이 아닌 폭력이다 그러므로 체벌을 할 때는 개인적인 감정을 잊어야 한다. 대신 객관적으로 그 아이의 잘못만으로 판단하여 벌을 주어야 한다.

적당한 체벌로 학생의 잘못을 뉘우치게 한다면 그것은 학생에게도 좋은 영향을 끼칠 것이다. 학생에게 어른이 되어가고 있다는 것을 가르쳐 주는 것이고, 좋은 인성을 가질 수 있도록 인도하는 것이다. 그러므로 학생의 잘못을 객관적으로 판단하여 벌을주는 바람직한 체벌이 필요하다.

위 학생글의 초고와 완성글을 비교해 보면, 전반적으로 내용이 군더더기 없이 깔끔하게 정돈 되었고 문단에 대한 인식이 많이 향상되었다. 서론에서 문제 제기 및 동기유발이 완성글에서 돋보이며, 초고에 나타난 서론과 결론의 빈약한 내용에 비해 내용이 풍성해졌다.

본론의 주장에 대한 근거의 내용과 주장에 대해 보완해야 할 근거에 대한 내용을 문단으로 명확하게 구별해 놓고 있어 문단 간 연결이 논리적이다. 그리고 긴 호흡의 문장을 주술 호응에 맞게 명료한 문장으로 수정이 이루어졌다. 그리고 '적당한'이라는 막연한 진술이 '객관적'이라는 분명한 어휘로 수정되어 중심 내용을 보다 선명하게 해준다.

### 글번호 : 131715(5회기)

**초고**

인터넷은 전세계의 사람들이 자유롭게 자신의 지식과 정보를 전달하는 의사소통의 창이다. 그런 인터넷에서 실명제라는 틀 때문에 자신의 의견을 자유롭게 표현하지 못 하면 안 된다.

인터넷 실명제를 실행하게 된다면 자신의 의견을 제대로 표현하지 못할 수도있다. 예를 들어 집단 따돌림을 당하는 한 친구가 있다. 그 친구가 인터넷으로 상담을 하려고 한다. 그런데 만약 질문에 자신의 실명이 찍힌다면 그 친구는 망설이다가 상담을 하지 못할 수 있다. 그러면 마음의 고통만 커져갈 것이다. 이처럼 인터넷 실명제는 사람들의 의사표현을 억압할 수 있다.

인터넷에서 익명을 사용한다면 이런 어려움을 극복할수 있을 것이다. 익명이 보장된다면 사람들은 자신의 의견을 자유롭게 표현할 것이다. 그러나 익명만 쓰이다보면 사람들이 루머를 퍼뜨리는 등 악의적인 표현을 할 수도 있다. 그럴 때는 법적 대응을 취하여 극복한다.

이렇게 한다면 익명을 쓰고도 건전한 인터넷 문화를 조성할 수 있을 것이다.

- **내용** : 관점이 분명하다.
- **조직** : 내용의 순서가 잘 짜여 있다.
- **목소리(어조)** : 예상 독자의 인식은 조금 되지만 목적이 뚜렷하지 않다.
- **낱말선택** : 낱말이 독자의 흥미를 끌지만 정확하고 구체적이지 않다.
- **문장유창성** : 문장의 흐름이 자연스럽다.
- **관습** : 문장 부호 사용이 정확하다.

**완성글**

인터넷은 전세계의 사람들이 자유롭게 자신의 지식과 정보를 전달하는 의사소통의 창이다. 최근 인터넷 실명제와 관련하여 사람들의 의견이 분분하다. 나는 이런 인터넷 실명에 반대한다.

인터넷 실명제를 실시한다면 사람들은 자신의 의견을 자유롭게 표현할 수 없을 것이다. 예를 들어 집단 따돌림을 당하는 한 친구가 있다. 그 친구가 인터넷게시판을 이용해 상담을 하려고한다. 그런데 만약 질문자의 이름이 자신의 실명이 사용된다면 그 친구는 망설이다가 상담을 하지 못하게될 수도 있다. 그러면 그 친구의 마음의 고통은 점점 커져갈 것이다. 이처럼 인터넷 실명제는 사람들의 의사표현을 억압할 수 있다.

인터넷에서 익명제를 사용한다면 자신의 의견을 자유롭게 표현할 수 없는 어려움을 극복할 수 있을 것이다. 익명이 보장된다면 사람들이 자신의 견해를 자유롭게 표현할 것이기 때문이다. 그러나 가끔 익명으로 인한 악의적인 루머가 인터넷에 떠돌 수도 있다. 이럴 때는 법적으로 대응하면 된다.

이렇게 만약의 사태에 대비한 몇 가지 예방책을 마련해둔다면 익명을 쓰고도 건전한 인터넷 문화를 조성할 수 있을 것이다.

---

위 학생글의 초고와 완성글을 비교해 보면, 초고에 비해 글의 분량이 길어졌으며 그 내용도 자신의 생각을 보다 구체화하여 설득력이 높아졌음을 알 수 있다. 내용면에서 예를 들거나 부연 설명을 첨가하면서 내용을 풍부하게 하고 있다. 내용 첨가로 인하여 문장 표현이 구체적이며 필자가 전달하고자 하는 바를 매끄럽게 연결하고 있다.

### ③ 하수준

다음 학생의 1회기와 3회기, 4회기의 초고와 완성글이 거의 유사하여, 변화 양상을 살펴볼 수 있는 2회기와 5회기의 글을 제시하였다.

글번호 : 230712(2회기)

**초고**

모든 사람들은 대중매체에 많이 접근하고 정보화사회에 익숙해져 있다. 우리는 대중매체 중에 TV, 컴퓨터(인터넷)를 접근하게 되면서 언어사용이 전보다 줄어든 것으로 볼 수 있을 뿐만 아니라 언어가 간략하게 요약하여 첫글자만 따내서 쓰는 경우를 많이 볼 수 있다.

통신어 사용은 우리의 언어가 사용하는데 적어지게 되고, 또한 맞춤법 사용에 있어서도 대부분 틀리게 되는 경우가 많다. 되도록 사용할 때 통신어를 줄이고 우리의 고유어를 잘 사용하여 언어 사용에 대한 문제점을 극복에 대한 노력을 가했으면 좋겠다.

- **내용** : 세부 내용이 중심 내용을 잘 뒷받침하고 있다.
- **조직** : 중심생각이 잘 드러난다.
- **목소리(어조)** : 예상 독자에 대한 인식이 드러난다.
- **낱말선택** : 구체적인 낱말을 사용한다.
- **문장유창성** : 문장의 흐름이 자연스럽다.
- **관습** : 문장부호를 잘 사용하고 있다.

**완성글**

오늘날에는 정보화사회를 접하게 됨으로써 다양한 점들이 바뀌고 생겨났다. 모든 사람들이 대중매체를 이용하는 것을 볼 수 있다. 이러한 대중매체 사용에 대한 문제점을 고려해 볼 때 사람들은 TV속에서 나오는 유행어를 사용하게 됨으로써 그것을 따라하게 된다. 또한 컴퓨터 속 친구들과의 대화를 살펴보면 각종 비속어들과 도저히 알아들을 수 없는 언어도 나타나게 된다. 그리고 요즘에는 말도 줄여서 말하기 때문에 이해하는데 다소 어려운 점이 있다.

이런 문제들로 인해 우리들의 올바른 언어사용이 적어지고, 정확한 맞춤법과 띄어쓰기에 대해서도 모르는 경우가 생겨나게 되는 것이다. 대중매체에서 나오는 언어들을 사랑하지 말고, 우리의 아름다운 고유어를 사랑하자!

위 학생글의 초고와 완성글을 비교해 보면, 근거에 대한 내용의 보충 설명이 덧붙여지면서 전체적으로 앞뒤 문맥이 자연스러워졌다. 또한 전체 조직면에서 뚜렷한 문단의 구분은 이루어지지 않았으나 내용상 문제 실태, 문제 확인, 이로 인한 결과, 해결 방안 촉구의 순서로, 내용상 순차적인 조직으로 구성되어 있다. 청유형의 문장으로 끝을 맺으면서 설득적인 어조가 짙게 드러나고 있다.

글번호 : 230715(5회기)

**초고**

인터넷 온라인상에서는 익명으로 댓글이 달리는 경우가 다반사이다. 자신의 이름이 밝혀지지 않는다고 해서 악성댓글과 욕설, 음란물을 유포하는 사람들도 대다수이다.

한 사례를 들어보면 연예인 A씨가 루머에 휩싸여 악성댓글에 시달려야만 했다. 결국, 그 연예인A씨는 악성댓글들의 무차별한 공격들로 인해 자살이라는 극단적인 선택을 하게 된 것이다. 이 사례를 볼 때 익명성에 대한 심각성을 부가해주고 있다. 해결 방안을 제시하자면 인터넷 실명제의 사용을 실시하여 자신의 정보와 이름이 뚜렷하게 밝혀져 있으면 댓글을 달거나 음란물을 유포할 때에도 다시한 번 생각해보게 되므로 악성댓글, 욕설, 음란물에 대한 유포도 많이 줄어들 것이다.

- **내용** : 글의 내용이 명백하다.
- **조직** : 주제가 잘 드러나 있지 않다.
- **목소리(어조)** : 글을 쓴 목적을 의식하고 있다.
- **낱말선택** : 정확한 낱말을 사용하고 있다.
- **문장유창성** : 문장의 의미 파악이 자연스럽지 않다.
- **관습** : 문장 부호를 잘 사용하고 있다.

**완성글**

인터넷 온라인상에서는 자신의 신분이 드러나지 않기 때문에 무작위하게 글이 달리는 경우를 볼 수 있다. 예를 들어 악성댓글, 욕설, 음란물을 통해 사생활을 침범하고 본의 아니게 상처를 주는 경우가 많다.

그 중에서도 악성 댓글이 심한다고 생각한다. 왜냐하면 무차별한 폭언으로 인해 사람들이 극단적인 선택을 하기 때문이다. 한 가지 사례를 들어보면 연예인 A씨가 네티즌들의 악성댓글로 인해 목숨을 앗아간 사례가 있었다. 이런 것을 보았을 때 악성댓글의 심각성을 부각시켜 주고 있다. 이런 심각성을 고려하여 해결방안을 제시해보면 다음과 같다.

인터넷 실명제의 사용을 실시하여 자신의 정보가 뚜렷하게 밝힐 수 있다. 그럼 네티즌들은 유포와 폭언에 대해 다시 한 번 생각해볼 수 있고, 악성댓글, 욕설, 음란물의 유포도 많이 줄어들 것이다.

---

위 학생글의 초고와 완성글을 비교해 보면, 문단에 대한 인식이 향상되었으며 매끄럽지 못한 문장에 대한 수정이 이루어졌다. 앞뒤 내용이 자연스럽게 연결되도록 문장을 삽입하여 필자가 전달하고자 하는 바를 정확하게 전달하고 있다. 초고에 비해 문단 구분과 문단 간의 긴밀성이 잘 되어 있고 서론, 본론, 결론의 조직 측면도 빈약하지만 다듬어져 있다.

지금까지 학교급에 따라 각 쓰기 능력 수준에 해당하는 학생 한 명을 선정하여 회기별 초고와 완성글을 비교하였다. 그 결과 몇 가지 특징적인 면을 정리하면 다음과 같다.

우선 초・중・고 학생들의 완성글은 초고에 비해 내용이 풍부해지면서 글의 분량이 늘어났고 주장에 대한 근거가 명확해지면서 글의 설득력이 높아졌다. 분량상 길이의 측면에서 초등학생들보다 중학생과 고등학생이 내용에 대한 첨가가 많이 이루어져 분량상 길이의 증가가 더 많았다. 초고에서는 주제를 뒷받침할만한 내용이 아닌 것이 선정되었으나 완성글에서는 이에 대한 수정이 적절히 이루어지고 있다. 따라서 자기 평가를 활용한 수정하기를 통해 초·중·고 학생들의 글에 대한 내용의 충실성과 통일성이 높아졌다.

초·중·고 상수준의 학생들은 서론, 본론, 결론과 같은 글의 구성 단계에 대한 인식은 보이나 각 단계별 내용에 대한 균형이 초고에는 제대로 이루어지지 않았다. 그러나 상수준의 학생들은 회기가 거듭될수록 실험 후반부의 초고와 완성글에서 서론, 본론, 결론의 균형이 잘 이루어지도록 수정을 하였다. 또한 자기 평가를 하면서 예상 독자에 대한 인식이 글을 쓰는 동안 계속 유지 되었고 글을 쓰는 목적이 명확하게 드러났다.

고등학교 상수준의 학생은 낱말 선택의 다양성이 돋보이나 중학교와 초등학교 상수준의 학생은 다양한 낱말의 선택보다는 평이하고 단조로운 낱말 선택이 완성글에 나타나고 있다. 초등학교 상수준 학생은 의존명사의 구분, 지시 대명사 등 띄어쓰기와 관련하여 문법적 요소 부분에는 미흡한 수준을 보이고 있다. 그에 반해 중학생과 고등학생의 초고에는 띄어쓰기 및 맞춤법과 관련된 오류가 많았으나 완성글에서는 많이 발견되지 않았다. 따라서 초등학생은 형식 및 어법에 대한 교사의 적절한 피드백이 필요하다.

상수준 학생들의 자기 평가 내용을 살펴보면 긍정적 진술과 부정적 진술이 함께 제시되어 있는 경우가 많았다. 이는 자신의 글에 대해 평가를 내릴 때 잘 쓴 부분 혹은 그렇지 못한 부분 중 어느 한쪽으로 치우쳐서 판단하지 않고 글을 전체적인 관점에서 바라보면서 균형있게 자신의 글을 평가하고 있음을 알 수 있다. 그리고 초·중·고 상수준 학생들은 수정해야 할 내용으로 지적한 사항에 대해 적극적으로 수용하면서 자신의 글을 수정하려고 노력하였다. 특히 중학생과 고등학생은 자기 평가의 내용에서 언급하지 않았던 부분에 대해서도 수정 활동이 이루어졌다.

초·중·고 중수준의 학생들도 상수준의 학생들과 마찬가지로 초고에 비해 완성글의 분량이 더 늘어나고 문단에 대한 인식이 회기가 거듭되면서 명확해졌다. 중수준 학생의 초고에는 서론·본론·결론의 구분과 각 단계에 적합한 내용이 제대로 선정되지 않았지만 자기 평가를 통해 글의 내용과 조직면에 좀더 명확하고 구체적인 수정이 이루어졌다. 즉 자기 평가를 하면서 부족한 내용을 덧붙이거나 중복되는 내용을 삭제하면서 글이 초고에 비해 완성글에서 좀더 깔끔하게 수정되었다. 그리고 문제 해결에 대한 다양한 관점의 접근이 초고에 비해 완성글에서 많이 시도었다. 즉, 미시적인 수준에서 글의 내용 수정이 실험 초반에서 이루어졌다면 실험 후반으로 갈수록 거시적인 수준에서 글의 내용 수정이 이루어졌다.

대개 학생들은 글을 이루는 기본 단위인 문단 작성에 대해 어려워한다. 한 문장을 한 문단으로 나누거나 본문 전체를 한 문단으로 전개하는 경우를 학생들의 글에서 빈번히 볼 수 있다. 그러나 학생들은 자신들의 글을 평가하면서 글의 중심내용과 이를 뒷받침하는 내용 간의 관계를 인식하게 되고 실험이 거듭되면서 초고에도 문단 나누기가 이루어지는 현상을 발견할 수 있다.

그러나 초등학생은 초고나 완성글에서 띄어쓰기가 잘 이루어지지 않았다. 이는 내용 생성과 조직에 많은 인지적 주의를 기울이기 때문에 글을 쓰거나 수정할 때 상대적으로 띄어쓰기나 맞춤법 측면에 관심을 덜 기울이기 때문인 것으로 보인다. 중학생과 고등학생은 초등학생에 비해 글을 쓰거나 수정할 때 인지적 주의 분산이 고루 이루어져 글의 다양한 측면에 대한 수정이 일어난 것으로 보인다.

중수준 학생들의 자기 평가 내용을 살펴보면, 주로 자기 평가에 대해 부정적인 진술이 많다. 이는 자신의 글쓰기에 대한 자신감이 상수준의 학생보다 떨어지며 잘못된 부분을 수정하여 더 나은 쓰기의 향상을 가시적으로 빨리 보고 싶어하기 때문인 것으로 여겨진다. 따라서 수정도 잘못된 부분에 대한 부분적인 수정이 이루어진다.

초·중·고 하수준 학생들의 초고와 완성글을 비교해 본 결과 내용, 조직면에서 다듬어진 측면을 볼 수 있으나 여전히 추가 수정이 필요한 부분이 많이 드러난다. 하수준 학생들의 초고는 주장에 대한 근거를 충분히 들고 있지 않아 설득력이 떨어진다. 또한 내용의 구체성이 떨어져 명확한 자신의 생각을 펼치지 못했다. 문단에 대한 구분 없이 생각나는 대로 기술하고 있어 글 구조의 명확성이 떨어진다. 서론·본론·결론을 염두에 두고 글을 조직하지 않았기에 서론을 쓰지 않고 곧바로 본론의 문제의 요구 사항을 내세우는 경우가 많다.

그러나 실험 초반에는 초고를 거의 고치지 않고 그대로 글로 표현하였지만 회기가 거듭되면서 일부 내용에 대한 첨가를 하거나 자신의 주장에 대한 반복을 통한 강조의 효과 등 자신의 글에 대한 변화의 범위가 넓어지고 있다.

하수준 학생들의 자기 평가 내용을 살펴보면, 주로 자기 평가에 대해 긍정적인 진술이 많다. 이는 자신의 글에 대한 평가 능력이 미숙하여 정확한 자기 평가가 이루어지지 못했고 활발한 수정 활동에 대한 부담으로 부정적인 진술보다 긍정적인 진술을 많이 제시하고 있는 것으로 보인다. 상과 중 수준의 학생들보다 자기 평가의 내용을 수정하기에 적극적으로 반영하지 않았다. 이는 자기 평가 내용이 긍정적이어서 수정에 대한 필요성을 덜 느끼기 때문인 것으로 추측된다. 따라서 쓰기 능력이 하수준이 학생들에게는 자기 평가와 함께 교사의 적절한 지도가 필요하다.

## 4. 학생들의 인식 변화

지금까지 자기 평가 전략을 활용한 수정하기가 쓰기에 미치는 효과를 양적 분석과 질적 분석을 병행하여 살펴보았다. 이 절에서는 실제 학생들의 선택형 및 개방식(서술형) 설문조사 내용을 토대로 학생들의 자기 평가 전략을 활용한 수정하기의 인식 변화를 살펴보고자 한다.

### (1) 설문 반응의 개요

학생들로 하여금 5점 척도에 답하도록 한 설문 문항은 4개[7]였다. 이 문항 반응의 평균 점수를 구함으로써 각 문항이 묻는 내용과 관련하여 학생들의 자기 평가를 활용한 수정하기에 대한 학생들의 인식 변화를 파악할 수 있다. 문항별로 평균 점수와 표준 편차를 제시하면 [표 4-72]와 같다.

[표 4-72] 문항별 평균 및 표준편차

| 문항 | 평균 | 표준편차 |
|---|---|---|
| 1 | 3.43 | .72 |
| 2 | 3.66 | .68 |
| 3 | 3.72 | .81 |
| 4 | 3.93 | .84 |

[표 4-72]의 문항별 평균 점수는 학생들의 자기 평가를 통한 수정하

7) 1. 나는 자기 평가를 통해 나의 글에 대해 정확하게 평가할 수 있다. 2. 자기 평가를 통해 글쓰기에 대한 자신감이 생겼다. 3. 자기 평가를 통해 나의 글쓰기 능력이 향상되었다. 4. 자기 평가는 앞으로 나의 글쓰기에 도움이 될 것이다.

기의 인식 수준을 보여주고 있다. 전반적으로 긍정적인 인식을 가지고 있음을 알 수 있다. 가장 높은 평균 점수를 보여주는 문항은 4번으로 학생들은 자기 평가 활동이 자신의 글쓰기에 도움이 되는 중요한 활동으로 생각하고 있음을 보여준다. 가장 낮은 평균 점수를 보여주는 문항은 1번으로 자기 자신이 쓴 글에 대한 정확한 평가에 학생들은 큰 자신감을 보이고 있지 못함을 보여준다. 그러나 글쓰기에 대한 자신감과 글쓰기 능력 향상과 관련된 2번 문항과 3번 문항의 반응 수준은 1번 문항보다 높게 나타났다. 이것은 학생들은 자기 평가를 위해 자신의 글을 살펴보면서 어색하거나 부자연스러운 부분을 찾고, 자신의 의도를 다시 한 번 생각해 보는 활동이 자신의 글을 한 층 더 나아지게 한다는 것을 깨닫게 된 것으로 추측할 수 있다.

다음 [표 4-73]은 학년에 따라 설문 문항 4개의 반응 평균을 정리한 것이다.

[표 4-73] 학년별 평균 및 표준 편차

| 문항 | 학년 | 사례 | 평균 | 표준편차 |
|---|---|---|---|---|
| 1 | 초6 | 27 | 3.51 | .93 |
| | 중3 | 38 | 3.36 | .63 |
| | 고2 | 28 | 3.42 | .63 |
| 2 | 초6 | 27 | 3.88 | .80 |
| | 중3 | 38 | 3.63 | .63 |
| | 고2 | 28 | 3.50 | .57 |
| 3 | 초6 | 27 | 4.11 | .89 |
| | 중3 | 38 | 3.60 | .75 |
| | 고2 | 28 | 3.50 | .69 |
| 4 | 초6 | 27 | 4.14 | .90 |
| | 중3 | 38 | 3.94 | .83 |
| | 고2 | 28 | 3.71 | .76 |

[표 4-73]은 학년에 따라 자기 평가를 통한 수정하기의 인식 수준을 보여준다. 전반적으로 초등학생들이 모든 문항에서 다른 학년에 비해 높은 평균 점수를 보여주고 있어 자기 평가에 대한 인식이 매우 긍정적임을 알 수 있다. 학년에 따라 산출한 평균 점수가 유의한 차이가 있는지 검증하기 위하여 일원변량분석을 실시하였다. 일원변량분석의 결과는 [표 4-74]와 같다.

[표 4-74] 학년에 따른 일원변량분석 결과

| 변인 | 변량원 | 제곱합 | 자유도 | 평균제곱 | F | P |
|---|---|---|---|---|---|---|
| 문항1 | 집단 간 | .356 | 2 | .178 | .330 | .719 |
| | 집단 내 | 48.440 | 90 | .538 | | |
| | 합계 | 48.796 | 92 | | | |
| 문항2 | 집단 간 | 2.158 | 2 | 1.079 | 2.397 | .097 |
| | 집단 내 | 40.509 | 90 | .450 | | |
| | 합계 | 42.667 | 92 | | | |
| 문항3 | 집단 간 | 5.986 | 2 | 2.993 | 4.920 | .009 |
| | 집단 내 | 54.746 | 90 | .608 | | |
| | 합계 | 60.731 | 92 | | | |
| 문항4 | 집단 간 | 2.596 | 2 | 1.298 | 1.854 | .163 |
| | 집단 내 | 63.016 | 90 | .700 | | |
| | 합계 | 65.613 | 92 | | | |

[표 4-74]에 따르면 문항 3에서 학년별 차이가 있는 것으로 분석되었다. 그러나 일원변량분석 결과만으로는 어떤 학년 사이에서 차이가 있는지를 알 수 없으므로 Tukey HSD로 사후 분석을 실시하였다. 사후 분석 결과는 [표 4-75]에 제시하였다.

[표 4-75] 사후 분석 결과

| 변인 | 학년(I) | 학년(J) | 평균 차(I-J) | P |
|---|---|---|---|---|
| 문항3 | 초6 | 중3 | .50585 | .031 |
| | | 고2 | .61111 | .013 |

사후 분석 결과 다른 학년과 가장 뚜렷한 차이를 보이는 학년은 초등학교 6학년 학생들이다. 초등학교 6학년 학생들은 문항 3번에서 다른 두 학년과 모두 통계적으로 유의한 차이를 보인다.

### (2) 자기 평가를 활용한 수정하기에 대한 학생들의 반응

설문지 5번 문항부터 8번 문항까지 학생들에게 자기 평가를 통해 자신의 글을 수정하면서 생각한 내용들을 자유롭게 기술하도록 하였다. 5번 문항은 자기 평가를 하면서 가장 어려웠던 점을, 6번은 자기 평가지에 나타난 쓰기 특성 중 평가하기 어려웠던 요소와 그 이유를, 7번은 쓰기 특성 중 가장 향상되었다고 생각하는 요소를, 8번은 자기 평가를 하면서 가장 좋았던 점에 대해 조사한 것이다.

[표 4-76] 자기 평가에 대한 학생들의 반응 설문 결과(초등학교)

| 구분 | | 응답자수(명) | 응답비율(%) |
|---|---|---|---|
| 5. 자기 평가를 하면서 어려웠던 점은 무엇입니까? | 평가 내용을 적기 어려웠다. | 10 | 37.04 |
| | 내가 쓴 글이라 무엇이 잘못되었는지 찾아내기 어려웠다. | 9 | 33.33 |
| | 맞춤법에 맞는지 판단하기 어려웠다. | 8 | 29.63 |
| 6. 쓰기 특성 중 평가하기 어려웠던 요소와 그 이유는 무엇입니까? | 내용-중심내용과 세부내용의 통일성 판단에 대한 어려움. | 4 | 14.81 |
| | 조직-생성한 내용의 배열 순서 판단에 | 6 | 22.22 |

| | 대한 어려움. | | |
|---|---|---|---|
| | 낱말선택-문맥에 맞는 정확한 낱말인가에 대한 판단이 어려움. | 9 | 33.33 |
| | 문장유창성-문장 내 호응이 자연스러운가에 대한 판단이 어려움. | 5 | 18.52 |
| | 목소리-예상 독자에 대한 불명확한 인식 | 3 | 11.11 |
| 7. 자기 평가를 통해 가장 향상되었다고 생각하는 쓰기 특성은 무엇입니까? | 주장에 대한 알맞은 근거 찾기 | 15 | 55.56 |
| | 문단 나누기에 대한 인식 향상 | 7 | 25.93 |
| | 적절한 낱말 선택 | 5 | 18.52 |
| 8. 자기 평가를 하면서 좋았던 점은 무엇입니까? | 글을 어떻게 수정하는지 방법적 측면에서 도움이 됨. | 5 | 18.52 |
| | 쓰기에 대한 관심 증가 | 3 | 11.11 |
| | 논설문 쓰기 능력 향상 | 10 | 37.04 |
| | 나의 글에 나타난 오류 파악과 함께 수정하기 능력 향상 | 9 | 33.33 |

초등학교 설문 조사 결과, 자기 평가 전략을 활용한 수정하기가 쓰기 능력 향상에 긍정적인 영향을 끼치고 있음을 알 수 있다. 그러나 초등학교 학생들은 고쳐 써야 할 평가 내용에 대해 적는 것을 어려워했다. 이는 초등학생들이 자신의 글에 나타난 오류를 명확하게 인식하지 못했거나 자신이 쓴 글을 객관화시켜 바라보는 것이 어려워 수정 내용을 정확히 선별해 내기가 어려웠음을 알 수 있다. 또한 글읽기나 쓰기의 경험이 중학생이나 고등학생들에 비해 적기 때문에 다양한 낱말 중 문맥에 맞는 적절한 낱말 선택(33.33%)을 쓰기 특성 중에서 가장 어려워했다. 그러나 다른 학년에 비해 읽기와 쓰기의 경험이 부족하고 배경지식이 적음에도 불구하고 주장에 대한 알맞은 근거를 찾는 능력이 향상되었다는 응답이 55.56%로 응답비율이 높다. 이는 자기 평가지를 통해 자신의 글을 살펴봄으로써 주장에 대한 적절한 근거 생성에 많은 단서를 얻는 데 도움이 되었음을 추측해 볼 수 있다. 초등학생 대부분은 자기 평가를 통

한 수정하기로 인해 자신의 글에 나타난 오류를 파악하는 능력과 자신의 쓰기 능력이 향상되었다고 생각한다.

[표 4-77] 자기 평가에 대한 학생들의 반응 설문 결과(중학교)

| 구분 | | 응답자수 (명) | 응답비율 (%) |
|---|---|---|---|
| 5. 자기 평가를 하면서 어려웠던 점은 무엇입니까? | 내가 쓴 글에 대한 긍정적인 평가 성향이 짙음. | 11 | 29.73 |
| | 나의 글 속에 나타난 문제 발견 미숙 | 15 | 40.54 |
| | 나의 글을 객관적인 입장에서 판단하기 어려움. | 11 | 29.73 |
| 6. 쓰기 특성 중 평가하기 어려웠던 요소와 그 이유는 무엇입니까? | 내용-주장을 뒷받침하기 위한 내용이 타당한지 객관적으로 판단하기 어려움. | 18 | 48.65 |
| | 조직-내용 순서를 짜는 것에 대한 어려움. | 12 | 32.43 |
| | 낱말 선택- 유사한 뜻을 지닌 낱말 중 적절한 낱말 선택의 어려움. | 5 | 13.51 |
| | 목소리-평가 요소의 개념에 대한 이해부족으로 실제 평가가 힘듦. | 7 | 18.92 |
| | 관습- 문단 나누기에 대한 어려움. | 5 | 13.51 |
| 7. 자기 평가를 통해 가장 향상되었다고 생각하는 쓰기 특성은 무엇입니까? | 글을 쓰는 목적에 대한 인식을 뚜렷하게 할 수 있음. | 13 | 35.14 |
| | 적절한 글의 내용 배열 | 10 | 27.03 |
| | 문장부호, 맞춤법, 띄어쓰기 향상 | 9 | 24.32 |
| | 낱말 선택 | 5 | 13.51 |
| 8. 자기 평가를 하면서 좋았던 점은 무엇입니까? | 타당한 내용 선정에 대한 자신감이 생김. | 7 | 18.92 |
| | 글의 내용이 풍부해짐. | 10 | 27.03 |
| | 깔끔한 글의 결론 맺기 | 1 | 2.70 |
| | 내가 쓴 글의 부족한 부분에 대한 인식과 나의 쓰기 능력 확인 | 9 | 24.32 |
| | 내가 쓴 글을 수정함으로써 뿌듯함을 느낌. | 3 | 8.11 |
| | 글쓰기 능력 향상 | 7 | 18.92 |

중학교 설문 조사 결과, 자기 평가 전략을 활용한 수정하기가 쓰기 능력 향상에 긍정적인 영향을 끼치고 있음을 알 수 있다. 그러나 중학교 학생들은 자기 평가를 하면서 자신의 글 속에 나타난 오류를 발견하는 것을 어려워했다. 또한 자신의 글을 긍정적으로 바라보게 되고 객관적으로 보는 것을 어려워했다. 아직까지 중학생 수준에서는 자기 중심적 쓰기에서 벗어나지 못하고, 거시적인 안목에서 자신의 글을 점검하는 것을 어려워하고 있음을 알 수 있다. 그리고 중학생들은 자신의 주장에 대한 근거의 타당성 여부(48.65%)를 판단하는 것과 관련된 쓰기 특성 중 내용 요소를 어려워했다. 이는 논설문 쓰기에서 핵심적인 사항으로 자기 평가지에서는 중학생들에게 주장하는 내용에 대해 좀 더 세부적인 접근을 할 수 있도록 보완할 필요가 있다. 중학생들은 글을 쓰는 과정에서 자기 평가 전략이 글을 쓰는 목적을 뚜렷하게 인식(35.14%)하면서 글을 쓰는 데 도움이 되었다고 하였다. 이는 자기 평가 전략이 쓰기의 다양한 수사적 상황 가운데 글을 쓰는 목적을 인식하는 데 긍정적인 영향을 미쳤다고 판단할 수 있다. 자기 평가를 통해 좋았던 점으로 풍부한 내용 생성을 언급하였다. 그리고 자기 평가가 자신의 글에서 부족한 부분에 대해 인식하게 함으로써 자기 평가를 자신의 쓰기 능력을 스스로 확인해 볼 수 있는 필수적인 활동으로 여겼다. 대체적으로 중학생들도 자기 평가 전략을 활용한 수정하기가 자신의 쓰기 능력을 향상시킨다고 생각하였다.

[표 4-78] 자기 평가에 대한 학생들의 반응 설문 결과(고등학교)

| 구분 | | 응답자수 (명) | 응답비율 (%) |
|---|---|---|---|
| 5. 자기 평가를 하면서 어려웠던 점은 무엇입니까? | 내가 쓴 글에 대한 오류 발견이 미숙함. | 7 | 25.00 |
| | 객관적인 평가에 대한 의구심이 생김. | 11 | 39.29 |
| | 문단 나누기에 대한 어려움. | 6 | 21.43 |
| | 알맞은 단어 선택에 대한 어려움. | 4 | 14.29 |
| 6. 쓰기 특성 중 평가하기 어려웠던 요소와 그 이유는 무엇입니까? | 문단 나누기(어느 지점에서 나누어야 하는지 판단하기 힘듦) | 9 | 32.14 |
| | 목소리 부분에 대한 판단이 애매함. | 8 | 28.57 |
| | 글의 조직에 대한 어려움. | 11 | 39.29 |
| 7. 자기 평가를 통해 가장 향상되었다고 생각하는 쓰기 특성은 무엇입니까? | 문장 유창성 | 3 | 10.71 |
| | 나의 생각이 명확해짐(내용). | 8 | 28.57 |
| | 주장을 뒷받침하는 타당한 내용 생성에 자신감 생김. | 9 | 32.14 |
| | 효과적인 내용 조직 능력 향상 | 8 | 28.57 |
| 8. 자기 평가를 하면서 좋았던 점은 무엇입니까? | 내가 쓴 글의 오류가 적어짐. | 2 | 7.14 |
| | 신중하게 낱말을 선택하게 됨. | 1 | 3.57 |
| | 내 글의 부족한 점에 대한 파악에 도움이 됨. | 9 | 28.57 |
| | 글을 어떻게 수정할 지에 대한 방향 설정에 도움을 줌. | 8 | 32.14 |
| | 글의 내용이 목적에 맞게 좀 더 명확해졌다. | 8 | 28.57 |

고등학생 설문 조사 결과, 쓰기에서 자기 평가 전략 활용이 글을 수정하는 데 긍정적인 영향을 미쳤음을 알 수 있었다. 고등학생들은 쓰기에서 자기 평가를 할 때 자신이 객관적인 평가를 하고 있는가에 대해 자주 의심이 들었으며, 내용의 순서를 효과적으로 조직하는 데 어려워했다. 이는 초등학생과 중학생에 비해 고등학생은 내용 생성의 문제보다는 생성된 내용의 논리적이고 효과적인 조직의 문제에 더 자기 평가의

초점이 맞추어져 있음을 알 수 있다. 그리고 고등학생들은 자기 평가를 통해 자신의 글을 점검하면서 주장에 대한 타당한 내용 생성에 자신감이 생겼고 수정 방향에 대한 설정(32.14%)에 많은 도움이 된 것으로 생각하고 있다.

설문조사 분석 결과, 학생들은 전반적으로 자기 평가 전략을 활용한 수정하기에 긍정적인 인식을 지니고 있음을 확인할 수 있었다. 또한 학생들이 자기 평가 전략을 활용하여 수정하기를 하는 과정에서 더 많은 자신감을 가지게 되었다는 것을 알 수 있었다. 그러나 학년별로 자기 평가 활용에 대한 인식에는 차이가 있었다. 자신의 글을 평가하는 과정에서 초등학생은 중학생과 고등학생에 비해 읽기나 쓰기 경험의 부족으로 문맥에 맞는 낱말 선택의 어려움(33.33%), 중학생은 주장에 대한 타당한 근거를 찾는 어려움(48.65%), 고등학생은 내용의 효과적인 조직(39.29%)을 평가하기 어려웠던 요소로 꼽고 있다. 그러나 자기 평가 전략을 활용한 수정하기는 초·중·고 학생 모두에게 글쓰기 능력 향상과 쓰기에 대한 관심 및 자신감 상승에 중요한 역할을 한다는 사실을 확인할 수 있다.

제5장

# 자기 평가 전략을 활용한 수정하기를 활성화하기 위한 제언

## 1. 자기 평가 전략을 활용한 수정하기의 효과

이 연구의 목적은 쓰기 과정에서 수정하기의 중요성을 인식하고, 보다 구체적이고 능동적인 수정하기를 할 수 있는 전략으로 자기 평가 전략을 활용하여 그 효과를 확인하는 것이었다. 이에 대한 결론은 다음과 같다.

첫째, 수정하기에서 자기 평가 전략은 학년별, 집단 유형별로 쓰기 능력 향상에 유의미한 차이가 있었다. 즉, 자기 평가 활동이 쓰기 능력의 향상에 긍정적인 영향을 미쳤다. 구체적으로 초등학교 6학년은 4회기부터, 중학교 3학년은 1회기부터, 고등학교 2학년은 4회기부터 쓰기 능력의 변화가 나타났다. 실험이 끝난 직후에 실시한 직후 검사와 한 달 뒤에 실시한 지연 검사에서도 효과가 지속된 것으로 확인되었다. 이는 실험 처치에 대한 장기적인 효과가 있다는 사실을 확인시켜 준다.

둘째, 수정하기에서 자기 평가 전략은 성별에 따라 쓰기 능력 향상에 유의미한 차이가 있었다. 쓰기 능력의 차이에서 여학생은 남학생보다 유의미하게 높았다. 그러나 남학생의 실험 집단과 통제 집단 간 비교에서 실험 집단이 통제 집단에 비해 쓰기 능력이 유의미하게 높았다. 이는 자기 평가를 활용한 자기 평가 전략이 남학생 실험 집단의 쓰기 능력 향상에 긍정적인 영향을 미쳤음을 알 수 있다. 남학생과 여학생 실험 집단 모두 1회기부터 쓰기 능력의 변화가 나타났으며 이는 실험 처치 횟수가 거듭됨에 따라 지속되었다.

셋째, 수정하기에서 자기 평가 전략은 쓰기 능력의 하위 요인에서도 실험 집단과 통제 집단 사이에 유의미한 차이가 있었다. 구체적으로 내용 요인에서, 초등학교 6학년은 5회기, 중학교 3학년은 1회기부터, 고등학교 2학년은 3회기부터 쓰기 능력의 변화가 나타나 그 효과가 지연검사까지 지속되었다. 조직 요인에서 초등학교 6학년과 중학교 3학년은 1회기부터, 고등학교 2학년은 2회기부터 쓰기 능력의 변화가 나타나 그 효과가 지연검사까지 지속되었다. 표현 요인에서, 초등학교 6학년은 4회기부터, 중학교 3학년은 1회기부터 표현 능력의 변화가 나타났다. 그러나 중학교 3학년은 실험의 효과가 신속하게 드러났지만 5회기에 다시 감소하고 있어 자기 평가 전략이 표현 능력의 변화에 미치는 영향이 지속적이지 않다. 고등학교 2학년은 2회기부터 표현 능력의 변화가 나타나지만 3회기에 표현 능력이 떨어지다가 4회기에 다시 향상되는 변화를 보이고 있어 자기 평가 전략이 표현 능력의 변화에 미치는 영향이 지속적이지 않다. 단어 선택 요인에서, 초등학교 6학년은 4회기부터 표현 능력의 변화가 나타나 그 효과가 지연검사까지 지속되었다. 그러나 중학교 3학년과 고등학교 2학년은 단어 선택 능력이 표현 능력에 나타난 변화와 유사하다. 즉 중학교 3학년은 1회기부터, 고등학교 2학년은 2회기부터 실험의 효과가 나타났지만 자기 평가 전략이 단어 선택 요인과 관련하여 능력 변화에 미치는 영향이 지속적이지 않다. 이는 쓰기 하위 요인 가운데 표현 능력과 단어 선택 능력 간의 밀접한 관계를 유추해 볼 수 있다. 형식 및 어법 요인에서, 초등학교 6학년은 실험 처치 이후 지연 검사에서 형식 및 어법 능력의 변화가 나타났다. 중학교 3학년은 1회기부터, 고등학교 2학년은 4회기부터 형식 및 어법 능력의 변화가 나타나 그 효과가 지연검사까지 지속되었다.

결과적으로 학교급별로 글의 조직 능력 변화가 가장 먼저 나타났다. 초등학생은 조직 능력 다음으로 내용, 표현, 단어 선택의 변화가 나타나며 가장 이후에 실험의 효과가 나타나는 것은 형식 및 어법이다. 이는 글의 띄어쓰기 및 맞춤법과 관련한 문법적인 요소는 개인이 갖고 있는 선행 학습의 지식 차이에서 비롯되므로 다른 학년에 비해 초등학생들에게 실험의 효과가 늦게 나타나는 것으로 판단된다. 중학생은 조직 능력과 나머지 쓰기 하위 능력 대부분 1회기에 나타났다. 고등학생은 조직 능력 다음으로 내용, 표현, 단어 선택의 변화가 나타나며, 가장 이후에 실험의 효과가 나타나는 것은 형식 및 어법이다. 그러나 중학생과 고등학생의 표현과 단어 선택 능력 변화에 대한 실험의 효과가 지속적이지 못한데 이는 풍부하고 적절한 어휘 사용과 글의 표현이 학습의 효과뿐만 아니라 쓰기 과제에 대한 관심의 정도, 필자의 지식 등에 영향을 많이 받는다는 점을 고려해 볼 때 쉽게 변하지 않는다고 추론해 볼 수 있다.

넷째, 수정하기에서 자기 평가 전략은 상위 인지에 긍정적인 영향을 미쳤다. 구체적으로 초등학교 6학년과 중학교 3학년은 실험 집단과 통제 집단 간 상위 인지의 직후 검사에서 유의미한 차이가 나타나지 않았으나 실험 처치 횟수가 거듭될수록 실험 집단이 통제 집단보다 평균 점수가 더 높게 나타났다. 고등학교 2학년은 실험 집단과 통제 집단 간 상위 인지의 직후 검사에서 유의미한 차이가 나타났다. 상위 인지 하위 요인에서도 집단 유형별로 유의미한 차이가 나타났다. 인지 작용을 점검하고 통제하는 것과 관련된 상위 인지 활동이 글을 쓰면서 자신의 글을 점검하고 평가하는 활동과 밀접한 연관이 있음을 알 수 있다.

다섯째, 수정하기에서 자기 평가 전략은 쓰기 효능감에 긍정적인 영향을 미쳤다. 구체적으로 초등학교 6학년은 실험 집단과 통제 집단 간 쓰기 효능감의 직후 검사에서 유의미한 차이가 나타나지 않았으나 실험 처치 횟수가 거듭될수록 실험 집단이 통제 집단보다 평균 점수가 더 높게 나타났다. 중학교 3학년과 고등학교 2학년은 실험 집단과 통제 집단 간 쓰기 효능감의 직후 검사에서 유의미한 차이가 나타났다. 쓰기 효능감의 하위 요인에서도 집단 유형별로 유의미한 차이가 나타났다. 자기 평가를 통해 자신의 글을 수정하면서 글쓰기에 대한 자신감이 생기고 이는 곧 쓰기에 대한 긍정적 신념인 쓰기 효능감에도 긍정적인 영향을 미친다는 사실을 확인할 수 있다.

여섯째, 학생들의 쓰기 결과물 비교에서, 수정하기에서 자기 평가 전략은 학교급별 상·중·하 집단 학생에게 긍정적인 효과를 가져왔다. 전반적으로 초고에 비해 완성글의 분량이 길어졌으며, 내용도 자신의 생각을 보다 구체화하여 설득력이 높아졌다. 문단 구분이 명확해졌으며 초고에 비해 문장도 많이 매끄러워지고 자연스러워졌다. 상과 중집단은 자신의 글을 돌아보고 점검하여 보다 나은 방향으로 수정하는데 적극적으로 자기 평가 전략을 활용하였다. 그러나 하집단은 초고와 완성글의 차이가 크게 나타나지 않아 자기 평가 전략 이외에 다른 지도 방안이 필요하다.

일곱째, 자기 평가 전략을 활용한 수정하기에 대한 인식의 변화를 분석한 결과에서, 학생들은 전반적으로 자기 평가 전략을 활용한 수정하기에 긍정적인 인식을 지니고 있음을 확인할 수 있었다. 또한 학생들이 자기 평가 전략을 활용하여 수정하기를 하는 과정에서 더 많은 자신감을 가지게 되었다는 것을 알 수 있었다. 그러나 학년별로 자기 평가 전략 활용에 대한 인식에는 차이가 있었다. 자신의 글을 평가하는 과정에서 초등학생은 읽기나 쓰기 경험의 부족으로 풍부한 낱말 선택의 어려움(33.33%), 중학생은 주장에 대한 타당한 근거를 찾는 어려움(48.65%), 고등학생은 내용의 효과적인 조직(39.29%)을 평가하기 어려웠던 요소로 꼽고 있다. 그러나 자기 평가 전략을 활용한 수정하기는 초・중・고 학생 모두에게 글쓰기 능력 향상과 쓰기에 대한 관심 및 자신감 상승에 중요한 역할을 한다는 사실을 확인할 수 있다.

이 연구가 갖는 교육적 함의는 다음과 같다.

첫째, 자기 평가 전략을 활용한 수정하기가 학생들의 쓰기 능력을 향상시킬 수 있는 하나의 쓰기 전략이 될 수 있다는 가능성을 제시했다. 자기 평가 전략을 활용한 수정하기가 실험의 효과가 발생하는 시기에 차이는 있으나, 초・중・고 어느 학년에나 동일하게 긍정적인 효과가 있음을 확인하였다. 자기 평가는 학생들을 평가의 객체가 아니라 주체로 참여시킴으로써 교수와 학습을 통합시킬 수 있는 방법이며 학습자 중심의 자기주도적 평가 활동이라는 점에서 의의가 있다. 또한 학생 스스로 자신의 쓰기 과정이나 성취 정도를 평가함으로써 자기 주도적 학습 능력을 향상시킬 수 있다.

둘째, 자기 평가 전략을 활용한 수정하기가 상위 인지 수준을 향상시킬 수 있는 하나의 쓰기 전략이 될 수 있다는 가능성을 제시했다. 자기 평가는 구체적인 평가 기준에 의해 학습자에게 자신의 학습 과정과 수행을 되돌아보는 반성적 사고과정을 통해 상위 인지 능력을 길러주게 된다. 자기 평가를 통한 학습자의 상위 인지 능력 향상은 능동적인 학습자를 길러내는 데 기여한다. 또한 자기 평가를 통해 학생들은 그들의 사고 과정을 더 잘 인식하게 되고 결과적으로 그런 전략들을 실생활에 더 잘 전이시킬 수 있게 한다.

셋째, 자기 평가 전략을 활용한 수정하기가 쓰기 효능감을 향상시킬 수 있는 하나의 쓰기 전략이 될 수 있다는 가능성을 제시했다. 쓰기 효능감은 쓰기 수행 능력에 대한 필자 자기 자신의 믿음, 즉 쓰기 과제에 따른 쓰기 수행을 성공적으로 완성할 수 있다고 생각하는 필자의 믿음이다. 일반적으로 쓰기 효능감이 높은 학생은 그렇지 않은 학생보다 쓰기 활동에 높은 관심과 많은 노력을 기울인다. 자기 평가를 통해 학습자가 자기 자신의 학습에 대한 주도적인 역할을 하고 통제력을 갖고 자신의 문제점을 진단하고 해결책을 얻는 과정에서 효능감을 증가시킬 수 있다

## 2. 후속 연구를 위한 제언

이 연구의 제한점과 관련하여 후속 연구를 위한 제언을 하면 다음과 같다.

첫째, 연구 과제 범위가 확대되어야 할 것이다. 이 연구는 쓰기 능력을 논설문 쓰기에 한정하였다. 그러므로 후속 연구는 다양한 텍스트 유형으로 확대하여 실시하고 실험 효과의 차이에 대한 후속 연구가 필요하다.

둘째, 이 연구에서는 자기 평가 전략을 활용한 수정하기가 쓰기 능력, 상위 인지, 쓰기 효능감에 긍정적인 영향을 미친다는 결과를 확인하였다. 후속 연구로, 쓰기 능력과 상위 인지 및 쓰기 효능감의 영향 관계에 대한 경로 모형을 밝힌다면 앞으로의 쓰기 교수·학습 설계에 도움이 될 것이라고 본다.

# 참고문헌


1. 국내 단행본

교육과학기술부(2011), 『2009 개정 초등학교 교육과정』

교육과학기술부(2011), 『2009 개정 중학교 교육과정』

교육과학기술부(2011), 『2009 개정 고등학교 교육과정』

박갑수(2000), 『국어 표현·이해 교육』, 서울 : 집문당.

박수자(1994), 『독해와 읽기 지도』, 서울 : 국학자료원.

박영목·한철우·윤희원(1996), 『국어과 교수학습 방법 탐구』, 서울 : 교학사.

박영목(2008), 『작문교육론』, 서울 : 역락.

이도영(2000), 『표현 이해 교육 내용으로서의 지식, 기능, 전략, 국어표현 이해 교육』, 서울 : 집문당.

이재승(2002), 『글쓰기 교육의 원리와 방법』, 서울 : 교육과학사.

최현섭 외(2005), 『국어교육학개론』, 서울 : 삼지원.

2. 국내 논문

구자황(2008), 「수정과 피드백이 글쓰기에서 동인이 되는 방식을 위한 탐구」, 『어문연구』 제56호, 어문연구학회, 323-343.

김대조(2006), 「초등학교 학생들의 고쳐쓰기 능력 증진을 위한 전체적 접근 전략 지도의 효과」, 대구교육대학교 석사학위논문.

김미정·김정환(2007), 「자기 평가 후 피드백 유형이 쓰기능력과 쓰기태도에 미치는 영향」, 『학습자중심교과교육연구』 제7권 1호, 학습자중심교과교육학회, 141-163.

김아연(2009), 「중학교 고쳐쓰기 지도방법 연구」, 숙명여자대학교 석사학위논문.

김영천(2002), 「초등학교에서의 자기 평가 도구의 개발과 적용」, 『초등교육연구』 제12호, 진주교육대학교 초등국어교육연구원, 239-278.

김유미(1995), 「자기조절전략 수업과 상위 인지가 아동의 작문수행에 미치는 효과」, 중앙대학교 박사학위논문.

김종백·우은실(2005), 「자기 평가 중심 학습이 초등학생의 쓰기 능력 및 효능감에 미치는 영향」, 『교육심리연구』 제19집 1호, 한국교육심리학회, 205-221.

김정자(2006), 「쓰기 과정의 초점화를 통한 쓰기 지도 방안—수정하기와 출판하기 과정을 중심으로」, 『국어교육학연구』 제26호, 국어교육학회, 129-159.

노인석(1997), 「메타인지 작문수업이 아동의 작문능력에 미치는 효과」, 전남대학교 박사학위논문.
송수미(2001), 「자기 조정 전략 중심의 고쳐 쓰기프로그램 개발 연구」, 『초등국어교육』 제11호, 서울교육대학교 국어교육과 초등국어교육 연구소, 159-186.
민혜정(2011), 「내용구조도 전략을 활용한 논술문 고쳐쓰기 지도 방안 연구」, 이화여자대학교 석사학위논문.
문병상(2010), 「쓰기 지식, 쓰기 동기, 자기조절학습전략 및 쓰기 능력간의 구조적 관계」, 『초등교육연구』 제24권 1호, 한국초등교육학회, 1-19.
박영민·가은아(2009), 「인문계 고등학생의 쓰기 지식과 쓰기 수행의 상관 및 성별·학년별 차이 연구」, 『국어교육』 제128호, 한국국어교육학회, 175-202.
박영민·김승희(2007), 「쓰기 효능감 및 성별 차이가 중학생의 쓰기 수행에 미치는 효과」, 『국어교육연구』 제28호, 국어교육학회, 327-359.
박영민·최숙기(2008), 「중학생 쓰기 수행의 성별 차이 연구」, 『한말연구』 제22호, 한말연구학회, 47-75.
______________(2009), 「우리나라 학생들의 쓰기효능감 발달 연구」, 『새국어교육』 제82호, 한국국어교육학회, 95-125.
박태호(2005), 「6가지 주요 특성 평가법을 활용한 논술 고쳐쓰기 지도」, 『새국어교육』 제71호, 한국국어교육학회, 143-161.
박현동(2008), 「평가조언표를 활용한 논술 평가와 고쳐 쓰기 지도 방안」, 『국어교육학 연구』 제32호, 국어교육학회, 201-242.
배영주(2009), 「학습자 자기 평가 활동에 관한 사례연구-내러티브 글쓰기를 중심으로」, 『열린교육연구』 제17권 1호, 한국열린교육학회, 147-169.
우은실(2005), 「자기 평가 중심 학습이 초등학생의 쓰기 능력 및 효능감에 미치는 영향」, 한국교원대학교 석사학위논문.
신현숙(2005), 「쓰기에 대한 메타인지 지식과 쓰기 수행의 관계 : 쓰기 신념의 매개 효과」, 『교육학연구』 제43권 4호, 한국교육학회, 81-109.
______(2008), 「청소년의 설명글과 논증글 쓰기에서 내용 조직의 성차」, 『청소년학연구』 제15권 4호, 한국청소년학회, 1-24.
엄 훈(1996), 「전략 중심의 쓰기 교수 학습 방법 연구」, 서울대학교 석사학위논문.
육우균(1996), 「논술문 쓰기 지도 방법 연구-전략 지도를 중심으로」, 고려대학교 석사학위논문.
이재승(1999), 「과정중심의 쓰기 교재 구성에 관한 연구」, 한국교원대학교 박사학위논문.
이호관(1999), 「교정하기 전략 학습이 쓰기 능력 신장에 미치는 효과」, 한국교원대학교 석사학위논문.
임천택(1998), 「쓰기포트폴리오를 통한 초등학생의 자기 평가 반응에 관한 연구」, 한국교원대학교 석사학위논문.
______(2005), 「쓰기 지식 생성을 위한 자기 평가의 교육적 함의」, 『새국어교육』 제71호, 한국국어교육학회, 285-309.
주민재(2008), 「대학 글쓰기 수정 교육에 관한 수업 모형 연구」, 『작문연구』 제6호, 한국작문학회, 281-318.
정미경(2009), 「쓰기 지식과 쓰기 수행의 상관성 연구」, 한국교원대학교 석사학위논문.
______(2010), 「도시와 농촌 지역 중학생들의 쓰기 능력에 관한 비교 분석」, 『새국어교육』 제86호, 한국국어교육학회, 307-328.
______(2011), 「고등학생의 쓰기 전략 인식에 관한 연구」, 『우리말글』, 제53호, 우리말글학회, 175-201.
정희모(2008), 「글쓰기에서 수정의 절차와 방법에 관한 연구-인지적 관점을 중심으로」, 『현대문학의 연구』 제34호, 한국문학연구학회, 333-360.
최유진(2009), 「개념도를 이용한 문단 점검이 고쳐쓰기에 미치는 효과」, 고려대학교 석사학위논문.
한화정(2001), 「자기 평가 중심의 포트폴리오가 중학교 영어 쓰기 학습에 미치는 영향」, 한국교원대학교 석사학위논문.
황수정・서혁(2008), 「고등학생의 고쳐쓰기에 드러난 자기 조정 전략 활용 양상 연구-설득하는 글을 중심으로」, 『교과교육학연구』 제12권 1호, 이화여자대학교 사범대학 교과교육연구소.

### 3. 국외 논문 및 자료

Alamargot D., & Chanquoy L.(2001), Through the models of writing in cognitive psychology. *Studies in writing* : Dordrecht : Kluwer Academic Publisher.
Bandura, A.(1977), Self-efficacy : Toward a unifying theory of behavioral change, *Psychology Review* 84, 191-215.
Beal, C. Garrod, A., & Bontitatibus, G.(1990), Fostering children's revision skills through in comprehension monitoring. Journal of Education Psychology 82 257-280.
Berninger, V. W. & Swanson, H. L.(1994), Modification of the Hayes and Flower model to expain beginning and developing writing in E. Butterfield(ed.), *Advances in Cognition and Educational Practice. Children's Writing : Toward a process theory of development of skilled writing*, Greenwich, CT : JAI Press. 57-82.
Berninger, V. W., Fuller, F., & Whitaker, D.(1996), A process model of writing development across the life span. *Educational Psychology Review,* 8(3), 193-217.
Brown, A. L.(1978), Knowing when, where, and how to remember : A problem of metacognition. In R. Glaser(Ed.). *Advances in instructional psychology*. NJ :

Lawrence Elbaum Associates.

Calkins, L. M.(1986), The art of teaching writing. Portsmouth, NH : Heinemann.

Chanquoy, L.(2009), Revision process, in Beard, R., Myhill, D., Riley, J., & Nystrand, M.(eds.), The Sage Handbook of Writing Development, London Sage Pubilcations Ltd. 99, 80-97.

Daiute C.(1985), "Do writers talk to themselves?" In S.W.Freedman.(ed), *The acquistion of written language : response and revision*, NJ : Ablex.

Diederich, P. B.(1974), *Measuring Growth in English*. Urbana, IL : National Council of Teachers of English.

Emig J. A.(1971), The composing processes of twelfth graders. Urbana, IL : National Council of Teachers of English.

Englert, C. S. & Raphael, T. E.(1988), Constructing well-formed prose : Process, structure, and metacognitive knowledge. *Exceptional Children*, 54, 513-520.

Elbow, P.(1973),Writing without teacher. New York : Oxford University Press.

Faigley, L. & Witte, S.(1981), Analyzing revision. *College Composition and Communication,* 32, 400-414.

Fitzgerald, J.(1987), Research on revision in writing. *Review of Educational Research,* 57(4), 481-506.

Fitzgerald, J. & Markham. L. R. (1987), Teaching chidren about revision in writing. *Cognition and Instruction*, 4(1), 3-24l.

Fitzgerald, J. & Graves, M. F.(2004), *Scaffolding reading experiences for English-language learners.* Norwood, MA : Christopher-Gordon.

Flavell, J.H.(1979), Metacognitive and Cognitive Monitoring- A New Area og Cognitive Development Inquiry, *American Psychologist*. 34(10), pp.906-911.

Flower L. & Hayes J. R.(1981), A cognitive process theory of writing. *College Composition and Communication,* 32, 365-387.

Flower L. S., Hayes J. R. Carey L., Schriver K., & Stratman, J.(1986), Detection, Diagnosis and the strategies of revision. *College Composition and Communication,* 37(1), 16-55.

Graham, S. & Harris, K.R.(1996), Self-regulation and strategy instruction for students who find writing and learning challenging. In M. Levy & S. Randell(Eds.). *The Science of Writing : Theories, methods, individual differences, and applications.* 347-360. Mahwah, HJ : Lawerence Erlbaum.

Graham, S. & Harris, K.R.(2008), *Writing better : Effective Strategies for Teaching Students with Learning Difficulties*, Brookes Publishing Company.

Graham, S., & MacArthur, C. (1988), Improving learning disabled students' skill at revising essays produced on a word processor : Self-instructional strategy training. *Journal of Special Education*, 22, 133-152.

Graham, S., MacArthur, C. A., & Fitzgerald, J.(2007), *Best Practices in writing Instruction*, Guilford Publications.

Graham, S.(2006), Strategy Instruction and the Teaching of Writing : A Meta-Analysis. In C. A. MacArthur & J. Fitzgerald(Eds.), *Handbook of writing research*. New York/London : Guilford Press.

Graves, D. H.(1983), Writing teachers and children at work. Portsmouth, NH : Heinemann.

Graves, A. W.(1986), The effects of direct instruction and metacomprehention training on finding main ideas. *Learning Disabilities Research and Practice,* 1, 90-100. Graves, A. W., & Levin, J.R.(1989). Comparison of monitoring and mnemonic text-processing strategies in learning disabled students. *Learning Disability Quarterly*, 12, 232-236.

Hacker, D. J.(1994), Comprehension monitoring as a writing process. *Advance in Cognition and Educational Practice*, 6, 143-172.

Hacker, D. J., Plumb, C. Butterfield, E. C., Quathamer, D., and Heineken, E.(1994), Text revision : Detection and correction of errors. *Journal of Educational Psychology*, 86(1), 65-78.

Harris, K. R. & Graham, S.(1992), Self-regulated strategy development : A part of the writing process. In M. Pressley, K. R. Harris, & J. G. Guthrie(Eds.), *Promoting academic competence and literacy : Cognitive research and instructional innovation*. San Dieeg, CA : Academic Press.

Hayes J. R., Flower L. S., Schriver K. A., Stratman J., & Carey L.(1987), Cognitive processes in revision. In S. Rosenberg(ed.), *Advances in psycholinguistics* : Vol. 2. Reading, writing and language processing(176-240). Cambridge University Press.

Hayes, J. R.(2004), What triggers revision? In L. Allal, L. Chanquoy, & P. Largy(eds), *Revision. Cognitive and Instructional Processes*, Dordrecht : Kluwer Academic Publishers. 9-20.

Hayes, J. R.(1996), *A new framework for understanding cognition and affect in writing,* In C. Michael Levy & Sarah Ransdell(ed), *The Science of Writing : Theories, Methods, Individual Difference, and Applications,* Mahwah, NJ : Lawrence Erlbaum Associates, Pub., pp.1-27

Huff, R. K.(1983), Teaching Revision : A Model of the Drafting Process. College English 45(8).

Isernhagen, J. & Kozisek J.(2000), Improving students' self-perceptions as writers. *Journal of improvement, v(2),* 3-4 EJ623675.

Jacobs. J. E. & Paris, S. G.(1987), Childrens Metacognition about reading issues in difinition, measurement, and instruction. *Educational Psychologist*. 22. 255-278.

kegley, P. H.(1986), The effect of mode discourse on student writing performance : Implication for policy. Educational Evaluation and Policy Analysis, 8, 147-154.

Kellog, R. T.(1994), *The Psychology of Writing*, New York, NY : Oxford University Press.

Lester Faigley & Stephen Witte(1981), Analyzing Revision, *College Composition & Communication, 32(4).*

McCutchen, D.(1996), A capacity theory of writing : Working memory in composition. *Educational Psychology Review* 8(3), 299-325.

McCutchen, D., Francis, M., & Kerr, S.(1997), Revising for meaning : Effects of Knowledge and strategy. *Journal of Educational Psychology*, 89, 667-676.

Monahan, B. D.(1984), Revision Strategies of Basic and Competent Writers as They write for different audiences. *Research in the Teaching of English*, 18(3), 288-304.

Murray, D. M.(1978), Internal revision : A Process of discovery. In C. R. Cooper & L. Odell(ed), *Research on composing : Points of departure*(pp.85-103). Urbana, IL : National Council of Teachers of English.

____________(1982), *Learning By Teaching*. Portsmouth, NH : Boynton/Cook. Pajares, F.(1996), Self-efficacy beliefs and the writing performance of entering high school students, *Psychology in the schools,* 33, 163-175.

Pajares, F. & Valiante, G.(1997), Influence of Self-Efficacy on Elementary Student's Writing. *Journal of Educational Research,* 90(6), 353-360.

Palmquist, M. & Young, R(1992), The notion of giftedness and student expectations about writing, *Written Communication*, 9(1), 137-168.

Pajares, F. & Johnson, M. J.(1996), Self-efficacy beliefs in the writing of high school students : A path analysis, *Psychology in the Schools*, 33, 163-175.

Pajares, F. & Valiante, G.(1999), Grade level and gender differences in the writing self-beliefs of middle school students, Comtemporary *Educational Psychology*, 24, 390-405.

Pajares, F. & Valiante, G.(2001), Gender differences in writing motivation and achievement of middle school students : A foundation of gender orientation? *Comtemporary Educational Psychology*, 20, 366-381.

Pajares, F.(2003), Self-efficacy beliefs, motivation and achievement in writing : A review of the literature. *Reading and Writing Quarterly,* 19, 139-158.

Paris, S. G., Dross, D. R., & Lipson, M. Y.(1984), Informed strategies for learning : A program to improve children's reading awareness and comprehension. *Journal of Educational Psychology*. 76. 1239-1252.

Pearson, P. D. & Dole, J. A.(1987), Explicity comprehension instruction : A review of research and a new conceptualization, *The Elementary School Journal*, 88/2, 151-161.

Prater, D. L.(1985), The effects of modes of discourse, sex of writer, and attitude toward task on writing performance in grade ten. *Educational and Psychological Research*, 5(4), 241-259.

Purves, A. C.(1992), Reflection on Research and Assessment in Written Composition. *Research in the Teaching of English* 26, 108-122.

Saddler, B. & Graham, S.(2007), The Relationship Between Writing Knowledge and Writing Performance Among More and Less Skilled Writers, Reading & Writing Quarterly, 23. 231-247.

Sawyer, R., Graham, S., & Harris, K. R.(1992), Direct teaching strategy instruction with explicit self-regulation : Effects on learning disabled students' composition skills and self-efficacy. *Journal of Educational Psychology*, 84, 340-352.

Sommers, N.(1980), Revision Strategies of Student Writers and Experienced Adult Writers, *College Composition and Communication* 31, 378-387.

Ronald K. Huff(1983), Teaching Revision, A Model of the Drafting Process, *College English*, 45(8).

Schunk D. H.(1996), Goal and Self-Evaluative Influences During Children's Cognitive Skill Learning. *American Educational Research Journal* 33(2) 359-382.

Sommers, N(1982), Responding to student writing. *College Composition and Communication*, 33(2) 148-156.

Stipek D., Recchia S., McClintic S., & Lewis M.(1992), Self-Evaluation in Young Children. *Monographs of the Society for Research in Child Development*, 57(1) 1-95.

Spandel, V.(2002), Creating writers through 6-trait writing assessment and instruction, Pearson Education.

Swanson, H. L. & Berninger, V. W.(1996), Individual differences in children's working memory and writing skills', *Journal of Experimental Child Psychology*, 63, 358-385.

Raphel, T. E., Englert, C. s., & Kirschner, B. W.(1989), Students' metacognitive knowledge about writing. *Research in the Teaching of English*, 23, 343-378.

Rohman D. G. & Wlecke A.(1964), Pre-writing : The construction and application of models for concept formation in writing, Us. Office of Education Cooperative Research Project, Michigan State University.

Wallace, D. L. & Hayes, J. R. (1991), Redefining revision for freshmen. *Research in the Teaching of English*, 25(1), 54–66.

Wolf, B.(1998), Oregon Statewide Writing Assessment : Result, Analysis, and Sample Student Writing, 1993–1997. Grade 8, 10, 11, Oregon State Dept of Education.

Yagelski, R. P.(1995), The role of classroom context in the revision strategies of student writers. *Research in the Teaching of English*, 29(2), 216–238.

# 부록

- [부록 1] 쓰기 능력 검사
  - [부록 1-1] 쓰기 능력 사전 검사(초등)
  - [부록 1-2] 쓰기 능력 사전 검사(중 · 고등)
  - [부록 1-3] 쓰기 능력 직후 검사(초 · 중 · 고등)
  - [부록 1-4] 쓰기 능력 지연 검사(초등)
  - [부록 1-5] 쓰기 능력 지연 검사(중 · 고등)
- [부록 2] 성별 쓰기 능력에 대한 기술통계
- [부록 3] 회기별 학습지 및 쓰기 능력 검사
  - [부록 3-1] 1회기(실험반)
  - [부록 3-2] 2회기(실험반)
  - [부록 3-3] 3회기(실험반)
  - [부록 3-4] 4회기(실험반)
  - [부록 3-5] 5회기(실험반)
  - [부록 3-6] 1회기(통제반)
- [부록 4] 상위 인지 검사
- [부록 5] 쓰기 효능감 검사
- [부록 6] 자기평가에 대한 학생들의 반응 설문지

## [부록 1] 쓰기 능력 검사

### [부록 1-1] 쓰기 능력 사전 검사(초등)

( )학교 ( )학년 ( )반 ( )번 이름 ( )

성별 : 남, 여 작성 날짜 : 20 년 월 일

| 텔레비전 프로그램이 우리에게 도움을 주는지 또는 해로운지에 대한 자신의 의견을 결정하고 그렇게 생각하는 이유는 무엇인지 구체적인 근거를 들어가며 주장하는 글을 써 봅시다. |
|---|

[부록 1-2] 쓰기 능력 사전 검사(중·고등)

(　　　　　　)학교 (　　)학년 (　　)반 (　　)번 이름 (　　　　　　)

성별 : 남, 여　　작성 날짜 : 20　　년　　월　　일

| '두발 및 복장 자유화'에 대하여 찬성과 반대 중 하나의 입장을 정하고, 자신이 그렇게 생각하는 이유는 무엇인지 구체적인 근거를 들어가며 주장하는 글을 써 봅시다. |
|---|

[부록 1-3] 쓰기 능력 직후 검사(초·중·고등)

(　　　　　　)학교 (　　)학년 (　　)반 (　　)번 이름 (　　　　　　)

성별 : 남, 여 　　작성 날짜 : 20　　년　　월　　일

| 학원교육의 필요성에 대하여 자신의 의견을 결정하고 그렇게 생각하는 이유는 무엇인지 구체적인 근거를 들어가며 주장하는 글을 써 봅시다. |
|---|

[부록 1-4] 쓰기 능력 지연 검사(초등)

( )학교 ( )학년 ( )반 ( )번 이름 ( )

성별 : 남, 여 작성 날짜 : 20 년 월 일

'남녀공학 체제'에 대하여 자신의 의견을 결정하고 그렇게 생각하는 이유는 무엇인지 구체적인 근거를 들어가며 주장하는 글을 써 봅시다.

[부록 1-5] 쓰기 능력 지연 검사(중·고등)

( )학교 ( )학년 ( )반 ( )번 이름 ( )

성별 : 남, 여 작성 날짜 : 20 년 월 일

| '과학 연구를 위해 동물실험을 해야 하는지'에 대하여 자신의 의견을 결정하고 그렇게 생각하는 이유는 무엇인지 구체적인 근거를 들어가며 주장하는 글을 써 봅시다. |
| --- |

[부록 2] 성별 쓰기 능력에 대한 기술통계

| 성별 | 회기 | 학년 | 집단 | 사례수 | 평균 | 표준편차 |
|---|---|---|---|---|---|---|
| 남 | 사전 검사 | 초6 | 실험 | 17 | 10.09 | 1.54 |
| | | | 통제 | 14 | 8.35 | 2.43 |
| | | 중3 | 실험 | 19 | 9.63 | 2.81 |
| | | | 통제 | 20 | 11.70 | 3.90 |
| | | 고2 | 실험 | 14 | 9.97 | 2.00 |
| | | | 통제 | 14 | 11.59 | 3.13 |
| | 1회기 | 초6 | 실험 | 18 | 11.87 | 4.03 |
| | | | 통제 | 16 | 10.64 | 1.91 |
| | | 중3 | 실험 | 22 | 13.84 | 2.54 |
| | | | 통제 | 18 | 11.59 | 3.02 |
| | | 고2 | 실험 | 14 | 11.38 | 3.09 |
| | | | 통제 | 14 | 10.73 | 3.20 |
| | 2회기 | 초6 | 실험 | 14 | 12.28 | 4.16 |
| | | | 통제 | 11 | 9.84 | 2.64 |
| | | 중3 | 실험 | 19 | 13.82 | 3.41 |
| | | | 통제 | 17 | 11.37 | 2.49 |
| | | 고2 | 실험 | 14 | 13.19 | 3.79 |
| | | | 통제 | 14 | 12.90 | 2.88 |
| | 3회기 | 초6 | 실험 | 18 | 10.42 | 3.23 |
| | | | 통제 | 12 | 7.55 | 2.43 |
| | | 중3 | 실험 | 21 | 13.30 | 2.93 |
| | | | 통제 | 20 | 12.01 | 3.04 |
| | | 고2 | 실험 | 14 | 12.26 | 3.85 |
| | | | 통제 | 14 | 12.07 | 2.61 |
| | 4회기 | 초6 | 실험 | 18 | 12.55 | 3.41 |
| | | | 통제 | 16 | 9.52 | 3.11 |
| | | 중3 | 실험 | 22 | 12.68 | 2.95 |
| | | | 통제 | 19 | 11.49 | 3.30 |
| | | 고2 | 실험 | 14 | 13.64 | 4.12 |

| | | | | | | |
|---|---|---|---|---|---|---|
| | | | 통제 | 14 | 12.11 | 2.71 |
| | 5회기 | 초6 | 실험 | 10 | 15.36 | 4.87 |
| | | | 통제 | 13 | 7.76 | 1.82 |
| | | 중3 | 실험 | 21 | 13.38 | 3.53 |
| | | | 통제 | 19 | 12.26 | 2.52 |
| | | 고2 | 실험 | 14 | 13.35 | 3.65 |
| | | | 통제 | 14 | 12.73 | 2.97 |
| | 직후 검사 | 초6 | 실험 | 17 | 14.11 | 3.58 |
| | | | 통제 | 16 | 10.77 | 2.46 |
| | | 중3 | 실험 | 20 | 12.85 | 3.79 |
| | | | 통제 | 9 | 11.25 | 2.25 |
| | | 고2 | 실험 | 14 | 14.47 | 4.16 |
| | | | 통제 | 14 | 13.47 | 2.77 |
| | 지연검사 | 초6 | 실험 | 18 | 14.98 | 3.53 |
| | | | 통제 | 14 | 9.11 | 1.49 |
| | | 중3 | 실험 | 19 | 13.42 | 1.93 |
| | | | 통제 | 20 | 13.10 | 2.25 |
| | | 고2 | 실험 | 14 | 13.73 | 4.64 |
| | | | 통제 | 14 | 12.52 | 3.33 |
| 여 | 사전 검사 | 초6 | 실험 | 11 | 11.51 | 2.24 |
| | | | 통제 | 12 | 1044 | 2.96 |
| | | 중3 | 실험 | 19 | 12.98 | 2.74 |
| | | | 통제 | 17 | 13.52 | 1.93 |
| | | 고2 | 실험 | 14 | 12.76 | 4.31 |
| | | | 통제 | 10 | 14.46 | 2.19 |
| | 1회기 | 초6 | 실험 | 11 | 14.39 | 2.76 |
| | | | 통제 | 11 | 11.09 | 2.74 |
| | | 중3 | 실험 | 18 | 16.70 | 2.70 |
| | | | 통제 | 17 | 13.88 | 2.49 |
| | | 고2 | 실험 | 14 | 12.73 | 3.87 |
| | | | 통제 | 9 | 14.70 | 3.35 |
| | 2회기 | 초6 | 실험 | 10 | 14.13 | 3.55 |
| | | | 통제 | 10 | 11.36 | 2.98 |
| | | 중3 | 실험 | 16 | 14.68 | 2.92 |

| | | | | | | |
|---|---|---|---|---|---|---|
| | | | 통제 | 13 | 13.46 | 1.94 |
| | | 고2 | 실험 | 14 | 15.33 | 3.96 |
| | | | 통제 | 10 | 15.03 | 3.09 |
| | 3회기 | 초6 | 실험 | 10 | 14.73 | 4.93 |
| | | | 통제 | 12 | 9.97 | 2.31 |
| | | 중3 | 실험 | 18 | 14.33 | 2.32 |
| | | | 통제 | 17 | 14.94 | 1.46 |
| | | 고2 | 실험 | 14 | 15.90 | 3.76 |
| | | | 통제 | 9 | 12.85 | 3.44 |
| | 4회기 | 초6 | 실험 | 10 | 14.80 | 5.09 |
| | | | 통제 | 13 | 10.89 | 3.02 |
| | | 중3 | 실험 | 19 | 16.45 | 2.59 |
| | | | 통제 | 17 | 14.66 | 2.01 |
| | | 고2 | 실험 | 14 | 16.50 | 3.83 |
| | | | 통제 | 10 | 14.90 | 3.51 |
| | 5회기 | 초6 | 실험 | 18 | 13.92 | 3.60 |
| | | | 통제 | 12 | 10.61 | 4.53 |
| | | 중3 | 실험 | 16 | 15.27 | 3.53 |
| | | | 통제 | 16 | 14.37 | 1.39 |
| | | 고2 | 실험 | 14 | 17.50 | 2.99 |
| | | | 통제 | 10 | 13.83 | 2.88 |
| | 직후 검사 | 초6 | 실험 | 10 | 15.93 | 3.91 |
| | | | 통제 | 13 | 11.17 | 3.14 |
| | | 중3 | 실험 | 17 | 18.01 | 3.45 |
| | | | 통제 | 10 | 15.20 | 1.54 |
| | | 고2 | 실험 | 14 | 17.57 | 3.03 |
| | | | 통제 | 10 | 14.43 | 1.98 |
| | 지연검사 | 초6 | 실험 | 11 | 16.42 | 3.03 |
| | | | 통제 | 12 | 11.00 | 3.51 |
| | | 중3 | 실험 | 19 | 16.78 | 1.76 |
| | | | 통제 | 19 | 14.05 | 2.55 |
| | | 고2 | 실험 | 13 | 18.05 | 2.50 |
| | | | 통제 | 10 | 15.10 | 2.95 |

[부록 3-1] 1회기(실험반)

## ▌교내 휴대폰 소지에 대하여

요즘 휴대폰을 소지하고 있는 학생들이 점점 늘어나고 있고 휴대폰을 사용하는 연령도 낮아지고 있는 실정입니다. 이와 관련하여 학생들의 교내 휴대폰 소지에 대하여 의견이 분분합니다.

어떤 한 인터넷 사이트(2011. 1. 17. chosun.com)의 토론방 주제는 '교내 휴대폰 소지에 대한 논란'이었습니다. 한 주 동안 토론방 홈페이지와 서울・수도권의 학생들 및 네티즌을 대상으로 온・오프라인 투표를 실시한 결과 총 465명이 참여한 가운데 찬성이 294표, 반대가 171표(찬성 63.2%, 반대 36.8%)로 찬성 쪽 의견이 더 높은 것으로 나타났습니다.

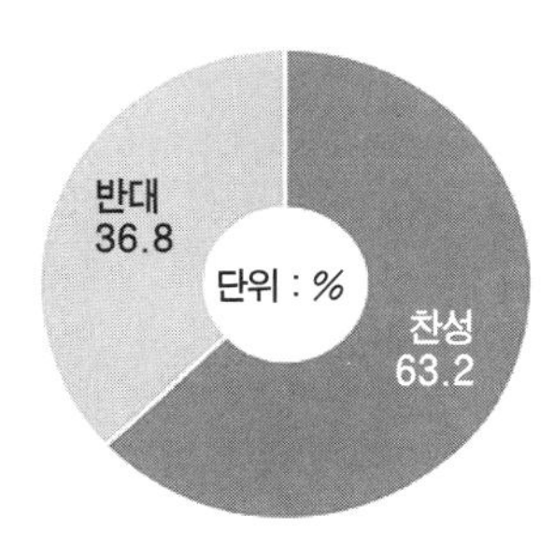


교내 휴대폰 소지 찬반투표 결과

### 내용 생성

▌'휴대폰' 하면 생각나는 것들에 대해 떠올려 봅시다.

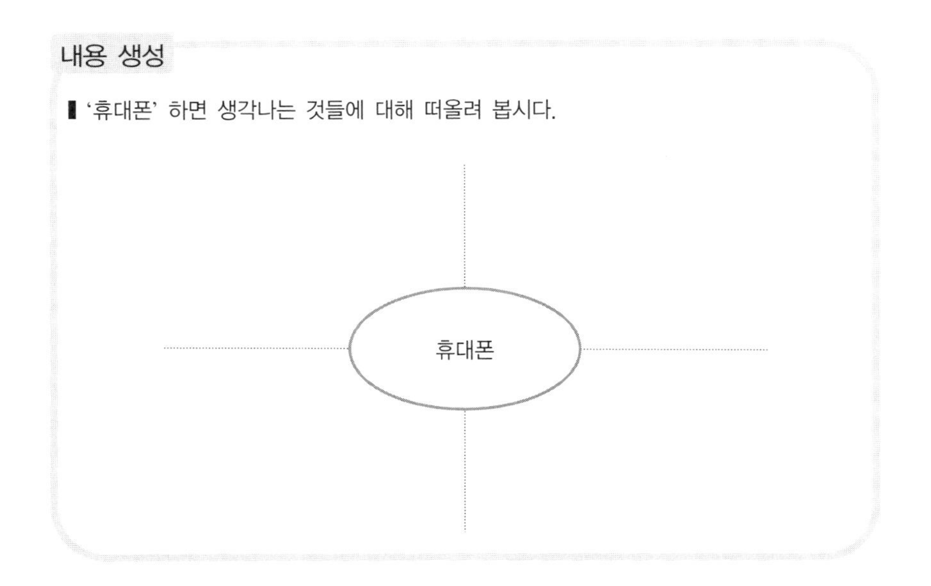

( )학교 ( )학년 ( )반 ( )번 이름 ( )

성별 : 남, 여 작성 날짜 : 20 년 월 일

교내에서 휴대폰을 소지하는 것에 대하여 자신의 의견을 결정하고 그렇게 생각하는 이유는 무엇인지 구체적인 근거를 들어가며 주장하는 글을 써 봅시다.

| 〈자기평가표〉 | | | | | | | |
|---|---|---|---|---|---|---|---|
| 6가지 쓰기 특성 | 평가요소 | 평가점수 | | | | | 평가내용 |
| | | 1 | 2 | 3 | 4 | 5 | |
| 내용 | • 글의 내용이 명백하고 관점이 분명한가?<br>• 세부 내용이 중심 내용을 잘 뒷받침하고 있는가?<br>• 내용이 독창적인가? | | | | | | |
| 조직 | • 중심 생각 또는 주제가 잘 드러나 있는가?<br>• 내용의 순서가 논리적이고 효과적인가?<br>• 도입이 다음 내용을 암시할 만큼 잘 짜여 있고, 결말이 전체 내용을 잘 요약하고 있는가? | | | | | | |
| 목소리(어조) | • 예상독자에 대한 인식이 뚜렷이 드러나 있는가?<br>• 글을 쓴 목적을 의식하고 있는가? | | | | | | |
| 낱말선택 | • 낱말이 독자의 흥미를 끄는가?<br>• 정확하고 구체적인 낱말을 사용하고 있는가? | | | | | | |
| 문장 유창성 | • 문장의 흐름이 자연스러운가?<br>• 문장의 의미 파악이 쉬운가? | | | | | | |
| 관습 | • 문장 부호, 맞춤법을 정확하게 사용하고 있는가?<br>• 문단 나누기를 정확하게 사용하고 있는가? | | | | | | |
| 평점 | | | | | | | |

자기 평가표의 평가 내용을 토대로 해서 글을 완성해 봅시다.

[부록 3-2] 2회기(실험반)

## ▌통신언어에 대하여

'ㅅㄱ'은 '수고', 'ㄱㅅ'은 '감사'의 뜻을 담은 통신어로 사용됩니다. '얼폭'은 게임 아이템 '얼음 폭탄'의 각 단어 첫 글자만을 사용한 것으로 널리 활용되고 있습니다.

통신어가 의사소통의 통로로 자리 잡는 데는 재미나 시간을 절약하려는 의도가 작용하였다고 볼 수 있습니다. 이러한 통신어는 한글을 오염시키는 주범이고 반드시 순화되어야 할 대상으로 취급되어 왔습니다. 지금도 긍정적, 부정적 측면에서 통신어 사용에 대하여 많은 논란이 있습니다.

### 내용 생성

▌자신이 직접 통신어를 사용했거나 혹은 주위 사람들이 통신어를 사용하는 모습을 보았을 때 느꼈던 점에 대해 적어보자.

[부록 3-3] 3회기(실험반)

## ▍토요일 등교에 대하여

'주 5일 수업제'는 학교 교육과정 운영을 주 5일로 줄이는 새로운 형태로써 학생들이 1주일에 5일만 학교에 등교하여 수업활동에 임하는 것을 의미한다.

정부의 주 5일 수업제의 전면적 시행 발표에 대하여 기대와 우려의 찬반 논란이 뜨겁다. 학생들에게 충분한 휴식과 여가 선용의 기회를 줄 수 있다는 의견과 함께 학력 저하 현상이 나타날 수도 있다는 우려의 목소리도 높다.

### 내용 생성

▍토요일을 보람 있게 보내는 방법에 대해 생각해 보자.

토요일을
보람 있게
보내는 방법

## ▌교사의 학생 체벌에 대하여

- 가장 좋은 교사란 아이들과 함께 웃는 교사이다. -닐
- 교사가 지닌 능력의 비밀은 인간을 변모시킬 수 있다는 것이다. -에머슨
- 아버지로부터는 생명을 받았으나, 스승으로부터는 생명을 보람 있게 하기를 배웠다. -플루타르크
- 훌륭한 스승은 그 자체가 촛불이다. 제자들의 두 눈이 밝음에 트일 때까지, 어둠이 다할 때까지 스스로를 다하여 타오르는 하나의 촛불이다. -유동범

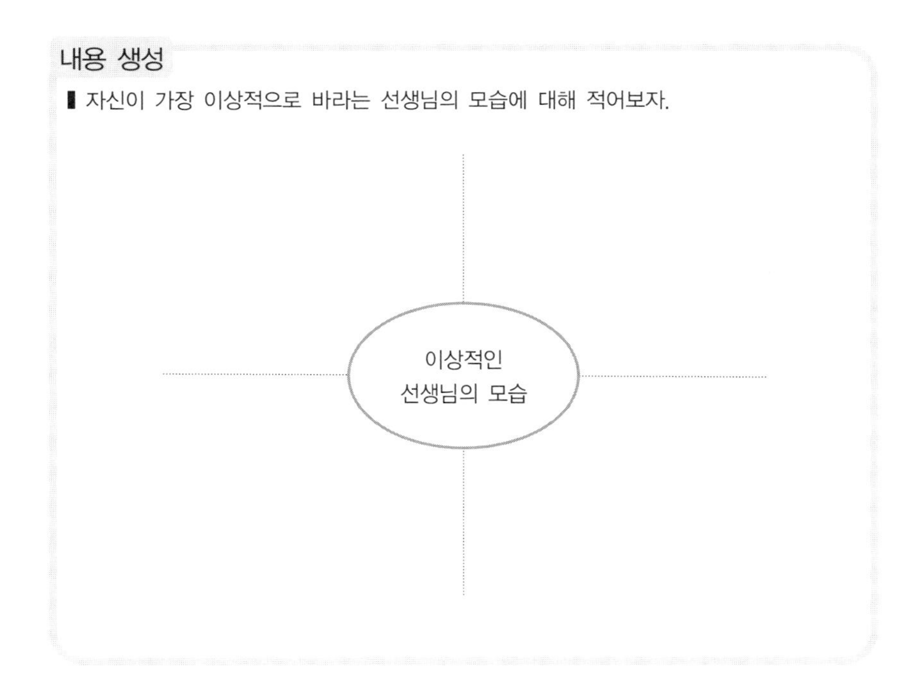

## ▌인터넷 실명제에 대하여

- 인터넷 실명제란? 인터넷 이용자의 실명과 주민등록번호가 확인되어야만 인터넷 게시판에 글을 올릴 수 있는 제도를 말합니다.
- 인터넷 실명제 등장 배경은? 초고속정보통신망이 구축되고 인터넷을 이용한 정보교환이 활발해지면서 인터넷의 순기능 외에 악성루머나 인신공격 등 언어폭력을 통한 사생활 침해와 같은 역기능도 생겨났습니다. 인터넷 실명제는 인터넷의 역기능을 해소함으로써 사이버 세계의 신뢰를 높이고 책임 있는 글쓰기를 통해 올바른 여론을 형성하자는 취지에서 나온 것입니다.

### 내용 생성

▌자신이 인터넷을 하면서 가장 인상적이었던 글과 그렇게 생각한 이유에 대해서 적어보자.

–인상적인 글

–이유

## ▮교내 휴대폰 소지에 대하여

요즘 휴대폰을 소지하고 있는 학생들이 점점 늘어나고 있고 휴대폰을 사용하는 연령도 낮아지고 있는 실정입니다. 이와 관련하여 학생들의 교내 휴대폰 소지에 대하여 의견이 분분합니다.

어떤 한 인터넷 사이트(2011. 1. 17. chosun.com)의 토론방 주제는 '교내 휴대폰 소지에 대한 논란'이었습니다. 한 주 동안 토론방 홈페이지와 서울·수도권의 학생들 및 네티즌을 대상으로 온·오프라인 투표를 실시한 결과 총 465명이 참여한 가운데 찬성이 294표, 반대가 171표(찬성 63.2%, 반대 36.8%)로 찬성 쪽 의견이 더 높은 것으로 나타났습니다.

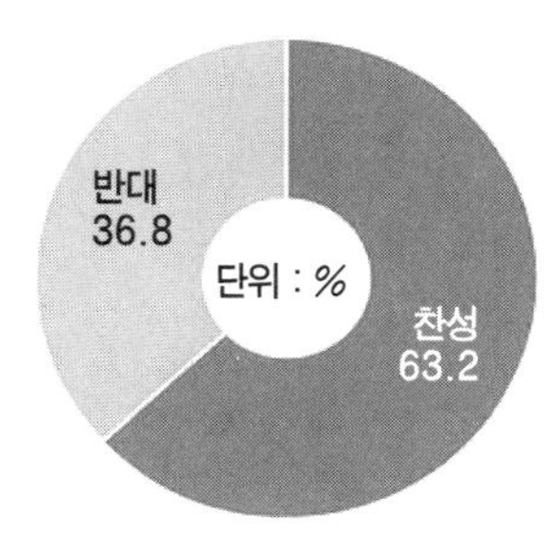


교내 휴대폰 소지 찬반투표 결과

### 내용 생성

▮ '휴대폰' 하면 생각나는 것들에 대해 떠올려 봅시다.

휴대폰

(　　　　　)학교 (　　)학년 (　　)반 (　　)번 이름 (　　　　　)

성별 : 남, 여　　작성 날짜 : 20　　년　　월　　일

교내에서 휴대폰을 소지하는 것에 대하여 자신의 의견을 결정하고 그렇게 생각하는 이유는 무엇인지 구체적인 근거를 들어가며 주장하는 글을 써 봅시다.

고쳐 쓰기를 통해 자신의 글을 완성해 봅시다.

고쳐 쓰기 도움말

- '서론-본론-결론'이 내용에 적합하며 논리적인 흐름에 맞는가?
- 글 전체에 일관된 입장을 유지하였는가?
- 각 문단이 유기적으로 자연스럽게 연결되어 전개되었는가?
- 각 문단이 글 전체에서 적절한 역할을 수행하고 있는가?
- 앞뒤의 문장이 모순 없이 논리적으로 연결되었는가?
- 맞춤법과 띄어쓰기, 문장 부호의 사용이 바르게 되었는가?
- 단어의 사용이 문맥 속에서 명확하고 정확한가?
- 은어나 속어 유행어를 사용하지 않았나?

[부록 4] 상위 인지 검사

## 상위 인지 검사지

(　　　　　)학교 (　　)학년 (　　)반 (　　)번 이름 (　　　　　)
성별 : 남, 여　　작성 날짜 : 20　　년　　월　　일

다음은 글쓰기에 관한 여러분들의 생각을 알아보기 위한 질문입니다. 각 문항을 잘 읽고 '전혀 그렇지 않다(1)~매우그렇다(5)' 중 자신과 가까운 것에 ○표시 하십시오. 자신이 생각하기에 바람직한 답변이 아니라 자신의 현재 상태와 생각에 따라 답하시면 됩니다. 성실한 답변 부탁드립니다. (총32문항)

| 문　항 | 전혀 그렇지 않다 | 그렇지 않다 | 보통 이다 | 그렇다 | 매우 그렇다 |
|---|---|---|---|---|---|
| 01 나는 누가 시키지 않아도 내가 쓴 글을 다시 읽고 고친다. | 1 | 2 | 3 | 4 | 5 |
| 02 연습으로 미리 써보는 것은 글을 쓰는데 도움이 된다. | 1 | 2 | 3 | 4 | 5 |
| 03 글을 쓸 때는 미리 계획을 해서 써야 한다. | 1 | 2 | 3 | 4 | 5 |
| 04 내가 학교에서 쓰는 글은 주로 선생님께서 보신다. | 1 | 2 | 3 | 4 | 5 |
| 05 내가 생각할 때, 글을 잘 쓰는 아이들은 자신이 쓴 글을 스스로 고쳐간다. | 1 | 2 | 3 | 4 | 5 |
| 06 나는 전체적인 글을 쓰기 전에 부분적인 글을 써 본다. | 1 | 2 | 3 | 4 | 5 |
| 07 나는 글을 쓰기 전에 누가 내 글을 읽을지 생각해 본다. | 1 | 2 | 3 | 4 | 5 |
| 08 나는 글을 쓸 때 그 글을 쓰는 목적에 대해 생각해 본다. | 1 | 2 | 3 | 4 | 5 |
| 09 나는 글을 쓸 때 맨먼저 무엇을 해야할 지 생각해 본다. | 1 | 2 | 3 | 4 | 5 |
| 10 나는 글을 쓸 때 글의 종류에 따라 다르게 쓰였는지 검토한다. | 1 | 2 | 3 | 4 | 5 |
| 11 나는 글을 쓰기 전에 먼저 글의 개요를 써 본다. | 1 | 2 | 3 | 4 | 5 |
| 12 나는 설명문과 논설문의 차이를 안다. | 1 | 2 | 3 | 4 | 5 |
| 13 나는 논설문의 마지막 부분에 무엇을 써야 할 지 안다. | 1 | 2 | 3 | 4 | 5 |
| 14 글을 쓰고 나서 검토할 때 먼저 무엇을 봐야할 지 미리 생각해 본다. | 1 | 2 | 3 | 4 | 5 |

| | | | | | | |
|---|---|---|---|---|---|---|
| 15 | 나는 글의 첫머리에 무엇을 써야 할 지 생각해 본다. | 1 | 2 | 3 | 4 | 5 |
| 16 | 시간이 모자랄 때에도 나는 어떻게든지 글을 마무리하려 한다. | 1 | 2 | 3 | 4 | 5 |
| 17 | 나는 글을 더 잘 쓰기 위하여 선생님께서 말씀하신 것을 기억해서 쓴다. | 1 | 2 | 3 | 4 | 5 |
| 18 | 내가 쓴 글은 내용파악이 어렵다. | 1 | 2 | 3 | 4 | 5 |
| 19 | 나는 글을 쓸 때 쓸 내용을 미리 머릿속으로 생각해본다. | 1 | 2 | 3 | 4 | 5 |
| 20 | 나는 글을 쓸 때 무엇에 대해 써야할 지 생각해본다. | 1 | 2 | 3 | 4 | 5 |
| 21 | 내가 글을 쓰고도 뭐가 뭔지 모를 때가 있다. | 1 | 2 | 3 | 4 | 5 |
| 22 | 나는 글을 쓸 때 책에서 본 내용을 기억하여 쓴다. | 1 | 2 | 3 | 4 | 5 |
| 23 | 나는 글을 쓸 때 쓰던 것을 잠시 멈추고 내가 쓴 글이 어떤지 검토한다. | 1 | 2 | 3 | 4 | 5 |
| 24 | 나는 글쓰기가 싫을 때에도 좋은 성적을 얻기 위해 열심히 쓴다. | 1 | 2 | 3 | 4 | 5 |
| 25 | 새로운 교과를 공부할 때 글로 써보는 것은 도움이 된다. | 1 | 2 | 3 | 4 | 5 |
| 26 | 내가 쓴 글은 다른 사람이 쉽게 이해할 수 있다. | 1 | 2 | 3 | 4 | 5 |
| 27 | 나는 글을 쓸 때 내 글에 무엇을 보충해야 할 지 안다. | 1 | 2 | 3 | 4 | 5 |
| 28 | 내가 쓴 글은 글의 종류가 잘 나타나 있는 편이다. | 1 | 2 | 3 | 4 | 5 |
| 29 | 내가 쓴 글은 주제가 뚜렷하다. | 1 | 2 | 3 | 4 | 5 |
| 30 | 나는 맞춤법이나 문장부호를 맞게 사용하는 편이다. | 1 | 2 | 3 | 4 | 5 |
| 31 | 나는 글을 쓸 때 어떤 방법으로 써야할 지 미리 생각해 본다. | 1 | 2 | 3 | 4 | 5 |
| 32 | 나는 글을 검토할 때 부족한 내용은 보충한다. | 1 | 2 | 3 | 4 | 5 |

총 32문항입니다. 빠뜨렸거나 중복 표시한 문항이 없는지 확인해주세요.

— 수고 많으셨습니다.

[부록 5] 쓰기 효능감 검사

# 쓰기 효능감 검사지

( )학교 ( )학년 ( )반 ( )번 이름 ( )

성별 : 남, 여 작성 날짜 : 20 년 월 일

다음은 글쓰기에 관한 여러분들의 생각을 알아보기 위한 질문입니다. 각 문항을 잘 읽고 '전혀 그렇지 않다(1)~매우그렇다(6)' 중 자신과 가까운 것에 ○표시 하십시오. 자신이 생각하기에 바람직한 답변이 아니라 자신의 현재 상태와 생각에 따라 답하시면 됩니다. 성실한 답변 부탁드립니다. (총 10문항)

| | 문 항 | 전혀 그렇지 않다 | 그렇지 않다 | 별로 그렇지 않다 | 조금 그렇다 | 그렇다 | 매우 그렇다 |
|---|---|---|---|---|---|---|---|
| 01 | 글을 쓸 때, 정확하게 맞춤법을 사용할 수 있다. | 1 | 2 | 3 | 4 | 5 | 6 |
| 02 | 글을 쓸 때, 정확하게 구두점을 사용할 수 있다. | 1 | 2 | 3 | 4 | 5 | 6 |
| 03 | 글을 쓸 때, 말하기의 모든 부분을 정확하게 사용할 수 있다. | 1 | 2 | 3 | 4 | 5 | 6 |
| 04 | 정확한 문법을 사용하여 간단한 문장을 쓸 수 있다. | 1 | 2 | 3 | 4 | 5 | 6 |
| 05 | 단수, 복수, 시제, 접두사, 접미사를 정확하게 사용할 수 있다. | 1 | 2 | 3 | 4 | 5 | 6 |
| 06 | 중심 생각이나 주제 문장을 포함한 핵심 문단을 쓸 수 있다. | 1 | 2 | 3 | 4 | 5 | 6 |
| 07 | 주제 문장에서 생각을 뒷받침해 줄 수 있도록 문단을 구성할 수 있다. | 1 | 2 | 3 | 4 | 5 | 6 |
| 08 | 적절한 결론으로 문단을 마무리 할 수 있다. | 1 | 2 | 3 | 4 | 5 | 6 |
| 09 | 훌륭한 도입, 전개, 결론을 바탕으로 한 잘 구조화되고 연결이 매끄러운 글을 쓸 수 있다. | 1 | 2 | 3 | 4 | 5 | 6 |
| 10 | 주제에 벗어나지 않고 명료한 태도로 생각을 전개할 수 있다. | 1 | 2 | 3 | 4 | 5 | 6 |

총 10문항입니다. 빠뜨렸거나 중복 표시한 문항이 없는지 확인해주세요.

[부록 6] 자기평가에 대한 학생들의 반응 설문지

# 자기평가에 대한 학생들의 반응 설문지

(　　　　　　)학교 (　　)학년 (　　)반 (　　)번 이름 (　　　　　　)

성별 : 남, 여　　작성 날짜 : 20　　년　　월　　일

지금까지 초고를 쓰고 나서 자기평가를 통해 고쳐쓰기를 해 보았습니다. 다음의 설문지는 자기평가에 대한 여러분의 생각을 알아보고자 하는 것입니다. 솔직하고 성실히 답변해 주시기 바랍니다.

| 항　　목 | 전혀 그렇지 않다 | 그렇지 않다 | 보통 이다 | 그렇다 | 매우 그렇다 |
|---|---|---|---|---|---|
| 01 나는 자기평가를 통해 나의 글에 대해 정확하게 평가할 수 있다. | 1 | 2 | 3 | 4 | 5 |
| 02 자기평가를 통해 글쓰기에 대한 자신감이 생겼다. | 1 | 2 | 3 | 4 | 5 |
| 03 자기평가를 통해 나의 글쓰기 능력이 향상되었다. | 1 | 2 | 3 | 4 | 5 |
| 04 자기평가는 앞으로 나의 글쓰기에 도움이 될 것이다. | 1 | 2 | 3 | 4 | 5 |

05 자기평가를 하면서 어려웠던 점은 무엇입니까?

06 쓰기 특성(내용, 조직, 목소리(어조), 낱말선택, 문장유창성, 관습) 중 평가하기 어려웠던 요소와 그 이유는 무엇입니까?

07 자기평가를 통해 가장 향상되었다고 생각하는 쓰기 특성은 무엇입니까?

08 자기평가를 하면서 좋았던 점은 무엇입니까?

# 찾아보기

**저자 정미경**

1975년생. 경성대학교 국어국문학과 졸업. 한국교원대학교에서 쓰기 교육 연구로 석사 및 박사학위 취득. 국어교과서 집필 기준 개발 연구위원 및 중등 교수·학습 지도자료 개발 연구위원으로 활동함. 한국교원대학교 및 대구대학교에서 강사로 활동함. 현재는 고등학교 국어과 교사로 재직 중이며 한국교원대학교 겸임교수로 있음. 저서로는 『쓰기지도방법』(공저, 역락, 2013), 『국어교육 연구 방법론』(공저, 박이정, 2012)이 있음. 중학교 「국어」 및 고등학교 「문학」, 「화법과 작문」 교과서 집필.

미래국어교육총서 ⑤

**쓰기 교육 방법론**

–자기 평가 전략을 활용한 수정하기

**초판 인쇄** 2014년 12월 11일 | **초판 발행** 2014년 12월 18일

**지은이** 정미경

**펴낸이** 이대현 | **책임편집** 권분옥 | **편집** 이소희 박선주

**펴낸곳** 도서출판 역락 | **등록** 1999년 4월 19일 제303-2002-000014호

**주소** 서울시 서초구 동광로 46길 6-6 문창빌딩 2층

**전화** 02-3409-2060(편집부), 2058(영업부) | **팩시밀리** 02-3409-2059

**전자우편** youkrack@hanmail.net

**역락블로그** http://blog.naver.com/youkrack3888

ISBN 979-11-5686-132-4 94370
978-89-5556-050-3 세트

**정가** 20,000원

* 파본은 구입처에서 교환해 드립니다.

이 도서의 국립중앙도서관 출판예정도서목록(CIP)은 서지정보유통지원시스템 홈페이지(http://seoji.nl.go.kr)와 국가자료공동목록시스템(http://www.nl.go.kr/kolisnet)에서 이용하실 수 있습니다.(CIP제어번호: CIP2014036179)